中华关帝

走进地球三极

长江出版传媒　长江文艺出版社　　朱正明　著

图书在版编目（CIP）数据

中华关帝走进地球三极 / 朱正明著. --武汉：长江文艺出版社，2022.8
ISBN 978-7-5702-1843-1

Ⅰ. ①中… Ⅱ. ①朱… Ⅲ. ①关羽(160-219)－文化研究 Ⅳ. ①K825.2

中国版本图书馆 CIP 数据核字(2020)第 197563 号

中华关帝走进地球三极
ZHONGHUA GUANDI ZOUJIN DIQIU SANJI

责任编辑：杜东辉　　　　　　　　　　　责任校对：毛季慧
封面设计：水墨方　　　　　　　　　　　责任印制：邱　莉　　胡丽平

出版：长江出版传媒　｜　长江文艺出版社
地址：武汉市雄楚大街 268 号　　　　　邮编：430070
发行：长江文艺出版社
http://www.cjlap.com
印刷：湖北金港彩印有限公司

开本：787 毫米×1092 毫米　　1/16　　　印张：19.5　　插页：4 页
版次：2022 年 8 月第 1 版　　　　2022 年 8 月第 1 次印刷
字数：415 千字

定价：218.00 元

關帝文化尋蹤

趙樸初題

全国政协原副主席赵朴初先生题字

走遍天下訪關聖

胡德平　甲午冬

中央统战部原副部长胡德平先生题字

走遍天涯访关公

十一世班禅大师额尔德尼·确吉杰布题字

忠義常昭

中国书法家协会名誉主席启功先生题字

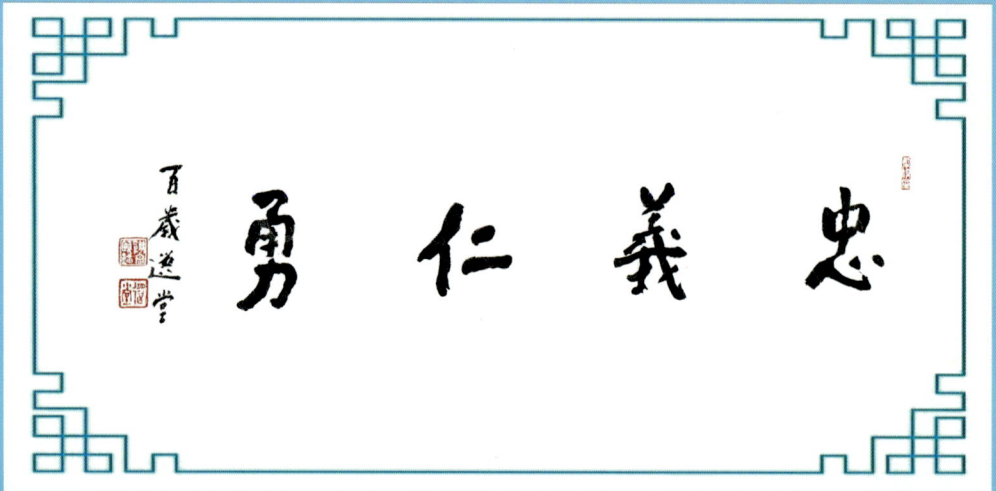

忠義仁勇

香港著名国学大师、西泠印社社长饶宗颐先生题字

忠義千秋

馬英九

敬題

台湾前领导人马英九先生题字

古當陽山靈水秀
攝影家一展風采

吳印咸 九十有三

中国摄影家协会原名誉主席吴印咸先生题字

走遍天涯海角
传承中华道义

丁酉年二月 李光富

中国道教协会会长李光富先生题字

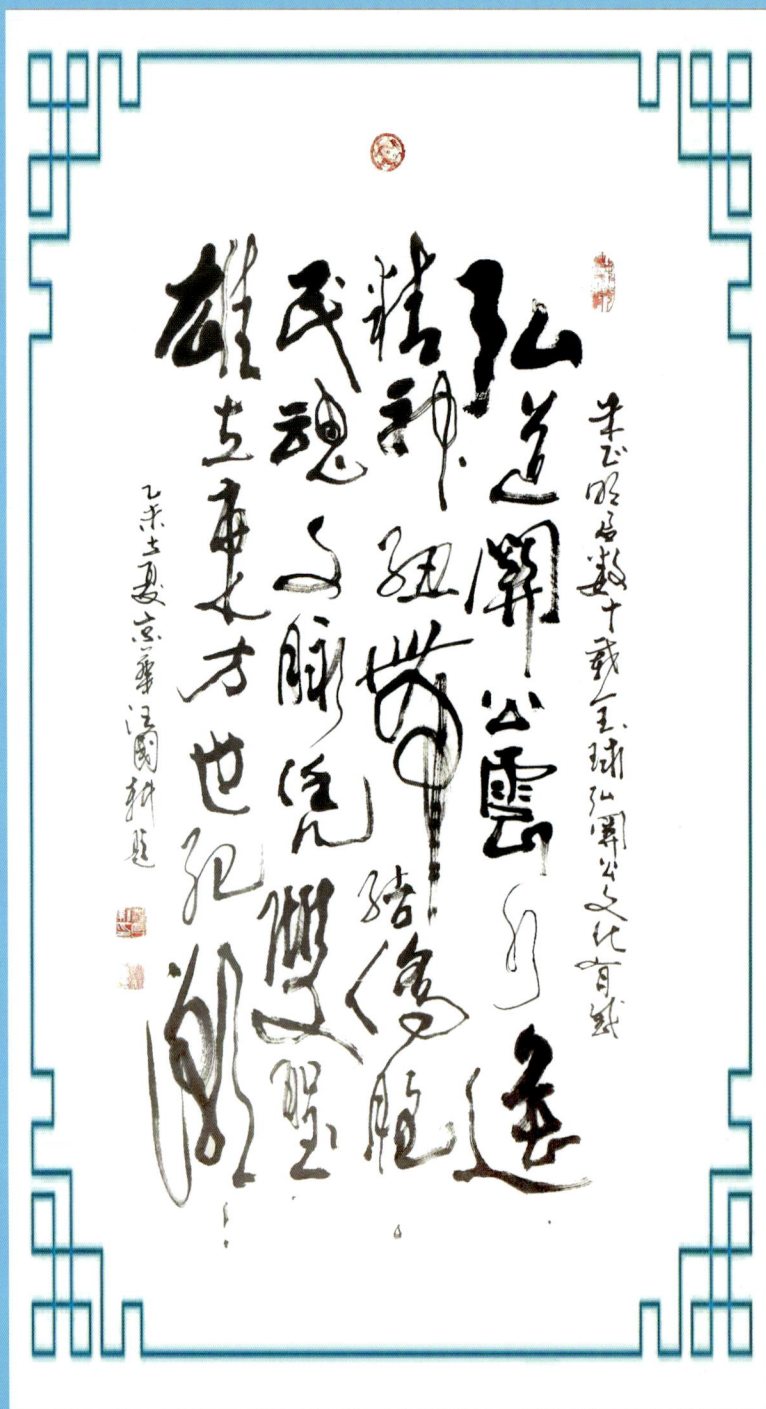

弘道開公运
精神组
民魂之脉兴
雄志重東方也

乙未仲夏京華 汪國新題

弘道開公云文化有成

中国著名书画家汪国新先生题诗

contents
目 录

前 言

明朝末年的关公坐像

　　在蔚蓝的星球上，有神秘高远的"地球三极"——北极、南极、世界屋脊。

　　2019 年，是关公大义归天 1800 周年。这一年，中国摄影家朱正明率团，历经艰辛，把中华关公护送到了"地球三极"，以表达对这位中华武圣的敬重，以护佑全球中华儿女，护佑世界和平发展。

　　忠义仁勇，千古传颂。三国以来，16 位帝王为关公御旨加封，关公更被海内外尊奉为关帝、财神、关老爷、恩主公、中华武圣…… 千百年来，中华民族逐渐形成了"文拜孔子、武拜关公"的传统文化格局。

　　遍及世界的华夏子孙，十分崇尚关公文化道德精神，他们在中国大陆，在港澳台，在世界各地建起了数以万计的金碧辉煌的关帝殿堂，仅台湾就有 700 多座。关帝文化社团如雨后春笋般发展。每年关帝诞辰或金秋时节，海峡两岸乃至世界各地纷纷举办声势浩大的朝圣大典或文化论坛，以此联络海内外华人情感，促进经济文化交流，促

北京制作的中华武圣关帝像

进社会和谐纯净。

为寻访世界关帝文化,39年来,朱正明远涉七大洲51个国家和地区,行程80多万公里,拍摄数万幅珍贵图片,收集众多关帝文化文物史料,在北京、港澳台出版了《寻访三国故地》《中国关帝文化寻踪》《世界关帝文化》《走遍天涯访关公》等专著;在美国、日本、新加坡、法国、港澳台等国家和地区,多次成功举办"世界关帝文化摄影展",在海内外多次演讲中华关帝文化,引导各界朋友为世界和平发展做奉献。

走的路越远,对中华民族的情越浓,对关帝文化的缘越深。朱正明深深感悟到:关圣帝君,已经成为中华民族"忠义仁勇诚信"的道德偶像;关帝文化,已经成为联结海内外华人的精神纽带。

80多万公里的长路上,有大气磅礴的千山万水,有众多难忘的知心朋友,有扑朔迷离的巧合缘分,更有感天动地的精彩故事。期待《中华关帝走进地球三极》专著的出版,能留存当今世界关帝文化发展现状,让更多的朋友看到世界各地丰富多彩的关帝文化风情,推动海内外关帝文化传承发展。

2012年中国发行5盎司关公金币,与共和国国徽一起闪光

01

长江万里
源头亲吻冰川 尽头汇入大海

俯瞰雄奇壮丽的长江三峡

三国古战场当阳长坂坡落霞

长江，中华民族的母亲河，从藏北高原涓涓流出，奔腾向东，汇入大海！

万里长江，最壮阔莫过于瞿塘峡、巫峡、西陵峡这举世闻名的长江三峡。

我多次乘专机航拍长江三峡，被千里峡江的灵秀大气深深震撼；

我多次乘江轮航行于三峡之间，仰望巫山云雨，俯瞰浩荡江流；

我多次伫立长江岸边，静观江涛奔涌，遥看江帆远航；

我多次陪伴母亲，在三峡岸边的崖壁间拍照，在山岩采集艳艳的映山红献给母亲，看着母亲慈善的微笑，我也憨憨地笑了！

提笔静思，我能傻傻地大半辈子在世界各地寻访传播中华关帝文化，也许与长江三峡"青山遮不住，毕竟东流去"的秉性有关。从三峡走出来的姑娘小伙子，总会卷起一点波澜。

我的老家，就在长江三峡东头的湖北当阳市。

当阳，是著名的三国古战场。这里，东极江汉沃野，西接巴山蜀水，

母亲带着女儿和孙子们，在当阳玉泉山下

当阳歌舞团在淯溪山村为矿工兄弟表演歌舞

南望古城荆州，北牵襄阳故道。赵子龙大战长坂坡，张翼德吼断当阳桥，关云长显圣玉泉山，都发生在这片神奇的土地上。

淯溪镇，是当阳的三大镇之一。上个世纪五十年代，我出生在这个风光秀丽且民风朴实的小镇。老家真是个山灵水秀之地！从大巴山脉远远流来的漳河，从不知名的山涧流淌而来的淯溪河，在小镇欢快地相汇。这"二合一"的河流，蜿蜒南去，再与沮河汇聚，从荆州古城外的宝塔河口注入长江。

淯溪河两岸，杨柳婀娜，春天是一望无际的金黄的油菜花，秋天又是一片片洁白的棉花，更有流金溢彩的稻浪。一条差不多两公里长的曲曲弯弯的石板小街，是淯溪镇的主街道。街的尽头，有座方山，生长着与齐白石画中相似的野松，是我们儿时踏青登山的去处。

淯溪老家，属荆楚文化圈，民俗风情浓郁。人们喜爱拉二胡，弹三弦，一边敲鼓一边唱故事。家乡还有个远近闻名的顺口溜："淯溪河的姑娘多，不打哈哈就唱歌。"

弯弯曲曲的石板小街

两旁，有五六家茶馆，几位说书讲古的老爹，是小镇上颇受尊重的文化人。彭老爹是个神气十足的长者，每天傍晚，他都会在万寿宫茶馆醒目的位置，敲响惊堂木，绘声绘色地讲起中国古典名著里的故事。

那时，母亲在万寿宫茶馆做事。每到晚上，她都会为我留一个位置，给我泡上一杯清茶，还给我捧来一把熟花生。幼小的我，双手托着下巴，咪着香喷喷的花生米，在烟雾蒸腾的茶馆听《三国演义》的故事。

彭老爹每天绘声绘色一个多小时的讲述，是我儿时

历史文化厚重的当阳，出土的战国青铜垒

湖北宜昌，西陵峡口的张飞擂鼓台

的天堂。结束时他那一声雄浑的"要知后事如何，且听下回分解"，再加上一声清脆的惊堂木，给我留下无数美好的回忆。那温馨的场面，如果有台摄像机拍下来多好！

就是在清溪河畔的万寿宫茶馆，涿州刘关张桃园结义的豪情奔放，许昌秉烛达旦的千秋忠义，黄河边千里走单骑的一路风尘，长江畔大义失荆州的凛然正气，古当阳退走麦城的悲壮惨烈，都让我想到：做人，就要做关老爷这样顶天立地的大男人！

在母亲的呵护下，小时候深藏在心中的关公情结，竟然伴随了我一路一生！

我家后院，紧挨着清溪河。从家门到河边，只有几十米远，且全是青石台阶，差不多三十多级。每天我下河挑水，从三十多级台阶跑上跑下，跑出了一双坚强且有弹性的腿脚，这为以后爬山下河铸就了好身体。

重庆云阳,长江岸边山崖之上的张飞庙群雕桃园结义

母亲幼时读过几年私塾,《三字经》《女儿经》《增广贤文》背得溜熟溜熟。遇到什么事,都拿出这套传统文化经典教导我们姐弟几个,让我们骨子里始终流淌着中华传统文化的血液……

目光再转向长江三峡。雄奇壮丽的三峡,东起湖北宜昌南津关,西至重庆奉节白帝城,全长200公里左右。大峡深谷,是英雄豪杰们用生命和热血驰骋的古疆场,似乎每座山头,每朵浪花,每片花瓣,都在诉说着刘关张桃园兄弟的悲欢离合。

西陵峡口长江南岸,是赫赫有名的关公点军坡。从宜昌通往重庆的老318国道,就穿过点军坡。坡上有一硕大古石牌,由清末宜昌镇总兵(四品武官)罗缙绅于光绪十一年(公元1885年)撰写并竖立,正面题"汉寿亭侯点兵

西陵峡口的葛洲坝工程鸟瞰。右岸,就是当年的关公点军坡

处"，背面就一"虎"字，行草遒劲。

关老爷在西陵峡东头留有许多千古遗迹。向东数十公里有当阳古麦城遗址、玉泉山关公显圣处、当阳关陵、远安回马坡，再东行数十公里更有关公当年镇守的荆州古城……

西陵峡口北岸，是宜昌市夷陵区，江边有张飞擂鼓台，擂鼓石峰拔江而立，雄峙峡口。据《三国志·蜀书》记载，东汉建安十四年（公元209年），刘备命张飞为宜都太守。张飞在三峡江岸悬崖修筑擂鼓台，督兵操演，彰显蜀汉威风。

伫立长江三峡游轮，迎着清润的江风，让我们一起循着历史长河，追寻东西方圣贤们留存的光芒：

公元前500年前后，在中国、印度和古希腊，几乎同时出现了伟大的思想家孔子、老子、释迦牟尼、苏格拉底、柏拉图。历史跨越数千年，他们的思想已经传承为人类文化的宝贵精神财富。

200年后（公元前340年），在我家乡不远的长江岸边秭归，伟大的爱国诗人屈原降生。

又过了288年（公元前52年），一代美女王昭君在长江岸边美丽的香溪河畔呱呱坠地。

公元元年12月25日，耶稣诞生。

160年后的东汉延熹三年，在黄河东岸，中华武圣关云长隆重出世……

世界历史千年万年，这些重量级的先贤大圣，都聚集在前后700年之间！这是一段让后人仰望的年代！我们要从几千年的文化积淀中找回圣人先贤，用久已淡忘的智慧火花照亮人类灵魂。溯源中华传统文化，儒释道思想蕴含着深刻的生命正能量。儒家将"天下为公、世界大同"作为个人道德修养和自我价值实现的终极目标；道家追求"天人合一"的最高境界；佛教则在慈悲、智慧的引导下，通过利他途径来实现自利，最终成就和谐共进。如果我们把儒释道看作中华传统文化的三根柱石，关帝文化"忠义仁勇诚信"精神就是圆融儒释道的华美穹顶……

溯江而上，过巫峡神女峰，进入瞿塘峡。峡口处的夔门，两岸崖壁直立，如石门紧锁峡江，有"夔门天下雄"的美誉，重庆市奉节白帝城，就位于瞿塘峡口北岸。城内明良殿为嘉靖十二年（公元1533年）建，系庙内主要建筑，内塑刘备、关公、诸葛亮、张飞像。明良殿和武侯祠左右两侧藏有历代著名碑刻。这些古建筑和文物珍品，使白帝城更为增色。

在紧锁夔门的峭壁之间，有一处"关帝庙航标"。遥想当年，人们手捧香火，在夔门关帝庙静静上香，悬崖下，就是奔腾东去的峡江浪涛。

"朝辞白帝彩云间，千里江陵一日还……"李白的诗句，把长江三峡两头的三国故地紧紧连在一起……

02

钻进关陵
在东汉墓室亲密接触关爷爷

当阳关帝古陵

上世纪六十年代中期,父亲和 20 多位老乡一起,从当阳淯溪镇出发,到邻近的远安县大山深处参观"三忠于活动"。

解放牌大卡车载着我们从远安回当阳。途经当阳城郊,看到一片红墙黄瓦。见识广的老乡大喊:"这是关帝陵!"这一声喊,大家都想进去看看。

走进关陵山门,穿过一重又一重殿堂,在中轴线尽头,有个山丘一般的大墓。祭亭前,一条狭窄的墓道,直通墓室。父亲牵着我的手,循墓道慢慢走进墓室中央。在苍穹般的墓室顶上,悬着四根铁链,托着一个巨大的黑乎乎的棺木,离地面 1 米上下。周边有两口大缸,亮着忽闪忽闪的长明灯,庄重而神秘。守墓老人告诉我,这就是关老爷的棺木。我小心翼翼地走上去,仰望着这尊被世人尊奉的大神!我用指头轻轻抠了一下棺木,十分坚硬,以为是铁铸的,现在想起来,应该是传说中的金丝楠木。

当阳关陵珍藏的关帝教子"四好碑"

那天，守墓老爷爷告诉我："你是走进关爷爷墓室的，年龄最小的胆子最大的孩子！"

就在那一次跟关爷爷"亲密接触"后，当阳人为了保护关帝陵，封堵了墓道，再也没有打开。不过，现在我还记得并能找到，当年堵住墓道的那块大青石。只要稍一定神，那苍穹般的墓顶，那黑乎乎的亲切的巨大棺木，就浮现在我眼前。

后来，慢慢长大，慢慢读书，慢慢寻访，终于知道：关爷爷是个了不起的大英雄！

据《三国志》《关帝志》《山西运城县地名录》等史料记载，公元160年，也就是东汉延熹三年，关公出生在黄河东岸的解州，就是今天的山西省运城市解州镇常平村。他身材魁伟，相貌堂堂，凤眼蚕眉，红脸长髯，武艺超群，人称"美髯公"。

关公18岁那年，迎娶贤惠秀美的新娘胡玥，第二年生下儿子关平。这年，黄河东岸大旱，百里盐池的水井干枯了许多。当地恶霸吕熊，为强占妙龄少女，竟然填堵了附近许多老百姓家的水井，只许未婚女子到他家院中挑水，见着漂亮姑娘就扣留，就凌侮，害得百姓怨声载道。关公知道此事，怎会干休？他只身闯入吕熊住所，将恶霸斩杀，救出良家少女。

关公受到家乡民众的拥戴，却成了朝廷追捕的要犯。父母为了让关公毫无牵挂地逃离家乡，投井自尽。妻子胡玥携幼子关平投奔中条山娘家避难。关公逃离解州，辗转流落至河北涿州，与刘备、张飞桃园结义，追随汉室，东征西讨，屡建战功，留下了秉烛达旦、千里寻兄、义释曹操、镇守荆州、单刀赴会、水淹七军、刮骨疗毒、威震华夏等千古传颂的故事。

公元219年隆冬，关公大义失荆州，退守麦城，在当阳西北被吴兵俘获遇害。孙权担心刘备复仇，将关公首级献给了远在洛阳的曹操。曹操识破东吴"嫁祸于人"之计，刻沉香木为身躯，以王侯之礼厚葬关公于洛阳城南。关公正身，孙权以侯礼葬于湖北当阳长坂坡下。这就是民间常说的关公"头定洛阳，身卧当阳"。

从三国到隋初，人们一直视关公为盖世英雄。把关公作为神灵礼拜，始于隋朝。东汉初年传入中国的佛教，与传统的儒家思想及道教文化在激烈的碰撞中趋向融合，逐步演变成中国化的佛教。据《佛祖统记·智者传》载，隋开皇十二年（公元592年），高僧智顗到湖北当阳玉泉山建庙传教，夜见一长髯神人，自称蜀将关羽，现为当阳山主，愿作佛门弟子。智顗奏于晋王杨广，遂封关公为伽蓝护法神。

道教岂肯将中国本土的关老爷让于外教？于是，就有了宋徽宗派张天师请关公，为山西解州百里盐池灭妖（斩蚩尤）的传说道教自此尊关公为"荡魔真君"、"伏魔大帝"。

儒家并不与佛道争锋，而是顺乎自然地将"夫子""圣人"的桂冠奉献给关公。大儒生罗贯中不甘落后，根据《三国志》及民间传说，妙笔生花，撰就一部千年不朽的《三国演义》，将关公刻画成集"忠义仁勇礼智信"于一身的儒家圣人，是关帝文化发展史上的辉煌里程碑。

儒佛道在历史上有时互渗互补，有时也难以相融，然而尊奉关公却有共同之处。三教共奉关公，正如关帝庙一副楹联所云：

儒称圣，释称佛，道称天尊，三教尽皈依，式瞻庙貌长新，无人不肃然起敬；

汉封侯，宋封王，明封大帝，历朝加尊号，剜是神功卓著，真可谓荡乎难名。

历代帝王把关公作为"忠义"的化身，作为"仁勇"的偶像，视为皇家保护神，屡屡加封，使关公从民间神灵跃升

明末书画家丁元公作品《千古英雄》，珍藏于北京艺术博物馆

为国家祭祀的最高神祇。

在关公诞辰100周年之际，蜀主刘禅追封关公为"壮穆侯"。历史再走过836年，中国出了个书画艺术颇有成就的皇帝——宋徽宗赵佶。在公元2002年北京的一次大型拍卖会上，宋徽宗一幅《写生珍禽图》，以2300多万元人民币落锤，中国中央电视台破天荒地向全世界作了现场直播。2009年春，这幅图又在北京拍出6100多万人民币。宋徽宗的书画艺术成就，比他当皇帝的政绩显赫得多。就在这位皇帝悉心作画之时，北方女真族建立的金国逐渐强盛，且经常南侵。面对外侵之敌，徽宗想不出更好的富国强兵之策，只有大兴道术，并期望能得到关公神灵护佑。他执政24年，关公得到4次褒封，从"忠惠公"到"崇宁真君"，再封"武安王"，再加封"义勇"。

敕封关公为王的宋徽宗

铁木真横扫辽金及南宋，于公元1206年建立起疆域辽阔的元帝国，成为"一代天骄成吉思汗"。这位元太祖深深懂得，保天下，仅有马背上的功夫不行，还要用汉民族关公的忠义勇武来约束群臣，教化各族民众。天历元年，即公元1328年，元文宗图帖睦尔即位之初，谥封关公为"显灵义勇武安英济王"。蒙古统治者接过赵宋王朝的保护神，既能平衡蒙古人入主中原的心态，又能粉饰太平。

朱翊钧是明朝的第十三位皇帝，年号万历。他10岁登基，在位48年，是明朝享国最久，在大明历史上影响重大的皇帝。他亲手缔造了堪称整个明代最为富庶强盛的万历王朝，却又让明朝在自己手中衰落。早期，万历皇帝有张居正辅佐，经济有了复兴。万历皇帝20大寿这年，皇子降生，宫廷内外一派喜气洋洋。心境格外舒畅的万历皇帝，诏告全国减税免刑，并一反祖训，下旨祀封关公为"协天大帝"。万历十八年，即公元1590年，朱翊君再度颁旨，追封关公为"协天护国忠义帝"。

封关公为"圣"，也是万历皇帝的杰作。万历四十二年（公元1614年），封关公为"三界伏魔大帝神威远震天尊关圣帝君"，封关娘娘为"九灵懿德武肃英皇后"，封关公长子关平为竭忠王，次子关兴为显忠王，部将周仓为威灵惠勇公……

明王朝把尊崇关公推上了最高层面，清王朝则系统而详尽地完善了关公的人、帝、神体系。清王室的缔造者是努尔哈赤。实现清王室一统中国目标的则是清第三代主君顺治。顺治透彻领悟汉文化之要略，十分崇拜关公，并仿效关公"桃园结义"，与蒙古族的各部落首领，结拜为异姓兄弟，并声言："亦如关羽之于刘备，服事唯谨也！"顺治入关，一统中国，即颁诏供奉关公，号曰"忠义神武关圣大帝"，时为公元1653年。

颇有建树的康熙皇帝，自称刘备转世，亲政不久即封关公为"协天伏魔大帝"，之后亲临关公故乡解州关帝庙参拜，在关公神像前大呼："二弟，大哥看你来了！"亲题"义炳乾坤"御匾，悬于解州关帝庙殿堂。

千百年来，16位帝王为关公御旨加封。关公更被海内外华人尊称为关帝、关老爷、财神爷、恩主公、华夏大神、中华武圣、中华民族的精神代表，殿堂香火遍及四海五洲，形成"文拜孔子，武拜关公"的中华传统文化格局。

纵观天下，关圣帝君，已经成为中华民族的道德偶像；关帝文化，已经成为联接海内外华人的精神纽带！

敕封关公为帝为圣的明代万历皇帝

明宣德时著名宫廷画家商喜《关公擒将图》，藏北京故宫博物院

中华关帝走进地球三极

03

发现摄影
用光凝聚瞬间铸就永恒

长江三峡龙舟赛,展现出"物竞天择、优胜劣汰"的自然规律

高中毕业,我当了两年知识青年,被推荐到长江三峡岸边的宜昌读书。这所学校,就是后来的三峡大学。

刚开学,我糊里糊涂地被选为班长。毕业回到当阳,几十名毕业生都没有分配,县文教局闫永康局长把我叫去,给我出了个题目,要我在很短的时间写一篇文章。这篇命题作文我神速完成。局长看过,微笑着点点头,让我第二天到县文教局上班。

我搬进了文教局,隔壁是工作了几年的李运功。一天,我看到他房间有一本《摄影入门》,翻开我就着了迷:摄影,用光画画,瞬间创造永恒,瞬间留下历史,瞬间留下美好。

这本书我认真看了两遍,然后借来一台海鸥牌上海双镜头照相机,又在县文工团借来两个碘钨灯,在当阳城第一次拍摄了一卷黑白胶片。说来也巧,这第一卷12张底片,拍3个场面,居然有2个场面登上了《中国少年报》《宜昌报》。

初试成功,我喜欢上了摄影。拍摄的第二卷胶卷,就登上了《人民日报》画刊。

早春，荆楚大地村落相望，生机盎然

我想，各种艺术门类都是相通的。此前我曾经学过绘画、作曲、钢琴、手风琴、散文诗歌创作等，且结交了不少文艺界朋友，都为摄影打下了基础。

没过多久，我拍摄的图片《十媳妇离城返乡种责任田》，由新华社向全国发出通稿，《人民日报》1981年11月22日在头版二条显著位置刊载。不久后拍摄的《当阳新貌》专题，被中国新闻社向世界发出通稿，海外多家报刊转载。这一下，惹得当阳县委宣传部的几位领导来文教局找我，"看看这个朱正明长得什么样子！"

在县文教局工作了两年，闫局长要调到县委大院，担任县委统战部副部长。县委组织部要局长带一名干部到县委会，局长毫不犹豫地带上了我。于是，我搬到了与长坂坡遥遥相望的山头：当阳县委大院。

二十世纪八十年代初，各级报刊登载我的新闻图片太多太多。慢慢地，我感觉新闻图片不过瘾，总缺少点什么。现在想起来，这是自己对自己的不满足，是自己给自己发出了信号：要超越自我——提高理论涵养，增厚艺术功底。

就在这时，当阳县委安排我到宜昌地委党校哲学大专班脱产读书。入学考试前，我差不多拼着命背诵历史、地理、哲学等内容，房间的墙上贴满了我自己综合的历史大事和数学公式，还有生硬的哲学概念。入学后，令许多人头痛的中国哲学史、西方哲学史、美学等课程，我学起来如饥似渴，津津有味！我特喜欢揣着一本书，在长江岸边静静阅读，累了，抬起头，望一眼东去的峡江水，浑身又充满了能量。

在宜昌读书两年，我又被选为班长。撰写毕业论文是很严谨的事，我没有选择政治，也没有选择经济，而是选择了美学，论文题目竟然是《时代呼唤壮美》。我骨子里就崇敬大江大河，骨子里就敬仰那高亢悠扬的川江号子，骨子里就崇拜青藏高原纯净的雪山，骨子里就膜拜天不怕地不怕的关老爷。现在想来，骨子里崇拜的，实际上是这些壮阔的山水展现出的大气磅礴的精神，无往不胜的追寻。这篇美学摄影艺术毕业论文，居然还被选入《党校优秀毕业论文选》，被当年颇有影响的《青年摄影》杂志头条选用，还被中国摄影家协会主办的《摄影报》选登，我则更被邀请到厦门鼓浪屿，出席中国第四届摄影理论年会，在众多摄影家理论家面前宣读论文。

朱正明在深圳民俗园采风

这两年，我同时报名参加了中国摄影函授学院第一期学习。在长江两岸，在大河上下，我广交中国摄影界名流，像海绵吸水一样，学习大师们的摄影技艺和创作精神——陈长芬天人合一的艺术境界；杨绍明以摄影为载体走向世界的开放意识；佘代科情定长江三峡的执着追求；肖萱安别具一格的创新思维；日本摄影家石嘉福搜寻民俗钟情敦煌的忘我精神，都对我的摄影创作产生了重大影响。

记得中国摄影函授学院有一次在襄阳古城授课，请摄影大师陈长芬讲学。他播放着古韵悠悠的《阳关三叠》，在大屏幕放映着精美绝伦的航拍摄影大作，讲述着许多作品的创作经过和感受。这种情景交融的艺术盛宴，真好！

我的思维方式，慢慢由"随意咔嚓的新闻"转入了"用光画画的艺术"，拍每一幅照片时，都用看不见的灵感，让瞬间变为富有历史文化涵义甚至艺术价值的永恒！

中国摄影函授学院结业时，我撰写的《整体大于部分孤立之总和——系统论与摄影构图》，选入《中国摄影函授学院优秀论文选》。这本厚厚的论文集，中国摄影家协会的主席们在前言里，还专门点到我的论文颇有新意。

哲学大专班两年，摄影函授学院两年，我的思维方式发生了重大变化："现在和过去比，完全是两码事！"

04

大河上下
晋豫鄂闽关帝殿堂巍然矗立

山西解州关帝庙春秋楼前的古牌坊，在朝晖中灵气十足

在广袤的中华大地上，人们谈起关帝殿堂，总会津津乐道地首推三地：山西运城解州关帝庙，这里是关公的家乡，有厚重的黄河文化遗存；河南洛阳关林，这里厚葬着关帝首级，且是十三朝古都所在；湖北当阳关陵，这里厚葬关帝正身，是著名的三国古战场，更是关公最先显圣之地。

我第一次到黄河东岸的关公故里，还是上世纪八十年代初。通往山西的绿皮火车，可真挤到了极致！火车上人贴人，人叠人，双脚被挤得腾空。我只有用双手抱着摄影包和军用水壶，闭着眼睛，任凭自己被人流挤来涌去！

也许这是我遇到的人挤人最隆重的一次。挤还好说，这弥漫在绿皮车厢的汗味儿，却是让人有些受不了。虽如此，想到不久要看到那片供奉着关老爷的古建筑群，要看到万众尊崇的山西老家的关帝爷，那挤，那热，那味，也觉得亲切了。

走进山西运城厚实的黄土地，真有股与生俱来的亲切感！关公故里的淳朴民风，

黄土地上人们敦实的笑容，一片片古老灵动的殿堂，令我感叹！

运城解州镇关帝庙的小丫头解说员何秀兰，是个挺秀气的姑娘。她带着我，从关帝庙山门到最后的春秋楼，如数家珍地为我讲解了一遍。就是这个丫头，后来成为解州关帝庙副所长，国家主席到这里考察，也是她随行讲解。

从 1984 年到现在，38 年过去了，这期间，我又 10 多次带着海内外朋友去解州，慢慢悟出了解州关帝庙被誉为"武庙之祖"的来由。

首先是解州关帝庙的建筑规模居大陆关庙之首，占地达 18 万平方米，且分前后两院。前院以端门、雉门、午门、御书楼、崇宁殿为中轴，两侧配置石坊、木坊、钟鼓楼、崇圣祠、部将祠、碑亭、钟亭等；后院以春秋楼为中心，

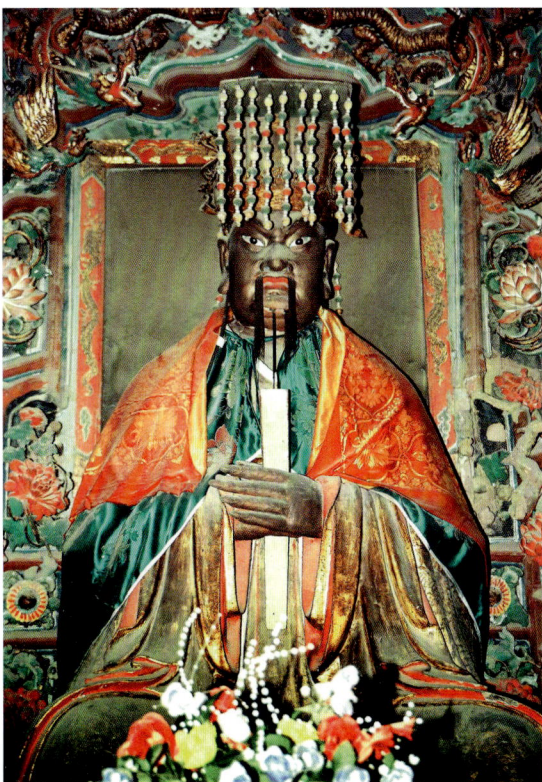

解州关帝庙崇宁殿供奉的关帝

两翼分列刀楼、印楼，左右对称，主次分明。关帝庙对面的结义园，经过修复，已经与主庙连成一片，门外开辟了大型广场，春秋楼后，建起了御花园。这片古老建筑，仿照皇宫形式建造，远远望去，俨然一座黄河东岸的紫禁城。

其次是庙堂始建于隋（公元 589 年），早于洛阳关林和当阳关陵。在二十世纪六十年代的"文化大革命"中，大陆各处关帝殿很多遭到破坏，关公老家的解州关帝庙却奇迹般地幸存。置身殿堂之中，那琉璃龙壁，盘龙石柱，飞檐灵兽，楹联御匾，卷棚抱厦，大都存留明清遗风，向后人展示黄土文化的凝重厚实。

这片古建筑，还是中国历代帝王敕建的皇庙，各朝名人题联举目皆是，历代皇家御匾更是赫赫高悬。宋徽宗赵佶敕封关公为"崇宁真君"，关帝主殿"崇宁殿"由此得名；清康熙皇帝为祖庙亲书"义炳乾坤"，悬于御书楼内；崇宁殿正门高悬"神勇"御匾，由乾隆皇帝亲定；咸丰皇帝题写"万世人极"，也悬于崇宁殿前。后院的春秋楼，还有御匾"忠贯天人""威灵震迭"等。

关公故里的百姓，千百年来崇奉关公，已成为朴实民风的重要组成部分。一年一度的金秋大典，更是大气磅礴。现任解州关帝庙文管所所长卫龙，是个很有魄力的好小子。每年金秋时节的关公文化节，他精心打造，深受海内外朋友称道。山西祖庙关帝圣像赴台湾巡游，深深震动了海峡两岸。

第一次到运城，我在解州招待所借了一辆自行车，顺着中条山下的乡村小道，哼着自由自在的黄河谣，慢悠悠地骑车到常平古村。这里，是正宗的关公家乡。一步步走

运城关公文化节朝圣大典(2017)再现皇上参拜关公场景

香港大明集团在解州关帝庙崇宁殿前敬香

山西关乡父老用身躯组合成巨大的"关"字，深情缅怀关将军

右起：山西省运城市解州关帝庙所长付文元，运城市文物保护中心主任卫龙，关公扮演者，湖北省委统战部原海外中心主任朱正明，毛里求斯晋非投资董事行连军在《天下关公》纪录片开机仪式

在运城关帝庙会表演民俗的关乡姑娘

解州常平村"关圣故宅"古碑

解州常平村关王故里中轴线尽头的圣祖殿

关王故里关帝殿内的关公

进关老爷出生的山村,心中充满向往,充满神圣,充满期待!

常平古村,南有中条山为屏,北有盐池湖为障,雄踞山水之间,钟灵毓秀。这深厚的沉甸甸的黄土地,孕育出沉甸甸的黄土文化,孕育出中华武圣关云长。

距今1400多年前的隋朝初年,常平村民仰慕关公忠义仁勇之大德,在关王故居建祠奉祀,金代庙宇初成。现存殿堂多为清代建筑,庙貌纯朴,古柏参天,总面积近6万平方米。

进入关王故里,祠前有牌坊三座,左右为木质牌楼,中为石雕,横额刻有"关王故里"四个大字。第一次来到关公故乡,见石坊上的"关王故里"只是依稀可见,我从村里买来大红油漆,搭上扶梯,顶着艳阳,一笔一划地把"关王故里"四个大字描绘得清晰耀目,才开始拍摄。当时,常平乡政府还在庙殿办公,乡长们蹲在庙殿墙角喝粥,微笑地望着我这个从远方来的虔诚的摄影者。

关帝殿面阔五间,木雕神龛富丽堂皇。关公头戴冕旒,身着帝装,凝神端坐于龙椅之上,两旁侍者谦恭微谨。守护大殿的老汉,既朴实又古板,从来不让人在殿内拍照。我也很守规矩,把相机装进摄影包,和老汉亲切地拉起家常。我告诉老汉:"关公在您的村子里出生长大,

关公故里中条山上80米高的关帝圣像

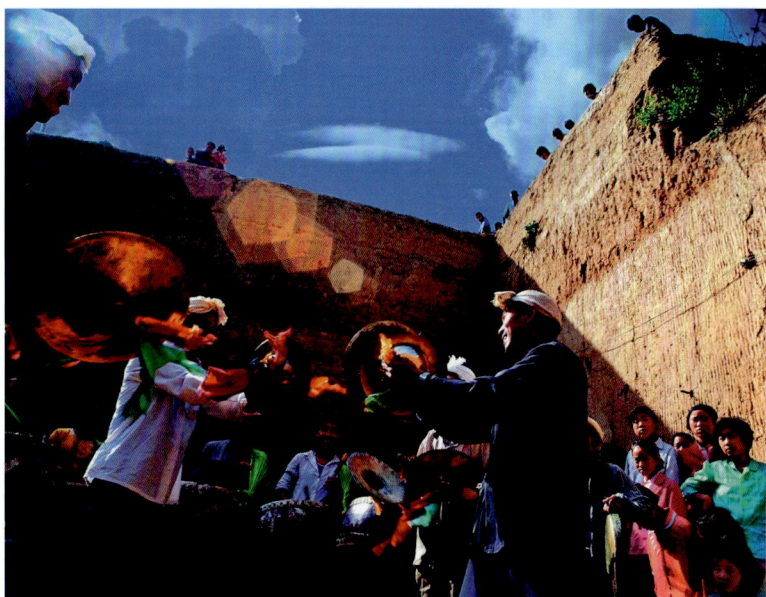

黄河南岸的平陆县,关乡父老用威风锣鼓纪念关公和周仓

却在我们湖北荆州威震华夏,在我的家乡当阳玉泉山显圣护民,我们当阳的老百姓特别敬重关公。"老汉高兴地笑了。我问老汉守护大殿一个月多少工资,老汉在我耳边神秘地说出一个数字。这数字,真让我心酸! 我当即从摄影包里掏出那个数字的钱,悄悄地塞进老汉的口袋。老汉激动了,把我拉到墙角说:"等乡干部喝完粥,您进来照! "

嘿嘿! 当时我那个高兴劲啊!

在关王故里,我认真地、虔诚地拍摄了一组十分珍贵的图片。

漫步关王故里,古朴的建筑循中轴线排列有序:山门、午门、享殿、关帝殿、娘娘殿、圣祖殿,两边配有太子殿、钟鼓楼及厢房。史料载:"关羽年十八,娶胡氏。"这里的娘娘殿内,关夫人凤冠霞帔端坐其中,神情端庄,衣饰柔丽,侍者恭身而立。娘娘像为清代塑立,是海内外关帝宫庙中的珍品。圣祖殿内,供奉关公始祖忠谏公、曾祖光昭公、祖父裕昌公、父成忠公及夫人像。山门内，有八角七层砖塔一座，是乡人为奠祭关公父母，于金大定十七年（公元 1177 年）建造的，塔身碑文曰："关圣于灵帝光和二年己未，愤以嫉邪，杀豪伯而奔，圣父母显忠，遂赴舍井而身殁。至中平元年甲子，里人为帝有扶汉兴列之举，遂建塔井上。"

有了守殿老汉的关照，我拍摄了大殿的关帝、娘娘殿的关夫人，还有圣祖殿的关帝先祖。

后来到运城的次数多了，加上有政府领导的引见，解州关帝庙文管所所长为我写了一张"请各殿堂配合著名摄影家朱正明先生拍照"的便签。因为是便签，所长只留了大名，没写日期。这张便签，我连续用了几年，让身边拿着相机的朋友们着实惊羡了一回。

河南洛阳关林国际朝圣大典

目光转向黄河南岸。河南洛阳，我差不多到访过 20 多次。第一次到洛阳的情景，至今历历在目。那是 1984 年春夏之交，当阳老家 10 多位领导赴京参观，我随团摄影并整理考察文字。回湖北时途经河南，我请假留在了洛阳。我被这片厚实的黄土地吸引，被黄河岸边的朴实民风吸引，更被传说中的洛阳关林的磅礴大气吸引。

轻轻走进洛阳关林山门，顺着导游的引导，我十分虔诚地拍摄了关林的每一栋建筑，每一尊塑像，了解了关林的历史文化源流。

后来再次到关林，走出关林大门时，吴建华好兄弟依依不舍，拉着我的手，竟然落泪了！从此，我和吴建华成了几十年的好哥们。他是关林管理处办公室主任，好多事儿都想着我念着我，就连国际朝圣大典用金箔印制的祭文，建华兄弟都要为我留一份，亲手送到我手里。

建华兄弟告诉我，在中国封建社会，百姓之墓称坟，王侯之墓称冢，皇帝之墓称陵，圣人之墓才能称林。武圣关公与文圣孔子齐名，厚葬关公首级的地方，当然名正言顺地称关林了。历史上，随着关公被皇家敕封，关林多次更名，明代称关王冢庙，清顺治时称关帝陵庙，康熙时称关夫子冢庙，道光年间始称关林。

关林始建于明万历年间，现占地200余亩，建筑风格与北京故宫相仿。这里北依隋唐故城，南临龙门石窟，西接洛龙大道，东望伊水清流。沿中轴线排列着舞楼、山门、仪门、拜殿、文殿、武殿、春秋殿、石坊、碑亭、关帝古林。文殿高约20米，面积700余平方米，殿顶琉璃覆盖，翘脊飘逸。文殿内，关公头戴十二冕旒帝王冠，身着锦绣龙袍，凤眼蚕眉，面贴赤金，端严正坐，两侧为关平、周仓、王甫、廖化诸将，造像高大，栩栩如生。武殿原塑关公武像，本世纪初，为适应众多朝拜者，武殿改为财神殿，关帝像转怒为喜，金光四射，富贵之气横溢。

洛阳关林大殿供奉的关帝群像

关帝古林呈八角形，高10米，占地250多平方米。墓前有康熙四十六年（公元1707年）修筑的石墓门，题额"钟灵处"，其联曰：神游上苑乘仙鹤，骨在天中隐睡龙。另有高4.8米石碑一通，上刻"忠义神武灵佑仁勇威

洛阳关林供奉的财神关公

显关圣大帝林"，清道光三年（公元1821年）重刻。

誉为洛阳八景之一的"关林翠柏"，苍翠刚劲，奇姿各异，足有800株上下。文殿门前的龙头柏，树间枝干酷似龙头。另有凤尾柏、升天柏等。

文殿两侧的东西长廊，展示东汉以来珍藏的500余件珍贵文物，再现了九朝故都洛阳的古文明，成为两千年中原文化的缩影。关林甬道两旁，后来重建了五虎堂、娘娘殿等。

近几年，关林成为世界华人朝觐中心之一，山门前新辟了关林大广场。每年金秋时节，一年一度的洛阳国际关林朝圣大典在这里隆重举行，几十面黄河大鼓，被黄河两岸的姐妹们擂得震天响，回荡于黄河两岸。入夜，在山门对面的戏楼，大河上下的关公戏一场接着一场，牵动着来自港澳台海外游子的心！

2018年春末，中国文学艺术基金会关公文化专项基金主办的关公文化研讨会，在洛阳隆重举行。大陆各地和港澳台海外专家学者应邀出席。中国文联老领导董良翚女

洛阳关帝古林

河南洛阳举办海峡两岸关公文化论坛,朱正明(右)向台湾嘉宾廖正豪(左)、洛阳市海联会会长陈向平(中)赠送西藏关公唐卡

士说,中华传统文化,是中国人的精神血脉。中国文学艺术基金会宣传部长魏江表示,中华优秀传统文化正在为民族复兴提供精神滋养,蕴含着中华民族伟大复兴的中国精神和中国力量。晋鄂豫三地代表,港澳台和海外嘉宾共同发出《倡议书》,在海内外大力传承中华关帝文化。洛阳原创民族舞剧《关公》,令与会嘉宾深受感动。演出结束时,在全场掌声之中,我应邀走上舞台,向剧组赠送了《走遍天涯访关公》专著,与关公扮演者紧紧握手拥抱。

中国文学艺术基金会关公文化专项基金 2018 年在洛阳举办首次论坛

朱正明向中国文联老领导董良翚(中)和张力理先生赠送关帝文化专著

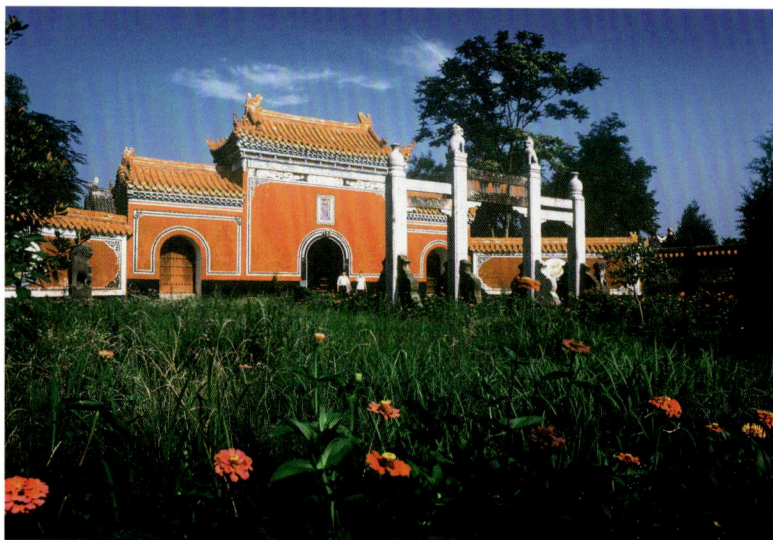

湖北当阳关帝古陵山门

让我们的目光，从黄河转向长江。二十世纪八十年代初，我在长江北岸不远的当阳县委工作。城西的关帝古陵，是我常去的地方。1983年初春，我发现，关陵山门正在搭架维修，中轴线尽头的关帝古陵已经整修如旧。古陵高7米，周长68米，墓顶古木参天，肃穆庄重。我拍摄了一组当阳关帝古陵修复的图片，发往中国新闻社。中新社很看重这组图片，向世界众多国家发出通稿，各国媒体纷纷转载。

关帝古陵坐落在当阳城西，陵庙坐西朝东，面临沮水，与景山遥遥相望。宋代以前，关帝古陵只是一座林木掩映的土丘。南宋淳熙十五年(公元1188年)，襄阳太守王铢在墓前建祭亭。明成化三年(公元1467年)，当阳知县黄恕在陵前建庙祭祀。现在的建筑群体落成于明嘉靖十五年(公元1536年)，占地45000平方米。经过二十世纪八十年代的修复，这片红墙黄瓦更加金碧辉煌。

陵园山门为神道碑亭，亭内竖立一通清道光十年(公元1830年)大碑，正面镌刻二十四字：

忠义神武灵佑仁勇威显关圣大帝汉前将军汉寿亭侯墓道

用现在通俗的话说，这是中央政府对关老爷任命嘉奖的综合。

过碑亭，沿中轴线排列着石坊、华表、三圆门、马殿、拜殿、大殿、寝殿、关帝古陵。大殿塑有关帝金身，关平、周仓侍立两侧。九十年代初，我带着台湾桃园市统天宫潘阿来先生赴关陵谒祖进香，阿来先生及同行的朋友捐资10余万元人民币，在寝殿内重塑关公铜像一尊。铜像的设计者，是我的美术老师姜耀南，他当时担任当阳关陵文管所所长。

每年清明时节，当阳内外的关氏宗亲都会聚集在关陵扫墓；9月下旬，当阳关陵会举行盛大庙会。这时的长阪坡上下，关陵庙内外人山人海，舞龙耍狮踩高跷，赛歌抬轿娶媳妇，叩拜敬香说关公，荆楚巴蜀文化和世界关帝文化在这里碰撞交融，吸引着越来

中华关帝走进地球三极

海内外嘉宾在当阳举办三面关公圣像研讨会

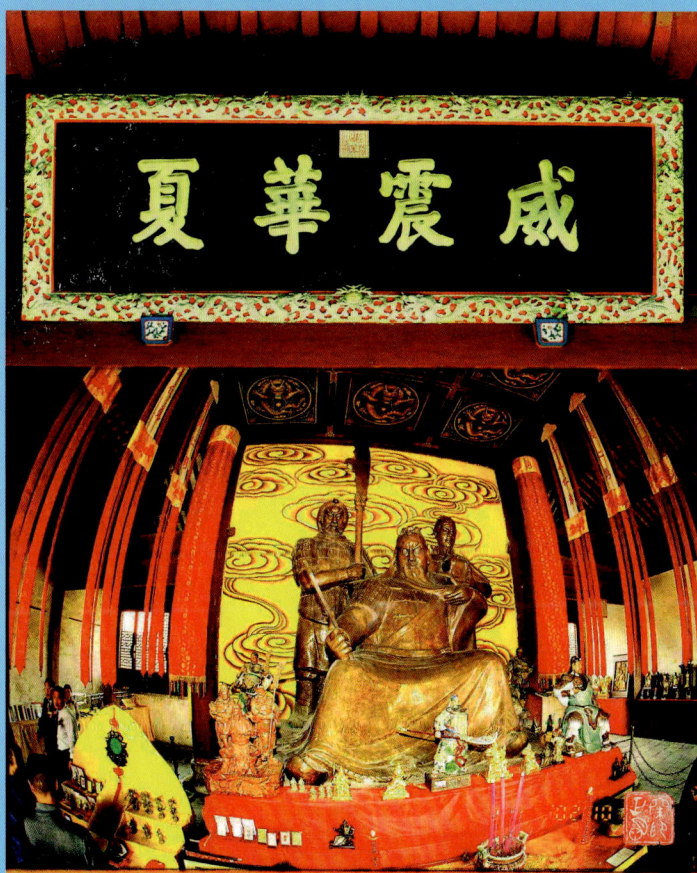
当阳关陵大殿供奉的关帝

越多的海内外嘉宾。

2013年春天，天下关公文化旅游城在长坂坡上隆隆冒出地平线。1650亩的建设工地，位于举世闻名的三国古战场长坂坡上，与关公显圣的玉泉山遥遥相望；山坡下，就是举世瞩目的关帝古陵。这座城，后来取了一个更接地气的名字：关公文化小镇。关公大义归天1800周年的2019，海内外祭祀关公的大典，就在这里隆重举行。

当阳东南20多公里的沮河西岸，是麦城故地。当年关公大义失荆州，退守麦城，粮草殆尽。危难之际，东吴派诸葛瑾来劝降，被关公严辞拒绝："城若破，有死而已。玉可碎而不可改其白，竹可焚而不可毁其节，身虽殒，名可垂于竹帛也！"关公走麦城的悲怆，成就了关老爷的大义凛然，千古悲壮！

从麦城往西北60多公里，就到了远安县罗汉峪沟。

当阳古麦城遗址，这里曾演绎过气壮山河的悲壮故事

湖北远安县罗汉峪沟，是东汉末年关公回马遇害之地

这里是关公父子被吴军用绊马索绊倒之处。也许是"报喜不报忧"的中华古老传统，清朝同治七年（公元1868年），人们才在这里建碑亭，其碑文曰："呜呼！此乃关圣帝君由临沮入蜀，遇吴回马之处也。"罗汉峪沟长10多公里，是远安县最大的峡谷之一，悬崖倒挂，峭壁如削，山势险峻，是古时入蜀的小道。今日的远安，还流传着这样的民谣："走进罗汉峪，四十八道溪，草鞋磨破底，脚板磨破皮。"相传，当年吴兵在罗汉峪沟共设下八道绊马索，前七道用棕搓的绳子，都被关公的赤兔马冲过；第八道用马尾搓的绳子特别结实，赤兔马被绊倒了。后人为了纪念关公，将此地改名为回马坡。说也奇怪，在回马坡沟溪边的石板上，现仍有五个马蹄印，疑是后人做的吧，又不见斧凿痕迹；说是天然巧合吧，竟巧得如此神奇？

从当阳麦城到远安罗汉峪沟，流传着许许多多的关公故事，至今仍有掷甲山、落

中华关帝走进地球三极

俯瞰玉泉山麓

帽冢、呼儿山、关兴坡、拖刀石、回马坡等三国遗迹，寄托着三国故地后人对关公的崇敬怀念之情。

远安山川朴实秀美。几年前张艺谋拍摄《山楂树之恋》，就选择了远安峡谷前面一片灵秀的山地。沮河，在这里穿行于丛山峡谷之间，山间的平坝，是山民祖祖辈辈开垦的梯田。春日，黄灿灿的油菜花，环绕着山腰，铺满了山脚；金秋，红艳艳的木子树，金幽幽的巴茅丛，令人如醉如痴。

1800年前的那个夜晚，关老爷含泪冲出麦城，和赤兔马一起，跌跌撞撞疲惫行走在这片大巴山和江汉平原接壤的山地。他心里想着荆州的百姓，他心里想着远隔千山万水的结义兄弟，他心里想着蜀汉一统的大业！他是没有心思欣赏这美景的。唉！如果能够穿越，我真想在万山丛中高声呼唤："关老爷……您回来吧！"

当阳古城西10公里处，就是相传"关公显圣"的玉泉山。玉泉山下，至今仍矗立着"汉云长显圣处""最先显圣之地"石刻大碑。显圣处的对面，有一座世界最早的关帝庙，当地称为小关庙。玉泉山冬暖夏凉，林木幽深葱绿，时而云雾蒸腾，恰似人间仙境，是游览避暑的绝妙去处。这些年，玉泉山已经成为港澳台海外朋友不远千里万里虔诚朝圣的地方。

玉泉寺坐落在玉泉山东麓。隋开皇年间，中国佛教天台宗创立者智𫖮大师在此倡立法门；唐代国师神秀在此弘扬佛法；明肃皇后在此大兴土木，使寺院规模达九楼十八殿，三千六百僧舍。玉泉山上下，珍贵文物和奇花异木随处可见。玉泉寺山门外的棱金铁塔，铸于北宋嘉佑六年（公元1061年），高7丈，重76600多斤，是中国最重、最高的

玉泉山下的关公显圣处

古铁塔。被誉为"玉泉山一绝"的并蒂莲，开放在玉泉山下的丹池里，一朵花两个花蕊，近千枚花瓣，紧紧拥在一起，极其淡雅圣洁。具有明代风格的大雄宝殿内，供奉着慈善的大佛们和十八罗汉，终日香烟袅袅，钟鼓悠悠。最值得称道的是山门右侧的护法神殿内，供奉有关公佛像，高丈余，两侧侍立关平、周仓。10多年前，当阳人在玉泉山下的"关公显圣处"重建了小关庙，使千年古刹玉泉寺成为海内外善男信女朝觐关公的胜地。

玉泉山麓，还有唐代银杏、月月桂花、石刻观音等罕见珍品，更有漱玉喷珠的珍珠泉和"堆蓝晚翠"等自然奇观。近两年兴建的三国度假村、玉泉山度假村，使往来游人更加方便。

当阳玉泉山下，关平陪伴着父亲，《春秋》已诵读千年

玉泉寺伽蓝殿关公

上世纪八十年代的相机，是120双镜头的上海产"海鸥"，只有黑白胶卷，一卷拍12张。每次拍摄完图片回家，都有十几卷甚至数十卷胶片要冲印。照相馆冲胶卷并不太贵，但积少成多也受不了。我把家里一间房子挂上红布，买回盆盆罐罐和温度计、放大机、烘干机，就成一间暗室。每次冲胶卷，妻子陈玉琼都在门外看着钟表，时间快到

玉泉寺关帝殿前盛开的千瓣并蒂莲花

了,她就敲门提醒。慢慢地,我会默默计时了,有时数上10分钟只差两三秒。许多事,现在想起仍令人感动。上半夜我冲胶卷放照片,已经很累了。妻子半夜起床,让我去睡觉,她轻手轻脚把照片一张张用烘干机烘干,第二天又照样早起,做好早餐,再去上班。整天乐呵呵的她,只知道默默奉献,好像从没有想到要索取什么。

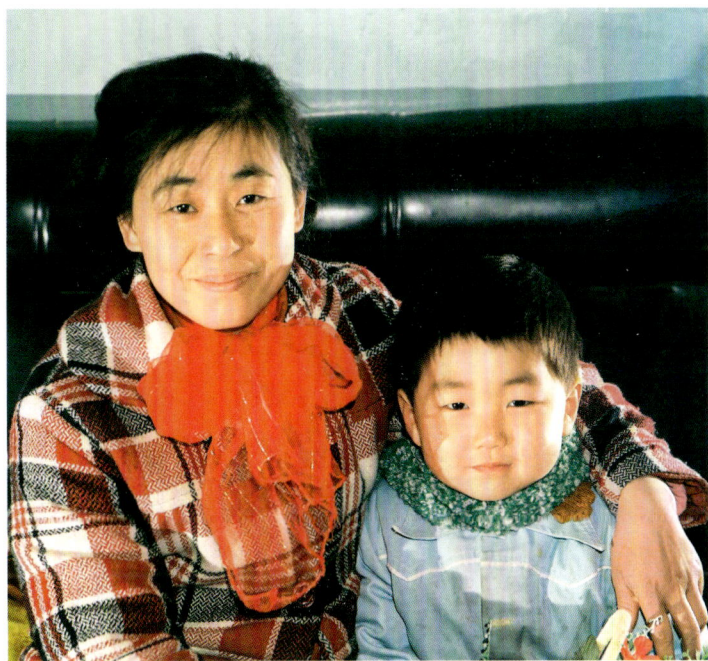

本书作者的妻儿在当阳古城

中国大陆最著名的关帝殿堂,首推晋豫鄂这三处。此外,还有湖北荆州,当年关公威震华夏之地,后人依托关公府邸建起了关府,依托古城墙卸甲山建起了关羽祠,并在复兴中华文化的今天竖起了59米高的铜铸关公。还有福建东山岛武圣殿,这里是台湾众多关帝殿堂的香火之缘,家家户户供奉关帝且尊为先祖,每年农历五月十三举办海峡两岸关帝文化节。还有福建泉州通淮关岳庙,这里是海上丝绸之路的起点,关帝香火从这里下南洋,循印度洋传播至南亚直抵非洲大陆及岛国。更有近年在世界屋脊重建的珠穆朗玛关帝殿,成为港澳台海内外朝圣者向往的最高处……

荆州博物馆珍藏的宋代关公陶片,是中国现存最早的关公形象

荆州少年在关公文化节表演关公耍大刀

台湾祀典武庙朝圣团在荆州关羽祠赤兔马殿

中华关帝走进地球三极

福建东山岛两岸关公文化节，为关帝祝寿

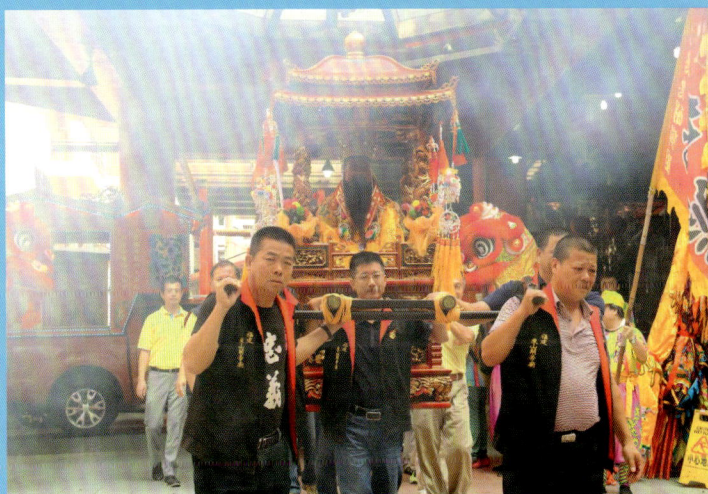

东山关帝赴台湾高雄巡游盛况

05

立下宏愿
走遍世界寻访传播中华关帝文化

台中圣寿宫总住持张子清率团赴湖北当阳关陵朝圣

　　上个世纪八十年代的一个金秋,台湾台中圣寿宫朝拜团要来当阳朝圣。圣寿宫张子清总住持提前给我发来函件。当时,我担任当阳市委统战部副部长、市台办主任。我为朝拜团做了精心安排。

　　那天早晨,朝拜团20多人在宾馆登上大巴,从当阳古城缓缓驶向城西的关帝陵。车上,大家齐声唱起《恩主公救世感恩歌》,歌声庄严雄浑,令人肃然起敬。大巴翻越长坂坡,缓缓驶近涵盖着关帝正身的古陵。

　　在关陵山门外,朝拜团成员换上金黄长袍,披上大红绶带,戴上精美胸花。他们在关陵大殿神龛摆上鲜花水果等祭品。为关帝颂读祝词的时候,我看到,张子清总住持、洪师姑,还有多位已经记不清名姓的台湾朋友,凝望着关帝圣像,两眼噙满泪水。这虔诚的场面,给我巨大的震撼!

　　从此,我与张子清先生,与洪师姑成了要好的朋友。每年,张总住持都会为我寄来

台湾关帝文化的杂志,还有圣寿宫汇编的图文并茂的关公书籍,使我这个还没有到过台湾的台办主任,感受到了海峡对岸的朋友们对关帝的一片虔诚。

多年后,湖北省作家协会一位作家采访我,要为《江城名流》撰稿。他听我讲了这段故事,感慨万千,在那长篇通讯里写道:"只有华夏泱泱厚土,方能孕育出亘古传颂的灿烂文明,方能孕育出武圣关帝这样的盖世英雄。传统中华文化仿如一棵苍天大树,它在润泽着万千炎黄子孙,它在荫护着万千海外华人,正是这种气贯长虹、浩然于天地间的深邃文化,方才使得朱正明甘愿为之奉献一生!"

那几年,刘承春先生担任县委统战部部长。他是个和善的长者,总是面带微笑。先前他在县政府分管文教,对传统文化很看重。有什么关帝文化的活动,总是鼓励我参加。

我理解的"摄影",就是用光画画,就是用自己的激情和独特的思维方式,把美好

山西运城关公文化节,航天英雄景海鹏与朱正明紧紧握手

的事物定格为永恒!不过,什么都拍,到头来可能什么也拍不好。要想成功,就要确定自己的主攻方向。如一个人挖堰塘,挖得很大,却怎么也挖不了多深;一个人掘井,坚持在一个地方锲而不舍地深掘,总会掘出清泉。

自己以拍摄什么为主?经过思考、比较、筛选,1986年,我确定了自己的思路——

创作主题:中华关帝文化

涉及范围:立足中原,走遍中国,面向世界

艺术门类:摄影、散文

哲学方法:系统意识——整体大于部分孤立之总和

这种方法,被几十年后我的另一位领导——湖北省委统战部常务副部长缪启明解释为:"朱正明的方法,就是把世界各地散落的关帝文化拍摄回来,经过打磨,组合成一串串闪光的项链!"

06

邀约北京

在中国新闻社当记者

朱正明在中国新闻社当记者,左为摄影部主任贾国荣先生

1992 年金秋,中国新闻社摄影部为培养记者,特地给当阳市委发函,借调我到北京工作几个月。

北京,真是藏龙卧虎之地! 许多摄影家的眼光,许多文学家的手笔,许多艺术家的智慧,让我终身受益。

在中新社当记者的三个月,我用休息时间,采访拍摄了北京的关公文化,为世界关帝文化寻访工程打下了基础。

北京是一座具有悠久历史和古老文化传统的大都市。公元 1153 年,金朝正式建都在此;1267 年,忽必烈在北海一带营建大都;1421 年,明成祖从南京迁都于此;1644年,清世祖从沈阳入关,定都北京。建都近千年的皇城,留下了看不尽的驰名中外的名胜古迹,也留下了厚重的经久不衰的关帝文化。

明清两代,关帝信仰被推上顶峰。据明代《宛署杂记》载,京城有名的关帝庙,有 51

处。明王朝在故宫宝善门、思善门、乾清门、仁德门及皇城各门，皆供关圣像，京城九门的月城内，都建有关庙。清乾隆十五年（公元 1750 年）出版的《京城全图》，标注寺庙 1272 座，其中有关帝庙 121 座。到了 1928 年，北京寺庙登记，关帝庙有 267 座。

中国道教祖庭白云观，坐落在城南广安门附近，为中国道教协会所在地。道观创建于唐开元二十七年（公元 739 年），观内的儒仙殿，现为财神殿，专供关公、比干、赵公明众财神。殿堂左侧，一幅"水淹七军"壁画占了整整一面墙，古色古韵，形象逼真。这里成了白云观香火最旺盛的殿堂，人们在祈求平安的同时，更期待生活富足优雅。其大门楹联曰："福自天中财源广，禄马扶持大吉祥"。我到财神殿拍照时，守殿师父听说我来自三国古战场当阳，特高兴，说自己是荆州出家人，我们一见如故，我给师父介绍了许多荆州老家的新鲜事。

北京白云观财神殿

北京雍和宫财神殿关公

位于京城西直门的雍和宫，是北京最大的喇嘛庙，始建于清康熙三十三年（公元 1694 年）。雍和宫布局完整，金碧辉煌，融藏蒙满汉多民族文化为一体。在万福阁右侧，有一座雅曼达嘎楼，以往每逢农历五月十三，喇嘛都会在西跨院举行祭祀关公的仪式。现在雅曼达嘎楼定为护法神殿，供奉红脸关公，两边侍立关平和周仓。

建于清乾隆十五年（公元1750年）的颐和园，有一条在昆明湖畔蜿蜒伸展的雕梁画栋的长廊。长廊枋梁上，绘有山水、花鸟、人物故事8000余幅，其中桃园结义、三顾茅庐、水淹七军、刮骨疗毒、义释曹操等关公故事格外引人注目。排云殿前，清代遗留下来的一幅关公画像，高丈余，至今仍线条流畅，色泽分明。画面上的关爷爷，手持大刀，长髯飘逸，威风潇洒。

北京地位最显赫且香火最旺盛的关帝庙，应该是正阳门关帝庙，始建于明太祖洪武二十年（公元1388年），皇帝每年去天坛祭祀，都会在这里拈香祭拜。上个世纪七十年代北京修地铁，拆除了此庙。正阳门博物馆内，还供奉着关帝神龛神像。关帝全身金黄，身穿铠甲，手抚长髯，端庄威严。

北京颐和园留存的清代关帝彩绘

北京最早的关帝庙，也许就是建于金代大定年间（公元1161—1189年）的护国双关帝庙。该庙原有"义勇武安王碑"，元明清多次重修重建，地址在今西四北大街167号，不过现在已是民居大杂院。

北京城内还有一座保存最完整、规模最大的关岳庙，位于西城区鼓楼西大街北侧，占地2.5万平方米。其前身是清朝醇亲王宅邸改建的醇亲王庙，1914年改祀关公和岳飞。1950年成为西藏达赖喇嘛驻北京办事处，现在是西藏自治区驻北京办事处，全国重点文物保护单位。

北京市政协的朋友告诉我，在北京，关帝庙有许多不同的名字。根据地名，有前门关帝庙、雍和宫关帝庙、长辛店关帝庙等。根据建筑特色，有双旗杆关帝庙、金顶庙、红庙、白庙等。根据供奉人数，有双关帝庙、关岳庙、三义庙、五虎庙、七圣庙等。由于京城关庙多，有些街巷也以"关帝"命名，如关王庙街、关帝庙街、武圣路、关帝圣境胡同、老

中华关帝走进地球三极

爷庙胡同等。朝阳区武圣庙已不存，却留下了"武圣路"街名。我拜托北京一位朋友去寻找，他告诉我，武圣庙旧址的一棵千年老槐树，如今仍茂盛如初。

漫步北京街头，我欣喜地看到，许多豪华的宾馆、酒楼都把关公财神爷摆在正厅醒目位置，青烟袅袅的塔香，橘红灯光的映照，满堂生出一片神秘温馨。

在中新社的三个月很快结束，我要回南方了，想借"转场"的时间拍些片子。询问社里摄影部的几位朋友"中国大陆哪里最出画面"，摄影家贾国荣、任海霞告诉我："甘肃南部藏族地区，有个拉卜楞，美得呀……"

上个世纪九十年代初，"说走就走"，我独自从北京出发，乘火车过太原，下西安，经天水，到兰州，再换乘大巴南下200多公里，来到甘南藏族自治州夏河县。

乘大巴到夏河的路上，我身边坐着一位身着袈裟的年长喇嘛，一直双手合十咏颂

藏族民众在拉卜楞关帝庙前打晒青稞，如一首悠远的高原歌谣

六字真言，那金属般的声音，那千遍万遍音调不重复的韵律，那和大自然融为一体的和谐，真令我渐渐开悟，疑似把我从人间带进了仙界。

夏河，深藏在青藏高原东部的峡谷盆地，这里东极陇西高地，西接青藏高原，南连四川阿坝，北望丝绸古道。辽阔的桑科草原、神秘的佛教文化、独特的藏族风情在这里集中展现，享有"中国小西藏""东方梵蒂冈"之美称。

从雪山草原奔流而来的大夏河，在峡谷中自西向东而去。河的北边，是藏传佛教著名寺院拉卜楞；河的南岸，坐落着拉卜楞关帝财神庙。这座财神庙，志书上还没有文字记载。夏河县委宣传部的藏族朋友才布丹，帮我找来当地年纪最大的藏族、汉族、回族老人，我用整整半天时间作了现场采访。原来，二十世纪初，许多山西商人在拉卜楞做生意，因这里民风朴实，藏汉民众讲究信誉，山西人的生意越做越红火。于是，藏汉民众共同捐资，在夏河南岸建起了关帝财神庙。经过20多年的扩建，庙殿香火十分旺

拉卜楞关帝庙神龛上，藏汉回各族民众敬献的哈达、鲜花、素果

盛。在"文化大革命中"，这座深山峡谷里的关帝庙也没有逃脱造反派的"洗礼"，殿堂被毁。

1988年，当地藏民拉锐、汉人王彦等发起重建关帝财神庙，一时应声四起。拉卜楞寺送来了珍贵唐卡、绸缎、哈达、酥油大茶等物品；贡唐仓活佛捐献人民币5000元；六世嘉木样送来锦缎；当地藏汉民众更是踊跃捐献。海拔3000多米的藏区重建的关帝财神殿，凝聚了各族民众对关帝爷的一片深情。1990年8月15日，大夏河畔举行了隆重的关帝庙落成开光盛典，6万多藏汉各族民众云集关帝财神殿外，为关老爷敬献哈达，谒拜祈祷。

重建的拉卜楞关帝庙，面朝拉卜楞寺，背倚曼达莱山，大夏河从山门前奔流东去。庙殿占地3200平方米，沿中轴线排列着山门、仪门、大殿，左右分别有配殿两座。山门上，用藏汉两种文字镶嵌"关帝庙"金匾，汉文雄浑古朴，藏文飘逸稳健，牌匾由两条腾飞的彩龙托举。木结构的牌楼山门，六根彩绘

甘南拉卜楞关帝庙敬献哈达的藏族姑娘

红柱托着双层飞檐及数组斗拱，傲立于雪域高原，令人敬仰神往。

大殿前，匾额高悬，飞檐凌空，画栋雕梁，十分精美。中门两侧有荡气回肠的楹联：

中华关帝走进地球三极

在雪山丛中牧羊的拉卜楞藏族姑娘

玉宇无尘道光朗照三千界;神恩有应心诚可格九重天。大殿正中神龛上,关公手捋长髯,诵读春秋,威严而又慈善。关帝像前的香案上,亮着一盏盏铜铸酥油灯,供奉着水果、冰糖、青稞锅块等物;簇簇花枝之上,挂满了藏族同胞敬献的洁白或金黄的哈达,神龛一侧,插满了象征吉祥幸福的财箭。关帝神龛右侧,供奉着藏民崇敬的阿尼念卿山神和十世班禅大师的大幅照片,神龛左侧供奉着二郎神像。

拉卜楞关帝庙香火旺盛,前来朝拜的藏汉民众终日不绝。他们口诵嘛呢,手转经轮,在关帝大殿长跪不起,虔诚之情甚是感人。重建20多年的关帝大殿,内壁两侧已挂满各色锦旗,还有彩缎精制的万民伞。

07

走进西藏
为恢复拉萨关帝殿率先捐款

上个世纪八十年代中期，我开始有一个朦胧却又清晰的感觉：我的故乡，除了三国古战场当阳，还有另一个——西藏雪域高原！

我特喜爱西藏的雪山圣湖，特喜爱雪山上缓缓升腾的哈达般的云朵，特喜爱和云朵融为一体的湛蓝纯净的高原的天空，还有转着经筒环绕菩萨们朝圣的兄弟姐妹，更有那一首首来自天籁的悠远的雪域歌谣。

1988年，是"雁南飞"的年代，好多朋友都往南方跑，去打工，去创业，去当老板。在深圳办影楼且在全国几次获金奖的老朋友肖萱安约我去"技术入伙"。而我，却按捺不住对雪域高原的向往，向当阳市委领导

喜马拉雅雪峰，向人们展示万年冰川，讲述千年往事

提出：我要去西藏工作，还向当时的宜昌地委领导提出正式申请。

回到家里，我静静地对妻子说："我准备到西藏工作了。"妻子没说一句话，只是默

默地流泪,默默地流了一整夜的泪! 第二天早晨,妻子的眼睛红肿红肿。

唉! 俺这股满腔热情,被夫人一整夜的眼泪差不多浇灭了。更遗憾的是,当时的宜昌地委,没有去西藏工作的指标。

然而,我的西藏情结没有就此告终,而有了此后 10 多次进藏的传奇历程。

1995 年,我已在湖北省委统战部工作,《中国关帝文化寻踪》大型画册准备出版了。我静静站在中国版图前,久久凝望着大西南。占中国版图八分之一的神奇西藏,没有任何内容载入新书,真是一大遗憾! 我当即向西藏自治区的朋友发出传真,询问西藏是否有关帝文化踪迹。没几天,西藏自治区委统战部吴云岑处长回话了:"拉萨有一座历史悠久的关帝拉康,但是残破得很厉害。"

呵呵! 还真有! 得知西藏有关帝文化遗存,我就像一块磁铁碰上了铁板! 邀约的两位同伴,都因为其他活动不能成行,6 月底,我独自一人飞往西藏。

从成都机场腾空而起的波音 757,奋力向西航行,把我送上了神奇圣洁的西藏高原。在万米高空俯瞰雪域净土,那默默伫立绵延不尽的冰川雪峰,那蜿蜒东去奔流不息的雅鲁藏布江水,就像在向我诉说中华民族悠远而凝重的历史! 透过机窗,我深情凝望着雪域高原,眼睛湿润了! 我在寻找:哪里是我曾经的故乡? 哪里是我曾经的家园?

1995 年布达拉宫脚下的龙王潭,水清见底,游鱼如梭

出拉萨机场,看到一个醒目的标牌,"朱正明"三个大字令我倍感亲切。我小跑过去,一位藏族小伙子献上一条洁白的哈达,吴云岑处长送上一碗热腾腾的酥油茶。这接二连三的藏族礼仪,已经让我满含热泪!

从贡嘎机场到拉萨,差不多 100 公里。湛蓝的天空,纯净的雪峰,虔诚的藏民,奔腾的雅鲁藏布江，多情的拉萨河，一一进入了我的相机……还没到拉萨，我就已经陶醉啦！

在拉萨午餐，自治区统战部的朋友一再叮嘱我："下午一定不要出门，就在宾馆休息。"

嗨！这是圣城拉萨！我哪里闲得住！朋友一离开宾馆，我马上背上摄影包，直奔布达拉宫！

不停地攀爬，不停地按动快门，不停地搜寻感动，真担心这是梦境，真担心拉萨在我眼前消失！到了傍晚，一道彩虹，从拉萨的东头一直跨越到拉萨的西头，绚丽无比！我顺着脚手架攀上宾馆高高的水塔，追寻拍摄壮观无比的圣城彩虹。

没有听朋友的忠告，晚上真的吃了大亏。高原反应来袭，脑袋痛得就像要裂开似的……我赶紧给宾馆总台打电话，服务员送来氧气瓶，我不停地呼吸人造氧。

拉萨关帝庙大殿供奉格萨尔王（1995 年）。关帝像在"文革"中已经不存

为弄清关帝文化从中原传入西藏的来龙去脉，第二天上午，自治区统战部特地请来了全国政协委员、西藏社会科学院副院长、西藏大学博士生导师、藏学专家恰白·次旦平措老先生。次旦平措用藏语为我讲述了两个多小时，我的藏族朋友、中央民族大学毕业的藏族小伙子丹增在一旁当翻译。

原来，早在清康熙六十年（公元 1721 年），清朝派大军进藏，平定廓尔喀（尼泊尔部落）入侵后，开始在后藏留驻清兵。清朝是关公信仰的鼎盛时期，驻藏清兵集资在日喀则建起第一座关帝庙。

半个世纪后的清乾隆五十六年（公元 1791 年），廓尔喀再次侵入后藏，抢掠扎什伦布寺财物。危急时刻，七世班禅大师丹必尼玛、八世达赖喇嘛强白嘉措联名请中央政府出兵。清政府派遣大将军福康安率军赴藏，迅速平定了廓尔喀。战争中，出现了许多护佑清军的异常现象，将士们认定是关帝显灵，于 1792 年重修了在高原耸立了半个多世纪的日喀则关帝庙。同一年，大将军福康安报请乾隆皇帝与八世达赖喇嘛，请达查杰仲活佛于同年主持新建了拉萨磨盘山关帝庙，乾隆皇帝为关帝庙亲笔题写匾额。同时，在江孜、定日、工布江达建起关帝庙。西藏的五处关帝庙，建筑风格一致，庙分三重

殿，大殿内供奉关公塑像，还有藏族英雄格萨尔王。

关帝庙建成初期，进庙朝拜抽签的多为驻藏清兵。后来，有些清兵娶了藏族姑娘，在高原生儿育女，再去朝拜关公时，就有了藏汉夫妻和他们的儿女。受中原文化的影响，到关帝庙朝拜的藏民越来越多，后来，关帝签由汉文改成了藏汉对照，庙殿也由喇嘛看管。随着岁月的流逝，藏汉两个民族的文化就这样神奇地融合在一起。

西藏关帝庙殿，是当年班禅大师和达赖喇嘛联合抵御外侵，维护国家统一的见证，是藏汉民族团结的象征，是藏汉文化交融的珍贵历史。

听了次旦平措老先生的介绍，我对拉萨关帝庙更是充满了期待！当天下午，由吴云岑处长引导，我们到拉萨关帝庙考察朝拜。

拉萨城内有三个山头，最高的一座是红山，托举着雄伟的布达拉宫；第二座是药王山，镌刻着一片神奇的摩崖佛像群，更有手拿转经轮虔诚祈祷的人们；第三座是巴玛热山，山顶稳稳坐落着红墙绿瓦的关帝大庙。

拉萨关帝庙和拉萨功德林连成一片。可以从功德林后院进庙，也可以从拉萨北京路循石板小路上山进庙。山顶侧门前，有藏民摆放的玛尼堆，还有迎风飘扬的五彩经幡，在高原深蓝的天幕下，显得那么耀眼辉煌。

益西强巴住持热情接待了我们。此时的关帝庙，拜殿还没有修复，显出几分苍凉，而大写的"忠义"，赫然呈现于布满蛛网的土墙之上。拜殿后面有个空旷的小院落，院落内的桃树、柏树之下，挂满了五彩经幡。

从小院落登上陡峭的十二级台阶，就是正殿。正殿神龛右侧，塑有格萨尔王像。左侧空着。那场在"文化大革命"中毁了的关帝像，还没来得及重塑。正殿左壁大墙之上，塑有古如西瓦（喜神），两边塑有边达热瓦仙女、盖西加措仙女；右壁大墙上，塑有枯如扎布（怒神），两边塑有护法神叶卡滋旦、桑东玛。左右大墙塑像间隙中，足有千余尊小佛。殿脊两侧，挂满了象征幸福吉祥的凝聚着浓郁西藏文化的唐卡。正殿前的石阶下，有高3米的石刻大碑，为清朝大将军福康安1792年亲自撰文勒石的《磨盘山新建关帝庙碑》，记载了清朝遣兵进藏平定廓尔喀军队以及修建关帝庙的历史，字迹已十分模糊，仍能依稀辨认出一些字句。

世人关注景仰的西方圣城关帝庙大殿，居然还没有关老爷像！眼前的珍贵古碑已经破损，配殿已经垮塌。见此情此景，我心里很不是滋味。我默默地从口袋里掏出两个月的薪水，捐给拉萨关帝庙，还在拉萨大街上打印

江孜关帝庙旧址，坐落在宗山古堡脚下

了一份气势恢弘的《捐赠书》，号召海内外朋友都来关注拉萨关帝庙的修复。

益西强巴住持告诉我："好多年啦！您是第一个捐款修复拉萨关帝庙的善人！"

第二天，我和吴云岑登上越野车，顺雅鲁藏布江向西，到日喀则寻访关帝庙遗址。西藏的五座关帝庙，规模最大的要数日喀则关帝庙。此庙从1953年开始兼作教室，供藏汉小学生念书，后来在庙址之上新建了学校，名为"日喀则格萨拉康小学"。清朝撰刻的日喀则关帝庙碑，保存完好，文字清晰，现已移至扎什伦布寺，置于前院右侧，供游人凭吊。在江孜古炮台下，我们找到了关帝庙遗址，居然还找到了守护关帝庙的最后一位喇嘛。

本来还要继续向西，寻找世界最高的珠穆朗玛关帝庙遗址，无奈连日下雨，江孜大桥冲断，进珠峰已经不可能。对着西天的雪山，我深深鞠了一躬……

看着我这么钟情西藏，这么喜爱雪山，西藏统战部的几位朋友为我取了个藏族名字"岗嘎"，汉文意思是"高高的雪山"。

从西藏回到长江南岸的武昌，我心中老是惦记着那片雪域高原，一口气写出了《飞越喜玛拉雅》《在青藏高原寻访关帝文化》等文章，接连发表在海内外重量级报刊上。

第二年夏天，湖北省海外联谊会组织各市州海联会会长到西藏考察，我成为首选领队。带着几位地市的海外联谊会会长，驱车来到念青唐古拉山脚下，静静盘坐在藏北草原，望着从身边铺展开去的草原上尽情开放的格桑花儿，望着花海尽头的念青唐古

中央新闻考察团在扎什伦布寺找到日喀则关帝庙珍贵古碑

拉雪山，望着雪山之巅缓缓升腾的云朵融入湛蓝的天空，心中满是感动，满是感恩……

西藏关帝文化系列作品发表后，引起了海内外关注。2001年夏天，新华社、中央电

亟待修复的拉萨关帝庙殿(2001年)

视台、《光明日报》、《香港大公报》等七家重量级媒体到西藏采访关帝文化，我被特邀为文化学者一同前往。大家来到拉萨，走进关帝庙，看到这座作为多民族友谊见证的庙殿残破不堪，心情十分沉重。随行的北京关公文化传播公司总经理戴兆明率先捐款。

一行记者朋友顺着雅鲁藏布江，来到日喀则扎什伦布寺前院，考察日喀则关帝庙古碑，上面的字迹清晰如初。大家又来到日喀则关帝庙旧址，这里已是日喀则小学。学校老师领着我们，告诉我们曾经的关帝庙具体地点，告诉我们"文革"中关帝庙被作为教室，告诉我们关帝大殿最后发生的故事。

中央记者考察团回到北京，纷纷发表长篇署名文章，向海内外讲述西藏关帝文化的故事。新华社高级记者李光茹、新华社西藏分社社长刘伟在《人民日报·海外版》联合发表了《浩气长留天地间》，文章说："拉萨关帝庙，是清王朝在西藏行使主权、汉满蒙藏人民共同抵御外侮、保卫祖国领土的历史见证，也是汉藏文化交流融合的生动写照。我们期待着拉萨关帝庙早日恢复原貌，让更多的人拜谒关公匡扶正义的品格和神勇精神。"新华社编发的内参，转到了国家领导人手里。没多久，国家拨款数百万元，动工修复拉萨关帝庙。

到西藏的次数多了，我对福康安大将军产生了浓厚的兴趣。经遍地查询，原来，福康安将军是满族镶黄旗人，孝贤皇后之侄，作战勇谋兼备，屡建奇功，后为封疆大臣，历任云贵川、闽浙、两广总督。奠定福康安历史地位的，还是西藏那场"雪山丛中的反侵略战役"，兵逼廓尔喀都城加德满都。战后，福康安将军与驻藏大臣、西藏摄政王等，共同拟定了处理西藏事务的《钦定藏内善后章程》，史称"钦定二十九条"。最有影响的是活佛转世"金瓶掣签"制度。现在的十一世班禅大师,也是 1995 年 11 月 29 日,在大昭寺佛祖释迦牟尼像前,通过金瓶掣签,被确定为十世班禅转世灵童的。福康安积劳成疾,廓尔喀战役 3 年后病逝军中,42 岁英年早逝。就在他逝去的前一年,拉萨关帝庙铜钟上铭刻了将军最后头衔:钦差御前大臣、太子太保领侍卫内大臣、武英殿大学士、吏部尚书兼兵部尚书、一等嘉勇公大将军。

雷震寰先生在香港读了西藏关帝庙的报道,给我打来电话,期待早日赴拉萨关帝庙朝圣。雷先生上世纪五十年代出生在香港,七十年代赴美国纽约发展,是一位热心公益的华裔,被聘为纽约关帝庙顾问。2002 年初秋,雷先生把纽约上学度假的两个儿子接到中国,我们一起从北京起飞,越过黄土高原,越过喜玛拉雅东部的茫茫雪域,飞往圣城拉萨。大家考察了破旧的关帝庙,父子三人为恢复殿堂捐款 5 万元人民币。新华

美国纽约雷震寰父子 2002 年在拉萨关帝庙捐款

社西藏分社社长刘伟、西藏自治区委统战部干部处处长吴云岑、北京关公文化传播有限公司总经理戴兆明等参加了捐赠仪式。拉萨功德林住持益西强巴分别向客人敬献了哈达,并赠送了珍贵的释迦牟尼铜铸坐像。当天,新华社向全世界发出了这一消息。

离开西藏时,我们商定制作一尊"身首魂合一"的关帝圣像,第二年送到拉萨关帝庙。

次年 12 月下旬,我们护送关公、关平、周仓铜铸群像,从广州机场起飞,经停香格里拉,顺利到达拉萨。这组关帝铜铸雕像,至今仍供奉在拉萨关帝庙大殿神龛之上。

为了让藏族朋友能看到世界各地的关帝文化风情,香港出版的藏、汉、英、日文对照《关帝文化》大型画册,这次一同运送到拉萨,赠送拉萨关帝庙数百册,成为拉萨关帝庙住持赠送贵宾的佳品。

中华关帝走进地球三极

08

突发地震
飞赴拉萨探访关帝殿灾情

　　每次到西藏,融入那片纯净的雪山,融入那群朝圣的人流,融入那慈悲的菩萨丛中,融入那闪闪烁烁的酥油灯的光芒,我都会吸取好多好多的纯净,好多好多的崇高,好多好多的能量!

　　这天,我在中央电视台看到,2008 年 10 月 6 日 16 时 30 分,拉萨市郊的当雄县发生 6.6 级地震,70 多人伤亡,约 2 万藏民失去住所!

　　这消息真令我心痛!我马上邀约吉林关公文化博物馆冯绍杰,在地震的第二天赶往拉萨,去看望功德林僧众,去看看刚刚修复的拉萨关帝庙是否损坏。

西藏拉萨关帝庙,耸立在布达拉宫对面的巴玛热山头

　　来到拉萨,我们看到,红墙绿瓦的拉萨关帝庙,高高矗立在布达拉宫对面的巴玛热山头,艳丽的五彩经幡,在高原的风中欢快地飘扬。那块珍贵的清代古碑,已经竖立在关帝庙院落,大殿内新塑的关帝圣像,威严慈祥。到拉萨关帝庙朝圣的各族民众,共同感受着雪域高原关圣帝君的崇高,共同传颂着忠义仁勇诚信的信念。

拉萨关帝庙大殿新塑关公和格萨尔王(2013年)

吉林企业家冯绍杰(前排右)、摄影家朱正明(前排左)向拉萨关帝庙住持益西强巴及西藏大学生赠送关帝文化画册

西藏纳木错圣湖

在拉萨关帝庙,冯绍杰有意为关老爷做些什么。经与拉萨关帝庙益西强巴住持商议,决定为关帝庙大殿彩绘壁画,铸造香炉,雕刻莲花台,雕刻大门石狮等。算下来,需要资金大几十万元。

既然关帝庙没有损失,我们也就放心了。第二天,我们从拉萨出发,沿109国道向藏北草原行200公里左右,经当雄县城,绕过念青唐古拉山,翻过海拔5100多米的纳根山口,来到圣湖纳木错。纳木错海拔4718米,面积1920平方公里,差不多有3个新加坡大。西藏的三大圣湖玛旁雍错、羊卓雍错、纳木错,还数纳木错最大。

多次到纳木错,每次如置身仙界天堂,每次都会被纳木错的壮美震撼!纳木错的湖水,来自念青唐古拉山消融的冰雪,湖水清澈透明,水天一色。从脚下往远处看,淡蓝、浅蓝、灰蓝、宝蓝、深蓝以及深邃如墨般的黑蓝,蓝得清澈,蓝得丰润,蓝得醉人。更让你难以忘怀的是环绕纳木错终年积雪的念青唐古拉山,雪峰一座连着一座,绵延逶迤;纳木错,乖乖地依偎在念青唐古拉山的怀抱之中……

随后的两年,冯绍杰先生认真兑现他的承诺。金黄的铜铸大香炉,已经摆放在拉萨关帝庙大殿前,香炉内藏香缭绕,

为关帝庙增添几分温馨和灵气。

第二年，我陪同湖北省委统战部常务副部长缪启明，从武昌出发，坐上火车到拉萨，由西藏自治区统战部副部长张丽华引导，我们在几座寺院拜访活佛，帮助拉萨关帝庙疏通僧人管理殿堂，赴雅鲁藏布江边的扶贫村落慰问藏族同胞……

在西藏，如果你入乡随俗，会遇上许多惊喜。

拉萨大昭寺，距今已1350多年历史，在藏传佛教中拥有至高无上的地位。寺内供奉的释迦牟尼像，是当年随文成公主进藏传入的。大昭寺前的青石，迎候藏民千年磕头打磨，已经浑圆光亮。淳朴的藏民相信，只要今生能磕满10万个长头，便是功德圆满；若在磕长头的路途中死去，更是功德圆满，是今生来世的大福报。记得第一次到西藏，我看见老远老远的藏民，十里百里千里一步一个长头磕到拉萨，到大昭寺前，就想虔诚地看一眼千万盏酥油灯照亮的菩萨。漫漫长路上，历经千辛万苦，心里却暖乎乎的。这是慈悲的力量，这是信仰的力量，这是来世召唤的力量！

这天，又来到大昭寺前。在这里，我遇见了上次教我磕长头的藏族小姑娘。见我这位叔叔又来了，她好高兴，把她自己磕长头的垫子、护手为我搬过来，微笑地看着我。

我按照小姑娘上次教我的样子，聚精会神地磕了一阵长头。休息时，我突然想到一个严肃的问题，问小姑娘："藏传佛教确定有来生。既然有来生，就必定有前世。姑娘，你还记得你前世在哪里，是做什么的吗？"

说实话，这个问题说出口，我就后悔了，不该让一个纯净的藏族小姑娘回答这个艰难的甚至颠覆性的问题！

小姑娘好像没有感觉到这个问题很难，她微笑着说："我奶奶说啦，人死了以后，都要经过一个关口，在那里，守门的叔叔会让你喝一碗水，这是忘情水，你就把这辈子

在大昭寺前磕长头的藏族民众

的什么都忘啦！呵呵，我哪还记得前世的事？"

小姑娘接着问我："叔叔，您还是为关爷爷的事来西藏的吧？"

我说："是啊。"感觉真好，拉萨居然还有这么一个"小知己"！

小姑娘又问了："叔叔，您能告诉我吗？每天那么多人拜关公，关爷爷一个忙得过来吗？"

哈哈！这下可将了我的军！我从来没思考过这个问题……

想了一阵，憋红了脸，我结结巴巴地说："每天，中国……海外，那么多人拜关公，关爷爷确实忙不过来……不过，关爷爷不会哪里都去。人们在朝圣的时候，能量在聚集，信念在聚集，关爷爷的忠义仁勇精神在聚集，上香之后，朝拜之后，说话自然有底气了，办事自然就顺畅了！还有，关爷爷不止一个，他是有成百上千个化身……"

藏族小姑娘微笑着点点头，不知是听懂了，还是不满意我的回答。

多年之后，有了手机微信，我看到一条《寻禅·叩佛》的消息，写得很符合我的感觉：

叩拜，不是弯下身体，而是放下傲慢；

禅定，不是长坐不起，而是心外无物……

还有一首，据说是六世达赖仓央嘉措的诗句，很美，美得令人心颤，美得让人心酸——

那一天，闭目在经殿香雾中，蓦然听见，你诵经中的真言；

那一月，我摇动所有转经筒，不为超度，只为触摸你的指尖；

那一年，磕长头匍匐在山路，不为觐见，只为贴着你的温暖；

那一世，转山转水转佛塔，不为修来生，只为途中与你相见……

09

走近珠峰
寻找世界最高的关帝庙遗址

第一次到拉萨,藏学专家恰白·次旦平措告诉我,珠峰脚下,有一座世界最高的关帝庙,在定日县境内。具体地点,已经不清楚了。

后来几次到日喀则,我询问当地宣传部门,询问当地摄影朋友,仍没有弄清准确地点。

世界最高的关帝殿堂,是中华文化的宝贵遗产,是藏汉文化的珍贵遗存。哪怕只留一堵残墙,哪怕只剩一堆玛尼,也是宝贵的! 寻找珠穆朗玛关帝庙遗址的愿望,一直在心里翻腾。

清晨,第一抹阳光辉映在喜马拉雅雪峰

这一天终于等到。

2009 年 11 月 15 日清晨,拉萨沉浸在一片朦胧的睡意中。我们登上丰田越野出发了,向着西方,向着珠穆朗玛的方向,向着世界最高处。

此行的目的，是寻找世界最高的关帝庙遗址。

越野车上，还有三位：美国纽约关帝庙主席冯德鑫，西藏自治区委统战部司机罗布，拉萨姑娘白玛卓玛。白玛是莲花的意思，卓玛是神女，加在一起就是"莲花神女"。听这名字，就够你神清气爽了！

越野车顺着雅鲁藏布江西行，车内播放着高原的歌谣。太阳从雅鲁藏布江峡谷升起，橘红橘红的光芒，把峡谷两侧雪山之巅映照得金红耀眼。我的心，已经被温馨和感动装得满满荡荡。

车行日喀则，我们为美国侨领冯德鑫办好珠峰边境证。罗布一踩油门，越野车撒野似的，朝珠峰呼啸而去。

司机罗布是西藏自治区委统战部的名牌师傅，他驾着爱车，已经几次登上珠穆朗玛大本营，还几次上阿里，到冈仁波齐神山，到玛旁雍错圣湖。这经历，真让我们仰望。

顺着318国道西行。这条路，从上海开始计数，到我家乡的长江岸边，里程才900多公里。这里，已经是5100多公里了。在5188公里处，我请罗布师傅停车，拍了一组十分豪迈的图片。我知道，顺这条路继续前行，就是中国和尼泊尔交界的樟木口岸。再前行，可以到达佛祖释迦摩尼的故乡。

为了迎接奥运会的珠峰火炬传递，从拉萨到定日500多公里的高原公路，全铺上了柏油。真感谢高原上顶烈日迎寒风铺路搭桥的藏族兄弟姐妹。

赶到定日县，太阳还老高老高。我们当即决定，去寻找世界最高的关帝庙遗址。

从万米高空俯瞰喜马拉雅群峰和羊错雍圣湖

定日县委统战部唐武副部长的越野车在前面带路，我们又出发了。向西70多公里，来到岗嘎镇，镇党委书记达瓦次仁早已在路口等候我们。在岗嘎镇的尽头，越野车向左爬上一座山，山腰上是江泽民题字的"珠穆朗玛峰国家自然保护区"大屏风。屏风后的山巅，就是珠穆朗玛关帝庙遗址。

达瓦次仁书记告诉我，这山名为"岗嘎山"。我看到，山顶有一片几百平方米的台地，到处是碎石砖瓦，能清晰地看出关帝庙墙脚的走向。山头悬崖处，是藏民摆放的玛尼堆，还有迎风飞舞的五彩经幡。放眼望去，几十公里外，就是绵延不断的珠穆朗玛群峰，纯净，圣洁！

在岗嘎半山腰，有一堆堆石岗，这是当年抵御外侵的清朝官兵的长眠之地。为赶

中华关帝走进地球三极

走侵略者，为保卫国土，为了祖国的统一，他们永久地驻留在这片能遥望珠穆朗玛的雪域高原！

在岗嘎山顶的关帝庙遗址，我们展示了刚刚在拉萨发现的第一幅关公唐卡。从拉萨大昭寺带来的五彩经幡，我们恭恭敬敬地把它盘绕在关帝庙遗址。在珠穆朗玛雪峰的辉映下，在喜马拉雅劲风的吹拂中，五彩经幡会替代我们，向曾经的世界最高的珠穆朗玛关帝庙祈祷！

从山顶下来，我们走访了岗嘎村。村党支部书记罗布，村主任旦增，村民旺布、旺杰等，向我们介绍了珠穆朗玛关帝庙的历史。

遥望珠穆朗玛，我默默许下宏愿：我们还会回来！回来帮助我们的藏汉满蒙各族朋友重建世界最高的珠穆朗玛关帝庙！

您看到这个路牌，离珠穆朗玛峰就不远了

西藏定日岗嘎山头的关帝庙遗址（2009年）

我突然想起，15年前我第一次到西藏，藏族朋友见我如此喜爱雪山，为我取了藏族名字"岗嘎"。回到江城武汉，我发表了许多西藏的摄影作品，都喜欢用岗嘎这名字。15年了，我已经8次走进西藏，前几次进藏，实现了修复拉萨关帝庙的愿望。这一次，终于找到了世界最高的关帝庙遗址，却是在岗嘎镇岗嘎村岗嘎山顶！好一个"岗嘎"！是巧合，还是前世缘分？

在珠峰下的定日县岗嘎村了解珠穆朗玛关帝庙历史。左一冯德鑫主席、左四达瓦次仁书记、右四朱正明先生、右二唐武部长、右一白玛卓玛姑娘

当晚，我们住在海拔4100多米的珠穆朗玛宾馆。第二天，天还没亮，我们从宾馆出发，经过100多公里盘旋颠簸的"搓板"山路，直奔珠穆朗玛登山大本营。一路上，我看到，雪山之巅的星星，一群群，一堆堆，就在眼前，好像一伸手就可以抓住一把！

历经千辛万苦，终于到了珠穆朗玛登山大本营。此时的珠穆朗玛，居然深藏在一片厚厚的云层里。我们把车头对着珠峰，关上车门，静静聆听高原的歌谣，守候珠穆朗玛的云层散去。

一个小时过去了，珠峰不见踪影。我们把最后一袋氧气放到车内。

又一个小时过去了，珠峰仍不见踪影。一贯稳重的冯德鑫先生也有点沉不住气了，手捻佛珠，口中念念有词……可是，珠峰还是不见踪影。

我穿上军大衣，走出车外，朝着珠峰，在强劲旋转的雪风中，双手合十，慢慢跪下，静静感受着接近珠峰的温馨，静静祈祷珠峰现身时刻的辉煌。10多分钟过去了，快要冻僵的我，慢慢睁开眼，珠峰仍不见踪影，只看到珠峰下露出一点点山脊。

眼泪，静静地从眼眶涌出。轻轻地，我说："回去吧。我们还会来的！"

突然想起，好多年前，世界著名摄影家陈长芬和他的公子，驾着越野，从北京出发，万里迢迢，来到珠峰。等候了多时，珠峰仍在云雾之中。陈长芬甩了一把老泪，上车回北京了。

回程途中，越野车翻过5200多米的加乌拉山口。回望珠峰方向，一脉纯净的雪峰展现出来！我兴奋地说："罗布，停车，看珠峰！"

罗布师傅说："好！我带你们到一个最好的地方！"

罗布一踩油门，越野车离开公路，顺着陡峭的山脊，向加乌拉山顶冲去。我看到，车上的海拔指针，一下子升到5300米……5500米……5600米，快到山顶时，指针停留在5900米。

加乌拉山顶，我第一个跳下车。脚下，是藏民在山头堆积的玛尼石和五彩经幡；眼前，是连绵起伏的高原山岚；远方，从左至右，挺立着喜马拉雅山脉4座8000多米的高峰：8463米的玛卡鲁峰，8516米的洛子峰，8844.43米的珠穆朗玛峰，8201米的卓奥友峰！

唉！不虚此行！我尽情地为朋友们拍照，为雪山们拍照，完全忘了这里是海拔5900多米的高原禁地……

在珠穆朗玛关帝庙遗址遥望卓奥友峰

突然，我感觉到后脑勺的血往上直涌，脑袋一阵阵抽痛，胸口一阵阵反胃。我艰难地大呼一声："赶快上车……"

越野车往山下走了不到 200 米,我又直呼"停车"。艰难地下了车,两手撑在大腿上,一个劲地呕吐,却又吐不出来。当时,我已经感觉到了人生终极的时刻,心底猛然闪出:赶快给妻子发个信息,交代两件事!

在海拔 5700 多米的高处,挣扎了好一会,还是没吐出来。慢慢上车,继续赶往山下。

这天晚上,我们在日喀则晚餐。一进餐馆,闻到油烟味,马上反胃。我只有裹上军大衣,站在餐厅外面的寒风中。最后,用开水泡了几片菜叶充饥。

从这天开始,我 3 个多月闻不得油烟味,吃了 3 个多月的素,人减轻了 10 多斤,身体却越来越好!慢慢的,吃素,也成了我的首选和爱好。我想,这也算是朝拜珠穆朗玛的收获吧!

后来,我把这段经历讲给一位老中医,老先生说:"这是脑充血的前兆!如果不马上下山,也许就……"我想,重建珠穆朗玛关帝庙的宏愿还没有开始,怎么会……

回到武汉,我联络了省委统战部常务副部长缪启明、北京一位民主党派知名人士,以我们三人的名义,向西藏自治区发出了《重建珠穆朗玛关帝庙的建议》,等待了三个多月,终于有了回复:按有关政策,不能恢复重建。

看准的事儿,我不会放弃。我又修改了建议,发给老领导胡德平先生。经过前后两年多不懈推进,在中央统战部副部长胡德平、湖北省政协主席杨松、西藏自治区党委书记陈全国等领导的大力支持下,世界最高的珠穆朗玛关帝庙重建工程,终于获得通过。

10

大爱无疆
崔玉晶赴定日重建圣殿

2013 年 8 月中旬，湖北省党政代表团一行 40 多人，从成都飞往西藏贡嘎机场，车队浩浩荡荡进入山南地区。

这是我第九次进藏，进入山南还是第一次。去慰问湖北援藏干部，出席西藏雅砻文化艺术节，这些程序结束后，再陪同杨松主席赴珠穆朗玛考察关帝庙遗址。

这两天，山南的天气异常好，阳光异常纯净。我们听了山南地委书记介绍湖北援藏干部的故事，看望了部分援藏干部，考察了雪域矿泉水厂，华新水泥厂，为新建的太阳能基地剪彩……

西藏山南藏族姑娘在雅砻文化节表演歌舞

最难忘的是 8 月 15 日上午的中国西藏雅砻文化节。开幕式上，乌兰托娅、阿佳组合、徐千雅等歌星相继登台，演唱了《魅力雅砻》《山之南》《坐上火车去拉萨》等悠扬的藏族歌曲。在喜马拉雅的怀抱里，沐浴着世界屋脊的阳光，和藏汉朋友一起聆听来自天堂的悠扬的歌声，我几次泪眼蒙眬！

西藏自治区党委书记陈全国向文化学者朱正明献哈达(2013年)

八月的雪域高原珠峰脚下，菜花儿刚刚泛黄

最后，山南地区 12 个县数百位农牧民，以精彩的歌舞展现山南之美，我真切地感到了什么是目不暇接！开幕式即将结束时，台上台下 4000 多名舞蹈演员挥舞藏装长袖唱起《一个妈妈的女儿》——太阳和月亮是一个妈妈的女儿，她们的妈妈叫光明；藏族和汉族是一个妈妈的女儿，我们的妈妈叫中国……万余名观众和演员齐声合唱，台上台下场内场外欢声雷动！在喜马拉雅雪山的怀抱里，我再次泪眼蒙眬……

真的！在喜马拉雅的怀抱聚集的能量，回到长江岸边，几个月都用不完！

山南史称雅砻，这里诞生了西藏第一代藏王，伫立着西藏第一座宫殿，是藏文化的发祥地和藏民族生息繁衍的摇篮。在山南的几天，我们朝拜了雍布拉康、昌珠寺。还在山南雅砻剧院观看了大型民俗风情歌舞《雅鲁藏布》首演。《雅鲁藏布》分序曲、吟歌筑梦、情比酒浓、雅江灵音和祥光普照，以歌舞音乐等形式，荟萃西藏山南地区最典型的藏文化元素，展现亘古绝丽的雅砻文化宝藏。作为国家级摄影家，我一边按动快门，一边感动得泪水盈盈……

8 月 18 日，是个吉祥的日子。杨松主席带着我们一行 8 人，从西藏日喀则出发，向着西方，向着世界最高的珠穆朗玛关帝庙遗址行进。沈阳德源集团崔玉晶董事长专程飞往日喀则，与我们一起考察珠穆朗玛关帝庙遗址。

我们顺着 318 国道西行。在中国版图上，318 国道几乎是沿着北纬 30 度穿行，被誉为中国的景观大道。让我们来点点名吧：烟波浩渺的长江口、大潮汹涌的钱塘江；西湖天堂、黄山云雾、庐山朝日、洞庭渔歌；九华山、天柱山、神农架、长江三峡；恩施大峡谷、空灵张家界；武陵源、黄龙洞、峨眉仙山……说到这里，还没有到西藏呢！从成都出发，贡嘎雪山、海螺沟、雅拉雪山、稻城雪峰、南迦巴瓦、圣城拉萨、珠穆朗玛……我想，来人间一趟，若能驾着爱车循 318 国道走走，哪怕再远，哪怕再高，哪怕再累，也不虚此生。

遥想三年前，我和美国纽约关帝庙主席冯德鑫到珠穆朗玛寻找关帝庙遗址，路上只有一台越野，孤零零的。而这次，九台越野，还有三辆警车，够豪爽啦！

中午 12 时，我们来到定日县岗嘎镇，越野车直接开到了岗嘎山头。这里，已经拉起"沈阳德源集团向珠穆朗玛关帝庙重建捐款仪式"的大红横幅。

西藏自治区政协副主席、工商联主席阿佩·晋源，日喀则行署专员张洪波，定日县

县委书记顿珠，县长王珅等陪同杨主席和我们，边考察岗嘎山头关帝庙遗址，边商议关帝庙重建思路。

在关帝庙遗址现场，我拨通了胡德平部长的电话。在海拔4390多米的关帝庙遗址，杨松主席与胡德平部长通电话，就恢复重建珠穆朗玛关帝庙沟通信息。胡德平对恢复重建珠穆朗玛关帝庙给予了充分

湖北省政协杨松主席(中)、西藏自治区政协副主席阿佩·晋源(右)、日喀则行署专员张洪波(左)、沈阳德源集团崔玉晶董事长(左二)、湖北省委统战部海外中心主任朱正明(右二)在岗嘎山考察珠穆朗玛关帝庙遗址

肯定，提出把世界最高的珠穆朗玛关帝庙建成藏汉多民族文化的结晶。

定日县县委书记顿珠主持捐赠仪式，他说："恢复重建珠穆朗玛关帝庙，对促进藏汉民族大团结，发展定日经济，具有重要的历史意义。"定日县县长王珅致辞说："200多年前，就在珠穆朗玛峰下，清朝中央政府派遣的大军，同西藏地方各族人民一起，驱逐了入侵的廓尔喀军队，维护了国家主权和领土完整。关帝庙及清军墓、古碉楼、中尼古界碑等，就是各民族团结御侮、保卫祖国的历史见证。"王珅县长最后说："我们要加快恢复重建进程，确保这座世界上海拔最高的关帝庙，尽快重新屹立于祖国的西南边陲！"

在珠穆朗玛关帝庙遗址，沈阳德源集团董事长崔玉晶向重建珠穆朗玛关帝庙捐赠100万元人民币作为启动资金，并向现场的藏汉民众分发了五彩佛珠，赢得藏汉民众一阵阵热烈掌声。

我向王珅县长赠送了《关帝文化》大型画册、《世界关帝文化》DVD等。湖北省政协主席秘书严兴春，西藏自治区政协副秘书长陈海，日喀则地区政协副主席多吉，以及藏汉各民族代表百余人参加了仪式。我们驱车到珠峰脚下搭起的临时藏包，召开了重建珠穆朗玛关帝庙协调会⋯⋯

这里，要说说沈阳德源集团董事长崔玉晶女士的故事。

2008年金秋时节，河南洛阳国际关公朝圣大典期间，我与崔董事长相识。这些年，崔董做了许多令人称道的事，在海内外关公文化圈口碑甚佳。在荆州，她被推选为海外联谊会副会长；在湖北，她被聘请为湖北省关公文化交流协会名誉副会长；在北京，她被任命为全国青少年优秀传统文化教育示范基地辽宁省基地主任。

2008年初冬，崔女士来到荆州关帝庙大殿，发现关帝群像色彩脱落，有失庄严。当天，她四处联络，在南京找到高质量的纯金箔，不久又请来专业师傅，为关公、关平和

崔玉晶女士为重建珠穆朗玛关帝庙大殿首捐百万元

崔玉晶女士在西藏拉萨大昭寺金顶

周仓恭恭敬敬地贴上金箔，大殿一下子亮堂了。崔女士伫立关帝大殿观察，感觉仍不够庄严，她从沈阳空运来特大的五彩经幡，垂挂于关帝大殿，又重新制作大殿前檐下的"威震华夏"金匾，使关帝大堂金光灿灿，喜气满满。接着，她听说荆州古城新南门刘燕父女自费数百万元恢复了关羽祠，又为关羽祠大殿关公群像贴上纯金箔。

这年初春，崔女士给我来电话："我想再为关老爷做点事，做什么好？"我想起了当阳家乡，想起了陪伴关公走到最后的孝子关平。湖北当阳关陵的关平太子殿，由于缺乏维修资金，当时已经殿堂垮塌，荒草丛生。崔女士十分乐意接受了这个建议，及时给当阳关陵汇出资金，修复殿堂，制作关平彩绘鎏金铜像。沈阳画家刘艺亲手绘制的《关帝全家福图》等关帝圣像，各路文豪歌颂关老爷的诗词书法作品，悬挂于关平太子殿两侧厅堂。这年秋天，当阳隆重举办第十届关公文化节，关陵太子祠修复开放，崔玉晶女士专程赴当阳为关平塑像开光揭幕。接着，崔女士为当阳关陵捐赠数十万元的紫薇、樱花、三角梅，又在荆楚各地精心挑选榔榆、龙柏、塔柏、银杏等名贵树木，运往当阳关陵，扮靓厚葬关老爷的古陵大庙。目前，当阳关陵

为装修珠穆朗玛关帝庙大殿，崔玉晶女士在杭州考察江南铜屋。右为江南铜屋博物馆馆长、艺术大师朱炳仁，左为金星铜集团总裁俞剑伟

中国新闻社湖北分社总编艾启平采访崔玉晶董事长

院落树木总量已达 400 余株,古树占 5%,珍贵名木占 30% 以上。

2010 年金秋,洛阳关林国际朝圣大典隆重举行。这天中午,关林管理处宴请特邀嘉宾,中国最著名的五大关帝庙负责人和崔董事长刚好安排在一桌。崔女士不放过这一难得时机,微笑着动员各家关庙注重环保,用鲜花素果祭祀关公,不再使用血淋淋的苍蝇环绕的猪头羊头。崔董事长当即表示,谁家素祭关公,就给谁家奖励 10 万元以上奖金,还送上仿真祭祀用品。当时就有荆州关帝庙、当阳关陵鼓掌响应,其他几家表示回去商议再作决定。

第二年,中国五大关庙有四家按崔女士建议素祭关公,获得重奖,并收到了崔女士从沈阳精心制作的仿真祭祀猪羊牛。祭祀大典中,这些活灵活现的仿真祭祀品成为一道靓丽的风景,被各级新闻媒体和姑娘小伙子争相拍照。

为圆满举办世界关帝圣像评选,崔女士挑选瑞士制作的 50 克纯金关公和 100 克纯银关公,作为金奖银奖的奖品,还为新疆察布查尔锡伯族自治县重铸关公彩绘镀金像……

前两年,湖北当阳、河南洛阳两地举办关公文化国际朝圣大典,崔女士决定为两地关帝古陵敬献鲜花,表示对关老爷的崇敬。她从云南昆明空运最昂贵最新鲜的花儿,请当地姑娘编织最实在最耀眼的花篮,摆放在关帝古陵周围,成为有史以来关帝庙"鲜艳之最"。

重建珠穆朗玛关帝庙,最初我的设想是用 200 来万人民币建成山门和大殿,供上关公和格萨尔王,就圆满了。崔董随同杨松主席考察了珠穆朗玛关帝庙遗址,感慨万千,她说:"在世界最高的珠峰脚下,重建世界最高的关帝殿堂,建小了不行,建差了更

崔玉晶、朱正明拜见十一世班禅大师，汇报珠穆朗玛关帝庙重建情况

不行！"从大殿设计、龙柱选择、寻找铜瓦、屋脊飞龙、大门装饰、回廊石雕，她都亲自赴神州各地精心选料，物色工匠，她要把珠穆朗玛关帝庙建造成珠峰下的中华文化地标符号。

2015年6月，关帝大殿土建工程即将结束，崔董在大江南北四处寻找古建装饰专家。经人介绍，她两次赴杭州西湖畔的"江南铜屋"考察。铜屋博物馆主人朱炳仁，是清朝同治年间绍兴"朱府铜艺"第四代传人，中国铜装饰艺术大师，全国五一劳动奖章获得者。他建造的杭州西湖雷峰塔、四川峨眉山金顶、湖北大洪山金顶等仿古建筑，雄居灵山，金光灿灿，在海内外颇具影响。经考察，崔董决定请朱炳仁大师为珠穆朗玛关帝庙大殿完成外装修，并决定用铜瓦、铜檐、铜门、铜窗、金顶。这决定真令人感动！我说："如果这样装修，大殿名称可以改为'珠穆朗玛关帝金殿'了！"

在重建关帝庙的同时，崔女士约请著名作家，将关公女儿在荆州、成都、云南的故事创作成30集电视剧《关帝奇女》，拟动用数千万元拍摄关公女儿从荆州到云南的千古传奇。

11

岗嘎山巅
雪山丛中彩虹璀璨

精心设计数月，珠穆朗玛关帝庙大殿的模样出炉。2014年3月，我们再次到西藏定日，确定殿堂方位和大殿各项数据。

可以从成都直飞日喀则了，真好！这条新的雪域高原航线，清晨6:30起飞，您能看到清晨第一抹阳光照亮贡嘎山殿的吉祥，您能看到喜马拉雅东部绵延不尽的雪峰，您能看到羊错雍湖被雪山环绕的圣洁光芒……

在日喀则休整一日，赴扎什伦布寺参拜众菩萨，3月19日清晨6点15分，我们从日喀则出发。上路不到半小时，天空飘起大雪，洁白的雪花从黑黝黝的苍穹飘洒而下，冲着越野车的挡风玻璃猛扫过来，车灯照射下，雪花如张艺谋拍摄的大片"万箭齐发"，似乎在试探我们的勇气！

越野车上，有沈阳德源集团董事长崔玉晶，北京中建建筑设计院沈阳分院院长洪常锁，沈阳新型建筑材料制造有限公司总经理李春福，中建沈阳分公司艺术总监张雪松，还有从定日赶来迎接我们的定日县委常委、宣传部部长何贤江。

西行200多公里到定日，天才放亮。8点20分，高原的太阳从东方升起，大家遥望珠峰方向，晴空万里！

县长王珅在定日地界迎接我们。看着崔女士高原反应强烈，经仪器现场测量，氧含量只有30。"董事长不能再上了，必须住院治疗！"定日建设局局长下了"命令"。我们护送崔董到定日县医院，经检查，疑似肺气肿急性发作，必须打吊针。县里安排宣传部沈洁姑娘照顾崔女士，我们一行又出发了。

在中尼公路5100多公里的岗嘎镇，越野车队拐向南，走上了赴珠峰的土石山道。在雪山丛中，经过100多公里的颠簸，终于见了静静矗立在万山之巅的珠穆朗玛！

好多回，在梦中，在梦醒时分，我都想象着珠穆朗玛的模样，今天真的站在它的面前，才真实感到珠穆朗玛给我的震撼！珠峰，世界最高，却如此宁静。从峰顶到山脚，没有一丝云雾，没有一点遮拦，纯净通透，闪烁着蓝宝石般的冰川光芒。峰顶，圣洁的旗云向东方缓缓飘移。

在珠穆朗玛峰登山大本营，我向王珅县长赠送了关帝唐卡，满怀深情地对着电视台摄像机说："我们的背后，是世界最高的珠穆朗玛。我们前方几十公里，就是珠穆朗

中华关帝走进地球三极

玛关帝庙遗址。沈阳德源崔玉晶董事长，以及海内外朋友，将支持重建这座世界最高的关帝庙，让关老爷的香火，在世界屋脊传承千年！"

这一回，可享受了定日县的最高礼遇：王县长把定日民俗歌舞团的藏族姑娘和小伙子，用中巴拖了一满车，他们早早地等候在珠穆朗玛登山大本营，专门为我做模特，配合我拍照。唉！第一次近距离地见到珠峰，又有10多名藏族少男少女模特，不拍出好照片，对得起"中国摄影家"的头衔吗？我认真拍了几个难得的镜头……

藏族少女在珠穆朗玛冰川展示关帝唐卡

山上风大，气温低，我们得赶紧下山。来到岗嘎山头，在定日县医院打吊针的崔董事长，拔掉针头，赶到70多公里外的岗嘎山与我们会合，一起考察关帝庙遗址，让大家深深感动！这次，经实地测

朱正明和藏族朋友在珠穆朗玛冰川

量，确定了重建关帝庙大殿的具体地标、规模和朝向。

设计中的珠穆朗玛关帝庙大殿，红墙黄瓦，雕梁画栋，龙首凌空，藏汉合璧，就要矗立于雪山环绕的岗嘎山头。大殿建筑面积880平方米，大殿内空440平方米，这"8844"，正好是珠穆朗玛的高度，是在征求了藏汉众多专家学者和海内外朋友的意见后，定日县县长王珅和崔玉晶董事长最后确定的数据。大殿建成后，将在当地政府和海内外朋友的推动下，继续兴建珠穆朗玛关帝庙广场、山门、拜殿、配殿和西藏关帝文化展览馆。

第二天上午，"珠穆朗玛关帝庙投资建设座谈会"在日喀则地委大楼举行。日喀则地委副书记、行署专员张洪波，地委常委、宣传部部长戎新龙，宣传部副部长诺尔桑，地区发改委、文化局、文物局、环保局相关领导，定日县县长王珅，定日县县委宣传部部长何贤江等出席了座谈会。

座谈会上，我动情地说，珠穆朗玛关帝庙，是藏汉多民族共同抵御外侵的见证，是促进国家统一的象征，是当时达赖、班禅两大宗教领袖团结的象征，是藏汉文化相互融合的象征。期待通过重建珠穆朗玛关帝庙，把岗嘎镇建成富有历史文化特色的边疆

重镇,让岗嘎各族民众通过文化旅游致富,共享祖国改革开放的红利,使岗嘎镇成为海内外朝拜关公的最高平台,成为定日乃至西藏的崭新名片。

张洪波专员热忱感谢崔玉晶女士对藏文化的热爱,对重建珠穆朗玛关帝庙做出的突出贡献。他回顾了珠穆朗玛关帝庙的兴衰历史,再次强调了重建珠穆朗玛关帝庙的重大意义,强调把珠穆朗玛关帝庙纳入爱国主义教育基地,精心组织施工,建成具有藏汉文化特色的永久殿堂。地区文物局、发改委等部门及定日县领导对重建珠穆朗玛关帝庙提出了许多好的建议。

2014年5月5日,我们再次从成都飞往日喀则。在岗嘎山头,按照8844的总体建设规划,我们测量确定了大殿施工的定点。

为确保第二天奠基仪式有好的身体状况,我提议,下午赶到中尼边境海拔2300米的樟木镇住宿。这个建议获全票通过并热烈拥护!顺着318国道,我们继续向西,走完了国道最后180公里的路程。一路上,连绵不断的雪山令我们兴奋,悬在头顶的年迈的山体令我们胆寒,深不见底云雾缭绕的大峡谷令我们晕眩…… 天黑时,终于赶到樟木。第二天清晨天还没亮,我们又往回赶。这中尼边境的樟木小镇长得什么样,也没完全看清楚。不过,我们还会来的。

第二天上午10点,我们赶回岗嘎山,崔董事长没顾得上休息,请藏族师父把车停在岗嘎山腰。这里,长眠着108位清军将士。清乾隆五十六年(公元1791年),为保卫西藏牺牲的清军各民族将士,被掩埋在岗嘎山腰。在雪山环抱的岗嘎山,崔董深情地望着散落在山坡的清军将士墓,虔诚地对着墓群鞠躬行礼……

即将开工重建的珠穆朗玛关帝庙,将动用沈阳德源集团数千万元。这是崔玉晶董事长对祖国的大爱,对藏汉满蒙各民族的大爱,对中华文化的大爱,也是对200多年前逝去的为保卫西藏而战死的清军将士们最好的纪念和慰藉!

上午11时,世界最高的珠穆朗玛关帝庙开工奠基仪式,在岗嘎山头隆重举行。318国道南侧的岗嘎山,海拔4398米。伫立岗嘎山头,遥望东南,世界最高的珠穆朗玛峰、卓奥友峰、希夏邦马峰,挺拔屹立于雪域蓝天之间。遥远的东方,依次是雪山环绕的日喀则,西方圣城拉萨,古蜀成都,江城武汉,安徽黄山,杭州西湖,上海浦东,浩瀚东海……转身遥望西方不远处,就是释迦牟尼佛的故乡尼泊尔。

出席奠基仪式的有日喀则地委宣传部部长戎新龙,沈阳德源集团董事长崔玉晶,湖北省委统战部海外中心主任朱正明,定日县县委书记顿珠,宣传部部长何贤江,沈阳春辰新型建筑材料制造有限公司董事长李春福等。参加仪式的还有定日县和岗嘎镇有关领导、西藏驻军部队、岗嘎镇藏汉各族群众等200余人。定日县县长王珅主持奠基仪式。

戎新龙说:"今天,我们迎来了珠穆朗玛关帝庙恢复重建的奠基动工仪式。在此,我谨代表日喀则地委、行署向珠穆朗玛关帝庙恢复重建开工奠基表示热烈祝贺!向崔玉晶女士、朱正明先生,向各位来宾,表示最热烈的欢迎!对崔玉晶女士一行不惧高原缺氧,不辞辛苦,万里迢迢来到珠峰脚下、澎曲河畔的英雄之城,对珠穆朗玛关帝庙投资恢复重建表示衷心感谢!"

戒新龙还说："我们的老领导杨松主席、胡德平部长及社会各界有识之士，提出并为恢复重建珠穆朗玛关帝庙出力。我们一定要把珠穆朗玛关帝庙建设成岗嘎镇的标志性建筑！"

奠基仪式上，主持人请我讲话。伫立岗嘎山顶，向着东方，我说：在这个吉祥的日子，我心中充满感恩——

首先，感恩中华武圣关公。正是有了关公的"忠义仁勇诚信"文化道德精神，才有了传播于海内外的中华关帝文化，才有了遍布港澳台海外的金碧辉煌的关帝庙，才有了岗嘎山头的关帝庙遗址。

其次，感恩大力支持珠穆朗玛关帝庙重建的领导同志。胡德平部长对藏汉文化情有独钟，多次为恢复珠穆朗玛关帝庙奔走，多次过问庙殿的历史原貌和重建进程；湖北省政协杨松主席对西藏有深厚的感情，专程赴定日考察关帝庙遗址，确定重建方案；西藏自治区党委书记陈全国对重建关帝庙十分重视，要求把珠穆朗玛关帝庙建成"爱国主义教育基地"。

感恩沈阳德源集团崔玉晶董事长。去年8月，崔董事长随杨松主席赴定日考察关帝庙遗址，现场捐款百万。按照规划，经过测算，这座标志性殿堂将投资数千万元。正是有了崔董事长的大爱，才有了珠穆朗玛关帝庙的重建奠基。

要感恩定日县各族民众，特别是藏族朋友们。我了解到，今天的奠基仪式之后，岗嘎远近的藏汉民众将自发来岗嘎转山，以这种独特的方式，庆祝珠穆朗玛关帝庙开工，期待关帝大殿早日矗立在岗嘎山顶。

最后，要感恩长眠在岗嘎山的108位清军将士。222年前，这些清军将士和战友们一起，赶走了侵略者，为保卫西藏，为祖国统一，为了心中古老的中国梦，献出了自己的生命！他们怀抱着关帝的香火，从中原走来；他们长眠在雪域高原，也要静静地守护在供奉着关老爷的岗嘎山！

崔玉晶女士只讲了几句话，句句掷地有声："特别感谢藏汉民众对重建珠穆朗玛关帝庙的期待和支持，我们立志在雪域高原传播关公忠义仁勇诚信精神！"我知道，董事长的特点，就是干就干得像个样子，干就干成世界一流，而不是说得天花乱坠。

一阵轰鸣喜庆的鞭炮声在岗嘎山头久久回荡，众嘉宾为珠穆朗玛关帝庙开工培土奠基。

为纪念珠穆朗玛关帝庙开工盛典，崔玉晶董事长从沈阳带来数千串五彩佛珠，在开工现场赠送给藏汉民众。当地政府和各族民众对崔玉晶女士的善举赞不绝

众嘉宾为重建珠穆朗玛关帝庙奠基

口。

当天，我们在赶往拉萨贡嘎机场的路上，途经雅鲁藏布江大峡谷。傍晚时分，一阵喜雨从天而降，两道绚丽的彩虹，在雅鲁藏布江上空缓缓升腾，壮观之至！

2015年春天，中国北京。我和沈阳德源集团董事长崔玉晶一行拜见了十一世班禅大师。步入会客厅，班禅大师满面春风迎了上来。我加快脚步迎上去，紧紧握住班禅大师的手。班禅大师亲切地说："欢迎朱先生，扎西德勒！扎西德勒！"崔女士是一位虔诚的在家弟子，见到班禅大师，一下子跪在地毯上，恭恭敬敬地向班禅大师叩头三拜。见班禅大师法相庄严吉祥，大家十分高兴。我向班禅大师讲述了西藏珠穆朗玛关帝庙的起源，汇报了各级领导人对重建珠穆朗玛关帝庙的关注和支持，汇报了沈阳德源集团崔玉晶董事长对重建珠穆朗玛关帝庙的突出贡献。崔玉晶女士向班禅大师汇报了珠穆朗玛关帝庙建设情况。班禅大师微笑着不断点头赞许，并关切地询问珠穆朗玛关帝庙建设近况，建成后的管理方式，对这座珠峰脚下多民族文化融合的

2015年农历六月二十四日，珠穆朗玛关帝庙建设工地升起绚丽彩虹

崔玉晶女士（右四）率团赴珠穆朗玛关帝庙验收外装修工程

殿堂充满了期待。班禅大师亲手给朱正明先生、崔玉晶女士戴上洁白的哈达，并赠送了《回归净土》等画册专著。朱正明向班禅大师赠送了《中国关帝文化》画册。不久，班禅大师亲自为朱正明题写了《走遍天涯访关公》藏文汉文书名。

最近两年，珠穆朗玛群峰两次升腾彩虹，已经成为海内外朋友的美谈。2015年农历6月24日这天，珠穆朗玛关帝庙土建工程封顶，师傅们刚刚吊装好屋脊的最后一根大梁，两道绚丽的彩虹，从珠穆朗玛群峰升腾而上！现场的李总马上用手机拍下，传给长江南岸的我。好一阵满满的激动！

时间到了2016年9月，珠穆朗玛关帝庙的铜瓦全部安装圆满。外装修的最后一项是吊装金顶。当金顶缓缓吊上殿顶，师傅们扭紧最后一个螺帽时，一道数百公里长

珠穆朗玛关帝庙铜瓦金顶

的彩虹,在珠穆朗玛群峰之上显现,越来越清晰,把珠穆朗玛关帝庙环盖!负责施工的卢总,马上传来图片,我又是一阵满满的感动!

有位藏族朋友告诉我,越在高处,神仙越多;越在高处,神仙越灵。

2017年金秋时节,世界关公文化网发出一则启事,引起海内外关注:为传承中华

珠穆朗玛关帝庙建设者在岗嘎山头合影

悠久传统文化,世界最高的西藏珠穆朗玛关帝庙,向全球征集楹联。主办单位是西藏自治区定日县政府、湖北省关公文化交流协会、沈阳德源燃气集团、世界关公文化网(http://www.guangong.hk)。要求围绕中华武圣关公"忠义仁勇诚信"文化道德精神,结合珠穆朗玛关帝庙雪域高原的地域特色进行创作。主题突出,特色鲜明,通俗易懂,响亮豪放,并符合诗词格律。一等奖1名,邀请出席2018珠峰文化节,出席珠穆朗玛关帝庙竣工盛典,颁发奖金20000元人民币。二等奖2名,奖金5000元,另赠送《走遍天涯访关公》台湾专版。三等奖3名,奖金1000元……

自此,世界关公文化网每天收到数封甚至数十封邮件,仅两个月,就收到585位作者创作的1200多副楹联,作者覆盖中国大陆31个省市自治区,美国、马来西亚等国家的作者。中国楹联学会会员,就有百余位投稿。

组委会聘请中国楹联学会顾问、中国楹联学会原副会长郭省非,湖北省楹联学会常务副会长皮治洪,山西运城市解州关帝庙文保所所长卫龙,世界关公文化网总编朱正明,福建省东山海峡两岸关帝文化交流协会会长刘小龙,沈阳德源燃气集团董事长崔玉晶,西藏定日县人民政府县长王珅,中华诗词学会会员杨山虎,中国楹联学会会员、湖北省当阳市文联主席曹亚平为评委。2018年元月初评委们齐聚关公故里运城,经过充分讨论,几轮无记名投票"缩小包围圈",对初选楹联进行讲评分析,最终确定奖项。

中华关帝走进地球三极

金奖获得者是河北省张家口市董汝河先生,获奖楹联是:

名著春秋,德凝圣域连天雪;

福延汉藏,功比高原拔地峰。

藏汉同尊仰,朵朵雪莲,瓣瓣心香,俎豆千秋兴圣域;

精神冠古今,巍巍岗嘎,堂堂庙貌,烟霞七彩绕珠峰。

年过古稀的董汝河先生,系国家二级编剧,中国戏剧家协会会员,中国楹联学会会员,曾任张家口市文联协会部主任,张家口市戏剧家协会主席。

获二等奖的两位,江西李瑞河先生作品:

大义薄云天,自有高怀融雪域;

威灵和汉藏,长存浩气伴珠峰。

四川殷秀琼女士作品:

大勇大仁,荫于雪域;

一王一帝,鼎以珠峰。

获三等奖的三位,湖北张应明先生作品:

唤醒人文记忆,汉藏一家亲,岗嘎山头,陆台港澳同朝圣;

掀开岁月尘封,帝神千古颂,珠峰梦里,义勇忠仁共铸魂。

四川贾雪梅女士作品:

忠昭日月,义薄云天,仰凛凛神威,脊耸珠峰高万仞;

海内外嘉宾进入珠穆朗玛自然保护区,在5200多米的加措拉山口打出"走遍天涯访关公"的横幅

花灿格桑,霞飘哈达,瞻巍巍帝庙,魂牵雪域庇千秋。

广东邱道美先生作品:
玉鉴高悬,庙宇映珠峰,一座丰碑连汉藏;
金瓯永固,人文承国脉,千秋大义壮乾坤。

台湾邹腾隆、山东张贵祥、张明新、山西廉宗颇、邵运德、河北王淑鸿、湖北万峥嵘、陈荣权、何善斌、湖南吕可夫、广东成小诚、江西钟宇,广西周继勇等 10 位作者获优秀奖。马来西亚林声耀先生、美国纽约冯德鑫先生、台湾地区翁启镜先生等三位作者获荣誉奖。

楹联评选当天,黄河东岸瑞雪飞舞,解州关帝庙银装素裹。世界关公文化网总编朱正明激动地说:"这一副副应征楹联,彰显海内外作者对中华文化的自信,抒发了作者对武圣关公和藏族英雄格萨尔王的崇敬之情,对祖国的热爱和依恋,对汉藏文化相互交融的欣喜!"沈阳德源燃气集团董事长崔玉晶说:"这么多优秀楹联,大大提升了珠穆朗玛关帝庙的文化底蕴!"

定日县政府县长王珅因公务不能到场评选,特委托洛阳市文物局研究院吴健华先生代为评选投票。不料评选前几天,吴先生腿脚摔伤,他躺在病床上,通过"远程微信投票",与其他评委同步,圆满完成了评比,成为评选中的一段佳话。

就在楹联评选的飘雪时节,经国务院领导同志批示,中国文联主管的中国文学艺术基金会,设立关公文化专项基金。这是国家级的推动关帝文化传播发展的平台。基金组建不久,关公基金常务副主任蒋险峰、秘书长张有庆一行专程来武汉,与我商议如何在海内外更好地传承中华关帝文化。我想,北京的大文豪们,不就是中国文联在联络吗?我请基金会协助邀请北京著名书法家,为珠穆朗玛关帝庙书写金奖楹联。蒋险峰主任是一位责任感强且正气凛然的哥们,他在北京不辞辛苦,邀约全国政协常委、中国书法家协会主席苏士澍先生,中国军事博物馆书画院副院长李洪海将军,为珠穆朗玛关帝庙书写了金奖楹联。

珠穆朗玛峰所在的定日县,连续 10 多天阴雨不断。2018 年 8 月 27 日这天,雨过天晴,雪峰纯净,彩云飘逸,吉祥盈盈。定日县岗嘎镇岗嘎村岗嘎山顶,彩旗飞舞,鼓乐

矗立定日县岗嘎山巅的珠穆朗玛关帝庙

中华关帝走进地球三极

珠穆朗玛关帝庙大殿供奉关公和藏族英雄格萨尔王

西藏自治区政府副主席、日喀则市市委书记张延清致辞，中为全国政协人口资源环境委员会副主任杨松

定日县县长王坤为崔玉晶女士颁发珠穆朗玛关帝庙顾问证书

悠扬，数百位藏汉民众挥舞国旗，聚集珠穆朗玛关帝庙广场；世界最高的珠穆朗玛关帝庙竣工典礼在这里隆重举行。

全国政协人口资源环境委员会副主任杨松，西藏自治区政府副主席、日喀则市市委书记张延清，西藏自治区政协副主席、卫计委党组书记王亚蔺等领导出席庆典活动。

海外嘉宾不远千里万里，应邀来到珠峰脚下——香港大明集团董事局主席代表董和明、董昭强、董秋顺，澳门国际关公文化协会会长关伟霖，马来西亚丹杯关帝庙主席代表温慧玲、吴晋萱，新西兰湖北商业总会会长胡弘，新西兰新中了解协会副主席胡蓓桦，非洲企业家、湖北省非洲商会副会长刘松旺，法国留尼旺华商会会长王险峰、秘书长王丹……法国侨领从留尼旺转机马达加斯加，飞往广州，又转道成都飞到日喀则，辗转一万多公里，一路风尘仆仆，却充满激情，充满期待。

中国大陆嘉宾代表来了：沈阳德源燃气集团董事长崔玉晶，沈阳企业家、画家高淑芹，山西运城市委常委、宣传部部长王志峰，运城市文化旅游局党组成员、解州关帝庙文管所所长卫龙，副所长郝平生，河南洛阳市文物局副局长凌兴武，河南洛阳市关林管理处处长周海涛，湖北省委统战部原海外中心主任朱正明，湖北省中华职教社原副主任田社清，荆州市政协常务副主席罗清洋，荆州市政协学习和文史委主任姚成华，荆州市关羽祠管委会主任刘燕，当阳关陵文管所所长代表晏力，广东省关公文化著名油画家苏英毅，青海省关公文化促进会会长关瑞林，西藏阿里地区原宣传部部长柴腾虎等。

众嘉宾赴定日前，在日喀则出席了第16届珠峰文化节，在数千观众的掌声中，成百上千的藏族姑娘小伙子表演的大型歌舞，震撼人心！雪山环抱之中，演唱雪山的歌

中华关帝走进地球三极

078

定日县县长王珅为朱正明颁发珠穆朗玛关帝庙文化顾问证书

众嘉宾为珠穆朗玛关帝庙竣工剪彩

谣，又是几次让我泪流满面！

珠穆朗玛关帝庙巍然矗立318国道南侧的岗嘎山巅，殿内供奉关公、关平、周仓，藏族英雄格萨尔王和两位大将德尔玛、加嚓，神圣庄严。正殿后墙，是一幅满满的"民族团结，福佑中华"大型壁画。伫立殿前，珠穆朗玛峰尽收眼底，卓奥友峰近在咫尺，彰显关帝"忠义仁勇诚信"道德之崇高，格萨尔王精神之凛然。

身着盛装的农牧民跳起欢快的洛谐舞蹈，庆祝珠穆朗玛关帝庙重建

西藏自治区政协副主席王亚蔺宣布竣工典礼开始，顿时五彩礼花绽放，民众欢呼吉祥。定日县长王珅为重建珠穆朗玛关帝庙做出突出贡献的朱正明先生、崔玉晶女士敬献哈达，分别颁发珠穆朗玛关帝庙文化顾问证书和珠穆朗玛关帝庙荣誉顾问证书，全场响起热烈的掌声。

海内外嘉宾在珠穆朗玛关帝庙碉楼留影

张延清书记在仪式上致辞：珠穆朗玛关帝庙等爱国主义历史遗迹，记录了各民族众志成城、共御外敌、大败廓尔喀军的英雄气概，见证了各民族交往交流交融的手足深情。中华民族是根，中华文化是魂，中华国土是家。我们要谋长久之策、行固本之举，在雪域高原形成最大公约数，画出最大同心圆，凝聚最大正能量，加快建设和谐文明幸福美丽日喀则。

杨松、张延清、王亚蔺、戎新龙、崔玉晶、朱正明，王珅等嘉宾，共同为珠穆朗玛关帝庙竣工典礼剪彩。

杨松在出席活动时说：珠穆朗玛关帝庙是爱国主义教育基地，是弘扬和培育民族精神的重要阵地。要深入挖掘其蕴含的精神内涵，开展形式多样、生动活泼的活动，为建设新西藏凝聚智慧力量。远在京城的胡德平先生，得知珠穆朗玛关帝庙竣工，特地发来信息表示祝贺，对参与重建的大德和工匠们表示敬意。

身着盛装的藏族农牧民，在关帝庙前跳起欢快的洛谐舞蹈，庆祝珠穆朗玛关帝庙重建。

隆重的大典仪式之后，众嘉宾步入关帝庙大殿，被这座金殿深深震撼！

藏漢同尊仰朵雪蓮瓣心香俎豆千秋興聖城

精神冠古今巍崗嘎堂廟貌煙霞七彩繞珠峰

董湘河先生撰聯

戊戌仲夏蘇士澍書於北京

苏士澍主席题写的珠穆朗玛关帝庙金奖楹联

山西解州关帝庙、河南洛阳关林、湖北当阳关陵向珠穆朗玛关帝庙赠送关帝圣像和古碑拓片

在珠穆朗玛关帝庙大殿，山西解州关帝庙卫龙所长、河南洛阳关林周海涛处长、湖北当阳关陵所长代表晏力，向珠穆朗玛关帝庙赠送了关帝圣像和古碑拓片。朱正明代表中国文学艺术基金会关公文化专项基金，向珠穆朗玛关帝庙赠送全国政协常委、中国书法家协会苏士澍主席，中国军事博物馆书画院副院长李洪海将军，为珠穆朗玛关帝庙题写的金奖楹联。青海关瑞林、广州苏英毅、太原柴腾虎、新西兰胡弘、马来西亚温慧玲等海内外嘉宾赠送了珍贵礼品。香港大明集团现场捐赠38000元人民币，荆州古城关羽祠主任刘燕捐赠3000元，世界关公文化网总编朱正明捐赠2000元，当阳企业家晏力捐赠2000元，全国政协委员、著名画家汪国新委托朋友捐赠2000元，山西太原润民环保节能公司江家江董事长委托朋友捐赠2000元，福建省海峡两岸关公文化发展促进会会长甘毅雄委托朋友捐赠600元……

珠穆朗玛关帝庙大门两侧，定日县委、县政府竖立了两块大碑，一块是《珠穆朗玛关帝庙重建碑记》，另一块是《珠穆朗玛关帝庙重建功德碑记》，碑文曰：

"公元二〇一八年金秋，世界最高的珠穆朗玛关帝庙重建竣工。庙宇巍峨，光耀高原，馨香万里！

"二〇〇九年深秋，文化学者朱正明携友人冯德鑫，跋山涉水，在定日县岗嘎山寻到关帝庙遗址。为弘扬传承中华民族传统文化，使岗嘎关帝庙这一祖国统一、民族团结、文化交流的历史见证永世长存，二君遂起重建之念，并向相关部门献计建言。各级党委、政府高度重视，原中共日喀则地委、日喀则行署和定日县相继成立珠穆朗玛关帝庙重建工作领导小组。各界爱心人士鼎力相助，沈阳德源燃气集团崔玉晶董事长欣然出资数千万，数次赴定日修订重建方案，在全国各地遍寻能工巧匠，助推重建。著名工匠李春福、李天月、高淑芹、卢荣俊、黄鹏翔，先后率藏汉技师历经三年精心施工。铜艺大师朱炳仁制作铜瓦金顶，雕刻大师黄志亮敬铸关帝铜像，土登尼玛师傅敬铸格萨尔王铜像。

"二〇一七年深秋，定日县委县政府、德源燃气集团、世界关公文化网联合发起，向全球征集珠穆朗玛关帝庙楹联，喜得千余副，为关帝圣殿再添文化景致。

"为铭记各界功德善举，故勒石立碑。

"中共定日县委、定日县人民政府，二〇一八年八月"

一个多月后的 2018 年国庆节这天，崔玉晶董事长再次从大东北飞往拉萨，乘火车来到珠峰所在的日喀则，不辞辛劳，驱车奔赴世界最高的珠穆朗玛关帝庙。10 月 2 日，听说崔女士来了，岗嘎村藏族民众奔走相告，300 多位藏族民众来到岗嘎山巅，他们手捧洁白的哈达，敬献给关帝大殿关圣帝君和格萨尔王，敬献给崔女士及同行的定日县政府文化广电局局长多平。这次是崔女士第 12 次进藏，她带来了上千件羽绒

嘉宾在拉萨拜会十一世班禅大师的父亲

西藏"珠峰天使"，温馨了雪山

2019 年 9 月下旬，崔玉晶女士赴珠穆朗玛关帝庙为藏族少年赠送保暖绒帽

服，数百件马甲，还有数量可观的花生、青豆、月饼、奶酪、奶茶、糖、哈达等，分别赠送给藏族民众。崔女士说："在我们伟大祖国 69 周岁的喜庆日子里，能到世界最高的珠穆朗玛关帝庙，朝拜关帝和格萨尔王，与藏族民众同庆同乐，传承中华文化，真好！"

时间到了 2019 年 9 月 29 日。这天，珠峰脚下的定日县岗嘎山头，一片节日气氛。藏族民众聚集山顶的珠穆朗玛关帝庙前，挥舞着五星红旗，用歌舞表达对祖国的深情。崔玉晶女士特地从东北赶到定日，与藏族民众一起庆祝祖国 70 周岁生日。她走上台，向百余位藏族少年赠送了保暖绒帽。孩子们欢笑着围绕在崔玉晶身边，齐声高喊"扎西德勒"！此次进藏，崔女士带来保暖绒帽 1000 套，冲锋衣 500 件，念珠 7000 条，八宝粥 100 件，方便面 200 件，各类糕点水果数十箱，还有藏民喜爱的橄子、腰包、指甲刀等等，近日都将分发给雪山丛中的藏族民众。

　　日喀则市委常委、宣传部部长戎新龙对崔女士说："感谢您对藏区人民的大爱！我们将充分发挥关帝殿爱国主义教育基地功能，为藏族民众办好事办实事，促进民族团结和谐，促进西藏繁荣昌盛。"

　　庆典现场，朱正明向数百位藏族民众赠送了《走遍天涯访关公》西藏版，这是他 38 年走遍世界近 50 个国家寻访传播中华关帝文化的新书。他还向定日县县长王珅、宣传部部长王旭东赠送了摄影作品《五洲中华关帝　汇聚世界屋脊》。

12

冈仁波齐
藏族少女高高托举中华关帝

阿里雪山、浩瀚的扎达土林

　　阿里，西藏尽头的西藏，雪山深处的雪山，遥远那边的遥远，世界屋脊的屋脊，是我多年来一直仰望的地方。神山冈仁波齐，圣湖玛旁雍错，还有藏民族神秘的古格王朝遗址，已在我脑海中如梦如幻地显现多次。

　　2015 年秋天第十二次进西藏，我已下决心到阿里，准备从珠峰脚下出发，乘越野车继续向西。

　　提前一周，我再次读完了马丽华的《西行阿里》，再次被女作家笔下的高原深深感动。我联络西藏的朋友，准备了一台越野车，一位藏族司机。真的到了珠峰脚下，却遇到两个问题：一是没有办理边境证，可能随时会被拦住；二是珠峰到阿里的沿途，限速40 公里，不许超速，如果从地上去来，也许一个星期都回不来。那片高原的高原，就是因为高得出奇，又美得出奇，才如此令人魂牵梦绕！出于安全考虑，只有遗憾地打道回府了。

等到第十三次进藏,已经是 2016 年 9 月。我再下决心,约了四位朋友,决定从天上飞到阿里,这样会轻松许多。在珠峰脚下,我们验收了珠穆朗玛关帝庙大殿的外部装修,准备出发去阿里了。此时,约定赴阿里的朋友,北京陈会长出现高原反应,并要赶回北京开会;沈阳崔董事长因有轻微感冒,也开始了高原反应。四人的阿里团队,只有和高总结伴,从拉萨贡嘎机场飞往阿里。

此前,我已请白玛卓玛帮助找阿里的朋友,安排好了行程。这位白玛卓玛,就是 8 年前带着我们赴珠穆朗玛峰下寻找关帝庙遗址的姑娘。奇巧的是,这次卓玛帮助找的阿里导游,名字也叫白玛卓玛,也是一位藏族姑娘。真好,纯净的雪山加上藏族少女,还有我这位国家级摄影家,应该出现一幅幅动人的画面。

这三位都有美美的藏族名字,左起:白玛卓玛、岗嘎、梅朵

从拉萨机场飞往阿里,我选择了靠机窗的座位。飞机航行在阿里上空,窗外的高原雪峰,早已让我陶醉,拍了一大把美美的图图。

在阿里机场,白玛卓玛姑娘和巴桑师傅接到我们,循着天路尽头的天路,直奔札达县古格王朝遗址。

第一次到阿里,我们提前做了精心准备:为了安全,要求每天住海拔最低且最好的酒店;为了画面,请阿里挑选最美的藏族导游姑娘,还要穿上藏族服装。见到白玛卓玛,我还真的为之一惊,就卓玛姑娘的形象和身材,如果在内地或港台,应该是一个颇受欢迎的明星。

循着天路向东南方行驶,翻过 5100 多米的迪巴拉山口,眼前是更壮阔的雪域天路。已经是知名画家的高总,不一会儿就惊叹路边的壮美或色彩的大气独特。

翻越了几个 5000 多米的山口,沿着象泉河谷进入札达县。天边的雪山下,出现了壮阔浩荡的土林。白玛卓玛告诉我们,远古造山

神秘高远的象泉河,奔流在阿里雪山丛中

中华关帝走进地球三极

时，湖底长期受流水切割，风化成了今天的土林。越野车在雪山环绕的土的森林里穿行，如进入童话世界一般。这片无尽的土林，位于冈底斯山和喜马拉雅山之间，成片山脉，高低错落，姿态万千，有的如层层叠叠的罗汉，有的似远远近近的佛塔，更多的，疑似远古先贤遗留的城堡，在湛蓝的苍穹之下，在蜿蜒南行的象泉河两岸，展示着各自的神秘。遥想当年，数百公里的莽莽厚土，历经数十万年的风雨侵蚀，一天天日升日落，一次次风雪雕琢，是多么壮阔激越的沧海桑田！

阅尽雄奇的扎达土林，更神秘的古格王朝遗址终于现身。我们知道，公元十世纪前后，吐蕃王朝末代赞普朗达玛的重孙吉德尼玛衮，在王朝崩溃后率亲随远行阿里，建立了古格王朝。数百年间，古格王国雄踞西藏西部，弘扬佛教，抵御外侮，有过700多年灿烂文明历史。而古格王朝的消逝，至今还是个谜。

古格王朝遗址从山麓到山顶高300多米，上下古堡林立，四周洞窟密布，形成庞大的古建筑群落。在这座神秘的山体上，有三座神殿，里面的神像在"文革"中遭到破坏。遗存的壁画，用笔简练，特点突出，气势宏大。由于古格受多种外来文化影响，艺术表现风格带有明显的克什米尔痕迹。

古格王国遗址是一座宏伟浩大的天堂古城。今日古格故地，只有10多户人家守着一座空荡荡的城堡废墟。当年10万之众的古格人如何消失得无影无踪？什么样的天灾人祸使繁荣的古格文明突然间销声匿迹？

带着疑问，带着感动，我们在土林包围的扎达县城午餐后，直奔当晚住宿的普兰县城。

在冈仁波齐神山，藏族少女托举起关帝圣像

从古格遗址到普兰，正好经过冈仁波齐神山。当神山全部显露在我们眼前时，高原的太阳正在初吻西天的雪峰，奔忙一天的太阳，把她最后的余光映照在神山之上，万山之巅的洁白，慢慢幻化为金红、橘红！第一眼见到冈仁波齐，竟是如此壮美！也许太过激动，也许是久违的期盼，我顾不了车外的冷风，跳出越野，对着冈仁波齐，磕了三个虔诚的长头……

普兰县位于中国、尼泊尔、印度三国交界之地，县城海拔 3600 多米，是阿里海拔最低的地方。在这儿休息一晚，遥观伸手可及的漫天银河，聆听天籁传来的高原歌谣，如神仙般优哉游哉。

听说卓玛姑娘的家就在普兰县神山脚下的路旁，我和高总议定，第二天一大早为卓玛买了几大袋蔬菜、水果和羊肉，路过卓玛家，一起去看望她奶奶，还可以零距离接触藏民的生活环

在冈仁波齐神山脚下磕长头的藏族民众

家住冈仁波齐神山脚下的老奶奶

境。卓玛告诉我，自己在神山脚下长大，小时候经常仰望着高高的雪山发呆。初中毕业时，奶奶病了没人照顾，也就没有再上高中，在家照顾贡嘎卓玛、次仁央宗两位奶奶。后来，有幸考中了普兰县旅游讲解员，在神山圣湖来来去去干了两年，又到阿里首府狮泉河，帮舅舅照顾孩子，两年后在阿里考中了西藏旅游公司解说员。现在，卓玛姑娘每月底薪 2300 元，接待旅行团一天，增加 200 元收入。家里种了 30 亩青稞，养了 100 多只羊，还有 8 头黄奶牛。

从卓玛家出来，我们在"圣母之山"纳木那尼峰下，激情挥洒地拍摄了一组图片，又驱车到圣湖玛旁雍错，在蓝天碧水五彩经幡中畅游了一番，赶到冈仁波齐神山脚下住宿。

冈仁波齐屹立在普兰县境内，位于中国、印度、尼泊尔三国边境，峰顶海拔 6656 米，素有"阿里之巅"的美誉。在神山东南 20 公里处，就是圣湖玛旁雍错，湖面海拔 4588 米，面积 400 多平方公里，是世界最高的淡水湖。冈仁波齐是多个宗教的神山——印度教认为冈仁波齐为湿婆的居所，世界的中心；印度河上游的狮泉河，发源

于冈仁波齐北麓，这里相传是苯教发源地；耆那教认为冈仁波齐是祖师瑞斯哈巴那刹得道之处；藏传佛教认为，冈仁波齐是胜乐金刚的住所，代表着无量幸福，也是密勒日巴战胜苯教徒的地方。

冈仁波齐峰顶四季冰雪覆盖，山峰四壁对称，呈圆顶金字塔状，峰顶时常白云缭绕，神秘莫测，很难目睹真容。当地人认为，如果能看到峰顶，就是件很有福气的事情。冈仁波齐周围如同八瓣莲花四面环绕，山身如水晶砌成，威凛万峰之上，极具震撼力。东边的万宝山，传说是释迦牟尼脚踏过的山，西边是度母山，南边是智慧女神峰，北边是护法神大山。每年都有许多来自内地、印度和尼泊尔的信徒，不远千里不惧万险来这儿朝圣转山。这里孕育了250多条冰川，带来了大量水源，是恒河、印度河和雅鲁藏布江等大江大河的发源地。

世界上大多数宗教都有共同的特色——朝圣。带着虔诚而强烈的心愿，沿着一条相对固定且充满神迹启示的艰辛长路，向一个公认的圣地进发，这就是朝圣之举。在自然环境险绝的西藏阿里，朝圣尤其显得精诚执着。笃信佛教的藏民坚信，朝圣能尽涤前世今生的罪孽，增添无穷的功德，并最终脱出轮回，荣登极乐。绕着冈仁波齐朝圣转山一圈，路途为51公里，周边有8座寺庙。

终年积雪的冈仁波齐，在阳光下总是闪耀着奇异迷人的光芒，鼓舞着一代又一代朝圣的子孙。几个世纪以来，冈仁波齐峰一直是朝圣者和探险家心目中的神往之地，但是还没有人能够登上这座神山，或者说还没有人胆敢触犯这座世界的中心。

在冈仁波齐神山脚下，美丽淳朴的白玛卓玛少女，庄严地托举起关帝圣像……

离开神山脚下时，几位磕长头的藏族同胞，带着一路风尘缓缓而来。卓玛姑娘推开车门，飘然而去，汇入神山脚下叩长头的人流。

阿里，是人类的另一个世界，是人世间纯净的天堂。今后，如果有朋友问，这个世界，您还想到哪里？我会毫不犹豫地对着西方的天边大声说——西藏——阿里！

13

珠峰南坡
雪山佛国探访关帝爷爷

到西藏 15 次，推动恢复了拉萨关帝庙，推动重建了世界最高的珠穆朗玛关帝庙。遥望喜马拉雅雪山，一直惦记着，雪山南边有关帝文化的踪迹吗？

这片在天边蹦蹦跳跳如银龙奔腾的喜马拉雅雪域山脉，藏语意思是"雪的故乡"。她是东亚大陆与南亚次大陆的天然界山，也是中国与印度、尼泊尔、不丹、巴基斯坦等国的天然国界，全长 2450 多千米，其中，7000 米左右的雪峰多达百余座，被称为世界屋脊。

2019 年 4 月中旬，我邀约大洋两岸朋友，从成都出发，循着喜马拉雅雪山，飞到高山佛国尼泊尔。壮美震撼的尼泊尔自然风光和古朴多彩的人文景观，吸引着越来越多的中国游客。10 年前赴尼泊尔旅行的中国人每年只有几千，去年已超过 10 万。

珠穆朗玛，如古海的巨浪，高耸在绵延千里的喜马拉雅万山之巅

尼泊尔首都加德满都

加德满都唐人食府，请关公当中国味道代言人

尼泊尔青年大梦说，我知道关公有个"关圣帝君"的名字，在中国是了不起的英雄

在尼泊尔首都加德满都，那条狭窄拥挤的唐人街，如今更加热闹，街道两旁堆砌着各式中文招牌。中餐馆、佛像铺、唐卡店、日常用品店比比皆是，还有几家中国人开的三星级宾馆。

我们走进一家唐人食府，大厅满墙的巨幅绘画，题名"中国味道"，画面中，关公和诸位大仙们，正在加德满都品尝中国菜肴。把关公请出来作为"中国味道"的代言人，也是够大气的。我们住的宾馆，送来了水果和水果刀，这刀，让我们为之一振：一把缩小版的青龙偃月刀！这是千年之前丝绸古道的遗存，还是当今"一带一路"才有的新鲜事？

引导我们考察加德满都的青年 HEMLAL TAMANG，中文名叫"大梦"，普通话讲得帅帅的，小伙子更是帅帅的。见面我就问："你是中国哪个省过来的？"他的回答令我惊奇："我祖祖辈辈都是尼泊尔人！"

大梦 1990 年出生，家乡在 RAMECHHAP，这是加德满都去珠峰大本营的必经之路，在加德满都东边 160 多公里，颠颠簸簸的路，要 4 个半小时车程。2010 年，在尼泊尔语言学院，大梦遇到了一位中文老师，她是中国浙江来的青年志愿者黄老师。黄老师说："你好像中国人，想学习中文吗？"20 岁的大梦，一个多月在学校 10 多次遇上黄老师，10 多次谈起学习中文的事儿。大梦想，这也许就是缘分，我就去试试看。这一试，他喜欢上了中文，一学就是 3 年。

学到两年的时候，恰逢中国驻尼泊尔大使馆主办汉语朗诵比赛，黄老师推荐大梦参加。尼泊尔孔子学院、语言学院、其他大学共 125 名选手。经过激烈的 4 轮比赛，大梦竟然荣获第一名，中国驻尼泊尔大使亲手为大梦颁发奖杯和奖品。大梦说，至今还记得，决赛时尽情朗诵《风中的雨巷》那激动人心的时刻。

大梦说："五六年之前，黄老师给我一个中国光碟，其中有《三国演义》，我在电脑

里慢慢看了。关公英雄大义，后来成了佛。我知道《关公觉世真经》，是教人慈善进步的，我准备抽时间背下来。我还知道关公有个'关圣帝君'的名字，在中国是了不起的大神。"

在加德满都街边的餐厅，我和大梦一边晚餐，一边探讨着佛的事儿。关于"来世"，我说："如果确有来世，我的母亲说不定已经在世界哪个地方再生了！她在哪里？如果真的能知道，哪怕是千里万里，我也要去探望，去尽'来世的孝道'！"大梦说："这是不好找的，也找不到的。我们只能用行善的方式，为过去和现在的亲人们积功德，这是目前最好的办法。"

HEMLAL TAMANG 告诉我，现在，他已经要求自己的两个弟弟开始学习中文，还要组建一个以家族为单位的"中国粉丝团"。

在加德满都华严寺，中国小姑娘旗旗把关爷爷像赠送给华严寺几位小师傅

我们来到加德满都华严寺。王刚先生的孙女、6 岁的中国小姑娘旗旗，把关爷爷像赠送给华严寺几位小师父，她还亲手为几位小师父绘制了有趣的图画，把中国带来的积木和巧克力送给小师父们。被誉为"中华文化小天使"的旗旗，家住庐山脚下，在大洋两岸的书香家族熏陶之下，两岁半入九江国学堂，已会背诵深奥的《大学》《老子》《三字经》等经典，还喜欢上了繁体字。小旗旗已随父母和外公先后游历了美国、加拿大、墨西哥、日本、新西兰、澳大利亚、尼泊尔、不丹等国。

在华严寺，我和美国儒商会会长陈绍恭，向华严寺龙奔法师赠送了中国画家苏英毅的获奖作品关公油画。龙奔法师介绍，在美国儒商会协助下，华严寺已在加德满都购置土地近 10 亩，准备兴建佛教寺院和关帝殿……

在加德满都华严寺，朱正明和爱国侨领陈绍恭向龙奔法师赠送苏英毅获奖作品油画关公

在博卡拉眺望喜马拉雅雪山

尼泊尔博卡拉，是尼泊尔第二大旅游城市，位于喜马拉雅山南坡博卡拉河谷之上，距加德满都约200公里。这里雪峰环绕，圣湖清澈，民风朴实，被誉为"南亚的小瑞士"，是欧美人士度假徒步的好去处。我提前到尼泊尔，独自飞往博卡拉。

在博卡拉，我受到华人华侨协会詹江松会长的热情欢迎。詹江松会长和尼中文化交流有限公司总经理张博带着我，顺着费瓦湖畔，走访了几家中国人开的餐馆商店。费瓦湖畔的兰花饭店、北京印象大堂都供奉着关公，詹江松会长开办的"詹大师餐厅"大堂，也供奉着关公。

詹江松1966年出生在福建宁德，在安徽芜湖中铁四局工作多年，15年前随四局到加德满都援建尼泊尔公务员医院，兴建中国驻尼泊尔大使馆，11年前在加德满都开中餐厅。后来听人说博卡拉绝美，经考察，决定到风光绮丽的博卡拉开店，取名"中国湖畔花园酒店"，因声誉满满，被人们称为"詹大师"，他干脆把餐厅改名为"詹大师餐厅"，后来，大家连他的真名也忘了！

为联络和帮助更多的华人华侨，3年前，在中国驻尼泊尔大使馆支持下，詹江松牵头成立了博卡拉华人华侨协会。协会成立两个多月，遇上2015年4月的8.2级大地震，詹江松召集华人紧急会议，请各中餐厅迅速统计滞留博卡拉的华人游客，建微信群，冒着多次余震，历尽艰辛，一周之内帮200多位华人回到加德满都。他们还组建救援队，捐款捐物给当地民众。2016年，协会举办了第一场华人春节晚会，此后年年举办。去年在博卡拉礼堂举办春节晚会，中国驻尼泊尔大使特地乘飞机前来观看，博卡拉市市长也到场祝贺。

詹江松说，大地震后，我从老家福建请来一尊关公，供奉在餐厅大堂，每天敬香，初一、十五敬献鲜花素果，期待关帝保佑博卡拉，期待海外华人发扬关公忠义精神，共

关公文化学者朱正明向博卡拉华人华侨协会会长詹江松(中)赠送关公
摄影作品

尼泊尔博卡拉北京印象大堂供奉着关公，左为饭店老板李霞女士

不丹帕罗，喜马拉雅悬崖之上的虎穴寺

同创业发展。詹江松高兴地说："随着中尼在'一带一路'框架下的深入合作，随着中国建造的博卡拉国际机场的顺利落成，这里会成为尼泊尔的国际性大城市，华人会越来越多。也许，我们还会建一个关帝殿，为华人华侨提供一个联络友谊、互相帮助的场所。"

尼中文化交流有限公司总经理张博说："尼泊尔是'一带一路'南亚地区的重要支点。尼泊尔人温和友善，没有世俗功利，让我们感觉到和谐宽松，在尼泊尔传播关公情怀，是有群众基础的。对于中华关帝文化，我们不是简单的接受者，更要成为主动的传承者。关公精神，是我们管理协会、做人经商最需要的精神！朱先生到博卡拉传播关帝文化，是我们新的起点。"

循着雪山，我们从加德满都飞往不丹，被喜马拉雅南坡大美的山川和淳朴的民俗深深感染。我们登临多楚拉山口，遥看喜马拉雅雪峰；我们来到普纳卡宗，参观不丹的"布达拉宫"；我们骑马攀登悬崖上

中华关帝走进地球三极

096

不丹,雪山丛中的佛国

的虎穴寺，一路惊险一路欢笑；我们应邀进入尼泊尔王宫，向国师特别助理乌金堪布 Khenpo Ugyen tenzin drukdra 赠送《走遍天下访关圣》西藏版，与美国儒商会会长、爱国侨领陈绍恭先生一起，向乌金堪布讲述喜马拉雅雪山那边中国西藏的关帝文化风情，讲述世界最高的珠穆朗玛关帝庙的重建故事。乌金堪布说："关公很了不起，是中国多民族的大神！"

不丹王宫，朱正明向国师特别助理乌金堪布 Khenpo Ugyen tenzin drukdra(中) 赠送《走遍天下访关圣》西藏版，右为美国儒商会会长、爱国侨领陈绍恭先生

多次从喜马拉雅南部飞越，在印度上空，从机窗遥望天边起伏的喜马拉雅雪山，特别亲切。因为，在雪山的那一边，就是中国西藏，就有雪峰环绕的五彩经幡，就有环绕着玛尼堆转动经筒的藏族朋友，就有世界最高的珠穆朗玛关帝庙。

在喜马拉雅南部广袤的印度大地上，有一座令我牵肠挂肚的城市，有一位令我十分敬仰的朋友。这座城市，就是印度洋畔的孟买；这位朋友，就是中国驻孟买总领事郑曦原先生。

这位帅气优雅的总领事，上个世纪六十年代出生在天府之国蜀都，硕士研究生毕业后，进入中国外交部工作，曾先后担任中国驻纽约总领馆副领事，中国驻希腊大使馆参赞，四年前调任中国驻孟买总领事。郑曦原对中华文化情有独钟，连续几年在孟买关公庙过春节，与当地华人同心同乐，在海内外传为佳

印度孟买关公庙供奉的关公

中华关帝走进地球三极

话。

郑曦原说："中印同属文明古国，山水相连，文化交融，两国人民传统友谊源远流长。公元401年，鸠摩罗什从印度来到中国，将梵文书写的佛经翻译成中文；玄奘取经的故事在中国家喻户晓。我能循着他们的足迹来到印度这个伟大的邻邦，深感荣幸！"

2015年大年初二，总领事刚刚调任孟买总领馆，就决定去探访传说中的关公庙，

郑曦原总领事和外交官妻子李方慧，在关公庙与华侨守岁合影

将祖国的问候传达给华夏子孙。此前，他只是从零星报道中知道孟买有个中国庙，位于南孟买的船坞区，但总领馆的同事们都没去过。二月的孟买，气温已骤升到37度，领事馆的印度雇员都放假了。副总领事严华龙亲自驾车，穿过孟买最繁忙的穆斯林区，在印度朋友的热心引导下，顺利找到关公庙。

看庙的谭先生见到中国总领事，十分激动。谭先生是第三代土生土长的华人，英文名为艾伯特，中文名却始终回忆不完整，母亲曾揪着他的耳朵，让他记住"谭"字的中文写法。他说，这座庙1919年由他祖父和另外九户华侨合资兴建，距今已近百年。他祖父、父亲都是木匠，庙里的香案供桌都是他们亲手制作，而壁画则由他自己绘成。关公庙先由母亲看守，母亲去世前，交由他看护。谭先生说，1962年以后，孟买华侨星散，当初建庙的九户人家，早已不知所终。现在只剩400来户华人，好多都不会说中国话了。他家有10个兄弟姐妹，除他之外都移民到美国和加拿大去了，自己的儿子也去了加拿大，只有他还留在这里。每到春节，华人都喜欢到关公庙敬香祈福。整个孟买，只有这一家中国庙，一楼供奉观音，二楼是孔夫子像，三楼供奉关帝。庙内一角还挂着签卦，供大家占卜取乐。

总领事一行品着谭先生送上的香茶，仔细打量这座孟买唯一幸存的中国庙，只见牌匾高悬，关公威严，观音慈善，窗台门槛都油漆一新，铜锣大鼓映入眼中，令人倍感亲切。乡土气息在异国土地上传播，如阵阵清风扑面而来。中华民族的香火历经磨难，却如此顽强地生存下来，令人潸然泪下。

谭先生听说国内即将送来舞狮的行头,立即请缨说,早年跟着父亲学过舞狮,练习练习就可以重新舞起来。久违了的中国雄狮,很快将在印度洋畔舞动,大家既兴奋又期待。

2016年春节,郑曦原早早来到孟买关公庙看望华侨,与他们共同敲响猴年钟声,代表总领馆向庙宇捐赠2万卢比(2000人民币左右),并在功德簿上写下了新春祝福。郑曦原说:"在孟买中国庙和侨胞一起守岁,看到红火的狮子在孟买重新舞动,感受到猴年的吉祥扑面而来,在印华人的香火也在曲折中再次兴旺发达。"郑总领事在关公庙度过大年三十,与华侨一同守岁合影,令大家十分感动。

侨界文化人谢明通,是《生长在印度的华裔》一书作者,他和夫人钟云芳一道,除夕之夜来到关公庙,和一大帮亲戚朋友为关公敬香,见到郑总领事,大家格外亲切。来自湖北的王优秀女士也挤上来与郑总领事合影,一家家华侨围着总领事拍摄全家福。来自广东的李先生拉着郑总领事的手说,"我父亲99岁了,身体依然健康,托祖国的福,托关帝爷的福!"郑总领事听了非常高兴,期待李先生为父亲办好百岁寿宴,他要代表总领馆向老华侨贺寿。

郑总领事在接受新华社记者现场采访时说:"作为中国总领事,能在除夕来到关公庙与侨胞一起守岁,看到红红火火的狮子在孟买重新舞起来,内心百感交集。真是野火烧不尽,春风吹又生。相信在中印关系持续发展的大背景下,在印华人的香火会再次兴旺起来。"

2018年除夕之夜,总领事再次来到关公庙,与华侨守岁同乐。午夜,关公庙前的锣鼓再次响起。10岁的华人小姑娘刘晏晨套上一身大红舞狮行头,灵巧地翻滚跳跃。10多位身穿"龙"字黑T恤的小伙子腰系红绸,敲起锣鼓,为小姑娘助兴。欢闹之间,另一位华人少女李秀妮也参加进来。她俩的舞狮表演高潮迭起,赢得满堂喝彩。两姐妹姣好的身影在孟买街头翩翩起舞,就像冬夜里两团跳动的火焰。郑总领事高兴地操起鼓槌,为舞狮姑娘助兴,现场再次响起一阵阵掌声。舞狮姑娘李秀妮是印度第三代华人,她说:"我的爸爸是中国人,我的妈妈是印度人,我想了解更多的中华民族传统,也想向印度朋友展示中国春节民俗。我能在孟买展示中华传统文化,特别开心!"印度第二代华人朱恩平说:"我出生在印度,后来才到孟买工作,今年我快60岁了,每年带着全家人到关公庙祈福,和华人华侨一起过热闹的新年。"

位于印度西海岸的孟买,正好处于印度南北分界线上。它是马哈拉施特拉邦Maharashtra的首府,印度第一大城市,经济和娱乐中心,南亚最重要的港口城市,宝莱坞的大本营。这里,印度富豪的摩天大楼与亚洲第一大贫民窟共存;编织完美梦境的"宝莱坞"与在贫民窟里苦苦挣扎的人们同在;世界一流的IT公司与巨大的人力洗衣场并立。奢华与赤贫,先进与落后,希望与绝望,印度的过去与未来同时在这里上演……

14

大山深处

少数民族的关帝文化风情

新疆天山松，簇拥着山巅的天山关帝庙

中华大家庭，有 56 个民族，汉族之外的 55 个称为少数民族，总人口 1 亿 2 千万左右。人口最多的壮族有 1 千 7 百万人，最少的塔塔尔族只有 3000 多人。

少数民族大多分布在祖国大西南和边疆地区的山川壮阔秀美之地，其语言文字、宗教信仰、生活习俗丰富多彩。少数民族地区的关帝文化风情，特色满满，惊奇多多。

新疆天山，莽莽苍苍五千里，雪峰高耸，大气磅礴。天山南北的广袤土地上，繁衍生活着维吾尔族、汉族、回族、锡伯族等勤劳善良的人民，传承着源远流长的中华关帝文化。

2012 年 9 月，我在洛阳参加了国际朝圣大典，在国务院台办和洛阳市政府主办的海峡两岸关公文化论坛做了专题演讲之后，独自一人出发了，利用休假，一路向西。

飞机在新疆哈密缓缓降落，我看到，哈密市区北部几十公里外，就是奔腾于戈壁沙漠之间的天山。到哈密的前夜，天山纷纷扬扬落了一场大雪，生来厚重灵秀的天山，在天地间闪烁着圣洁的光芒。天山关帝庙,就深藏在哈密天山之巅。

我顾不上休息,乘坐哈密市政府阿克尔师傅驾驶的别克,吴江主任陪同,从哈密市区向北,穿过一片戈壁沙漠,绕过古时传递信息的古烽火台,从天山南坡循着陡峭曲折的山路,行驶近百公里,来到海拔2800多米的天山之巅。

在雪峰挺拔的山巅缓坡,关帝庙静卧于雪山的怀抱之中,纯洁、空灵、幽静!天山庙始建于唐贞观十四年(公元640年),和文成公主入藏是同一年,由古道商人集资修建。初建时供奉哪位尊神,已无从考证。北宋时期,宋徽宗在公元1108年封关公为"武安王",途经天山的商旅集资重修天山庙,正殿供奉关公,从此香火绵延千年,成为丝绸古道著名的朝圣之地。后历经战火,解放初只留下残垣断壁。本世纪初,新疆哈密市政府投资重建。五千里天山,建于山巅的庙宇仅此一座,故有"天山第一庙"的美称。

迎着漫天大雪,我们登上山门,见山门两侧红柱上镌刻着一副楹联:

赤面秉赤心骑赤兔追风驰骋时无忘赤帝;

青灯观青史仗青龙偃月隐微处不愧青天。

我们看到,天山庙现存建筑有石狮、山门、钟鼓楼、厢房、大殿,庙殿结构酷似北京四合院。大殿神龛正中端坐关老爷,关平、周仓侍立两侧。大殿两侧楹联曰:

赫濯震天山,通万里车书,何处是归营岳垒?

阴灵森秘殿,饱千秋冰雪,此中有汉石唐碑。

这是著名地理学家徐松所题楹联,乃天山庙历史地位及其特色的生动写照。两侧墙壁上,彩绘数幅关公故事图,虽不是出于名家之手,却透出天山民间画师的朴实虔诚。两侧厢房,供奉着观音娘娘和弥勒佛,而山门甬道正中,又有道家的图腾。看得出,这里是儒佛道三教合一的殿堂。在这数千米高的山巅,翻越天山的善男信女们,无论是哪家信徒,都能在这里找到心灵慰藉,真好!

守庙的杨师傅,来自甘肃丝绸古道,每天辛勤地给大神们敬茶上香,清扫殿堂,接待来客。满面春风的杨师傅还领着我们参观了大殿两旁珍贵的唐碑和清朝石刻。千里寻访,我当然给杨师傅带来了《世界关帝文化》画册,还有印着毛泽东头像的香火钱。

我们在大殿上香朝拜,殿外又飘起了雪花,一阵紧似一阵,最后成了一场大风雪。担心大雪封山,我们赶紧驱车从北坡下山。眼前,根本没有了路。好在阿克尔是哈密市政府的老师傅,摸索着寻找下山的路,却多次被雪堆塞住底盘。我们只有下车,把天山松的枝条折下,垫在轮胎下面,慢慢地使劲,让车子一段一段下山。山上雪太厚,钻进我休闲鞋的冰雪,融化在我的鞋里,才到半山腰,我的鞋内已经是冰雪消融,在山风的劲吹中,冷得直打哆嗦。

车行山腰,回望天山之巅,刚才还是风雪漫天的山顶,此时却阳光灿灿,天山关帝庙傲然挺立于山巅,在天山松们的簇拥中,神圣傲立,向世人传颂着关圣帝君的忠义仁勇诚信精神。

从哈密翻越天山,西行70多公里,就到了巴里坤哈萨克自治县。这里,西距新疆首

新疆巴里坤武圣堂与天山雪峰交相辉映

新疆巴里坤武圣堂供奉的关公

府乌鲁木齐570公里，北距蒙古国170多公里，南方，在巴里坤县城大街尽头，就是与天相接的天山雪峰。

巴里坤自古就是多民族繁衍生息的地方，境内有哈萨克、汉、蒙古、维吾尔等16个民族，其中汉族、哈萨克族人最多。在巴里坤，我们拜访了县文物局局长蒋晓亮。蒋局长介绍，巴里坤古迹众多，有"庙宇冠全疆"之称。清朝时，巴里坤有大小11座关帝庙，名称为老爷庙、关岳庙、山西会馆、陕西会馆等。在天山脚下的地藏寺庙殿群落，近年恢复了一家武圣堂，堂内供奉关公、关平、周仓，大殿两侧彩绘关公故事图。武圣堂的飞檐斗拱与天山雪峰交相辉映，甚是壮观！武圣堂前，一颗巨大的祈愿树，汉族的祈愿红布条、藏族的五彩经幡、蒙古族的彩色哈达，在天山劲风的吹拂中上下翻动，祈祷着天山南北各族民众的平安吉祥。地处巴里坤的季节性口岸——老爷庙口岸，是新疆对蒙古国的重要通商口岸之一。名为"老爷庙"，是因为清代一家关帝庙就建在口岸处，现庙已不存，名气仍在。

从古到今，远离中原的巴里坤，为什么有如此深厚的关帝文化遗存？蒋晓亮说，巴里坤历来为丝绸古道重镇，商贾云集，且主要来自中原各地。商人从中原带来了关帝香火，影响了一代又一代人。蒋晓亮就是巴里坤清代八大商贾之一的后人。他说，政府已经做出规划，近两年将修复一座规模较大的关帝庙。

从巴里坤出发，西行300多公里，就到了奇台县。清代，关帝庙遍及新疆各地，府县城堡、村镇山谷、穷乡僻壤乃至驻军营地无处不有。因历经战火，又逢上个世纪六七十年代"文化大革命"，大多关帝庙已荡然无存。奇台县东地古村的关帝庙，又称乾隆大庙，是北疆地区保存完好的一座庙宇。大庙位于奇台县城东20公里，地处通往蒙古国的古驼道、东地乡十六村，故称东地大庙。

守庙老汉吕振国向我介绍,这片建筑群落清乾隆五十四年(公元1789年)动工兴建,乾隆五十七年(公元1792年)完工,1989年定为新疆自治区文物保护单位,属自治区文物局管辖。近几年,政府投资重建了山门、钟鼓楼、大戏台,占地达14000多平方米,其中关帝庙占地800多平方米。

关帝庙大殿门柱上,有楹联一副:德配天地千古圣,志在春秋一完人。大殿内,供奉关公、关平、周仓金身,两旁是三米见方的壁画,单刀赴会、夜观春秋、桃园结义等三国故事布局精密,画工细致,是清代中原汉文化传入西域的精品,堪称新疆庙宇之艺术瑰宝。

新疆奇台乾隆大庙前,生长着古榆树和艳丽的花儿

吕老汉介绍,上个世纪三十年代到中华人民共和国成立之初,大庙每年都要举行盛大庙会,其中农历八月十五中秋庙会最为隆重,延续四五天,几十里外的民众香客聚集东地,朝拜关帝,观赏大戏,各路商贾洽谈贸易,蒙古民众也赶来以物易物。

关帝庙前栉风沐雨300多年的古榆树苍劲挺拔,遮荫蔽日,为大庙增添了古老神秘的气氛。殿前种植八瓣梅、馒头花,花的名字不怎么优雅,花儿们却开得十分娇艳。

吕振国老汉是山西吕梁人,祖辈在唐朝就跟着驼队来到了天山脚下,他今年62岁,东地十二村人。平时,大庙两三人看管就可以,忙时需增加到八九人。

在新疆察布察尔锡伯族自治县,朱正明向锡伯族民众讲述世界关帝文化

天山延伸到数千里外的中国西部边陲,雪山环抱着一片美丽富饶的伊犁河谷。察布查尔锡伯族自治县,就坐落在伊犁河南岸。

锡伯族信奉关公始于清初。史料载,清太祖努尔哈赤对《三国演义》爱不释卷,三国故事在满洲贵族流行甚广。入关之后,凡清朝统治地区,都普遍建起关帝庙。随着清朝皇帝们御封关公到了至高无上的神圣地位,关帝精神逐渐融入锡伯族民众的日常生活。关公英勇刚强的性格,义重如山的品德以及桃园兄弟生死不渝的情谊,使锡伯族人民视关公为大英雄,推崇备至。

在锡伯民俗风情园,锡伯族姑娘吴晓敏向我们讲述了锡伯族西迁的豪壮历史——十八世纪中叶,清政府平定新疆准噶尔贵族叛乱后,于1762年在伊犁设立"总管伊犁等处将军",管辖新疆。数十年的战乱,伊犁人民流离失所,土地荒芜,牧场空旷,边防空虚,沙俄窥伺,警报频传。清朝政府深感忧虑,调迁英勇善战并懂得农牧技术的锡伯人西迁伊犁。

乾隆二十九年(公元1764年),清政府在沈阳等地征调锡伯官兵,连同眷属共5000余人西迁新疆伊犁戍边,这是锡伯族历史上的大事件,也是锡伯人远离故土的生离死别!锡伯官兵和家眷怀着对朝廷的无限忠诚,踏上西去的漫漫征途。他们历尽千辛万苦,历时一年三个月,终于到达新疆伊犁,组建锡伯八旗八牛录,开垦荒地,搭建家园,担负起保卫边陲安宁的重任。

无论在东北故土,还是西域伊犁,凡锡伯族聚居的地区,都建有关帝庙。伊犁河南岸的察布查尔锡伯族自治县,现仍存纳达齐、孙扎齐、依达齐、乌珠牛录四处关帝庙遗址,且都是新疆自治区文物保护单位。

听说走遍世界寻访关帝文化的摄影家到了伊犁河谷,察布查尔锡伯族自治县文物局负责人安素、文化广播电视局副局长永富良、伊宁市侨联主席安静等特地带着我考察现存的四家关帝庙。

纳达齐牛录关帝庙位于县城东2公里,这是中国西部保存较为完整的关帝庙宇。庙殿建于清光绪三十三年(公元1907年),占地面积24000平方米,建筑面积约300平方米,庙内原供奉关帝坐像,左右两侧有关平、周仓侍立,现塑像已不存,只留下空空神龛。正殿东西两壁上,绘制三国演义壁画24幅,每幅画面右上方都有锡伯文说明。这些绘画均出自锡伯族民间艺人之手。关帝庙完好时,锡伯族民众每年两次祭祀关公,一是农历五月十三日祭关公单刀赴会,再是六月二十四日纪念关公诞辰。

孙扎齐关帝庙位于县城西5公里,始建于清光绪十八年(公元1892年),现仅存大殿,庙殿门窗已荡然无存,庙内梁柱尚在,正面梁柱上悬挂"孙扎齐牛录关帝庙、新疆自治区文物保护单位"的匾牌。土台下不远处,就是孙扎齐锡伯民众的村落。

依拉齐牛录关帝庙位于县城西30公里的爱新舍里镇依拉齐牛录村北,建于清嘉庆五年(公元1800年)。现关帝庙大殿矗立于荒野,大门紧锁,房檐上精美的砖雕,展示着庙殿曾经的辉煌。

乌珠牛录关帝庙位于县城西 32 公里的爱新舍里镇乌珠牛录村，建于清道光七年（公元 1827 年），只留下大殿的木质框架，孤零零地耸立在白杨林中。这里，距哈萨克斯坦只有 20 公里之遥。

在察布查尔各地，我向锡伯民众赠送了《世界关帝文化》大型画册、世界关帝圣像、西藏关公唐卡等珍贵文化礼品。

寻访途中，县文物局安泰（锡伯族）向我透露了一个消息：新疆维吾尔自治区决定，2013 年对纳达齐牛录关帝庙进行修复，政府只恢复庙殿。关帝、关平和周仓塑像，要自己筹集资金，文物局一下子难以支付。

说来也巧，就在此时，我接到数千里外的沈阳德源集团崔玉晶董事长电话。我当即向崔女士讲述了纳达齐关帝庙即将修复但没有神像的讯息。崔女士在电话中说："这组老爷像我帮助做好，用铜铸彩绘的高标准，请锡伯族朋友们放心！"

是巧合吗？数千里外的一个电话，把锡伯族西迁的起点和终点连在了一起！

我们在福建仙游精心制作的关帝组像，第二年夏天已经托运到察布查尔，供奉在纳达齐牛录关帝庙；这座庙殿，同时升格为国家级文物保护单位。天山尽头的关老爷殿堂双喜临门，我心里美滋滋的！

时间到了 2017 年 6 月。我收到察布查尔锡伯族自治县政府办公室、县旅游局、县文物局《关于拟请协助察布查尔县竖立关帝像的函》，函中说："察布查尔县是中国唯一的锡伯族自治县。253 年前，为维护祖国统一，居住在沈阳的 1020 名锡伯族官兵携家眷 3275 人，不远万里，西迁新疆伊犁戍边屯垦，世世代代传唱着锡伯族挽弓守土的传奇。""2012 年，湖北省委统战部朱正明先生到访察布查尔，向我县锡伯民众赠送

新疆锡伯族乌珠牛录关帝庙遗址骨架，傲然屹立在中国与哈萨克斯坦边境

台湾台中圣寿宫董事长张真宪先生为锡伯族自治县关帝庙捐铸的关帝群像

中华关帝走进地球三极

《世界关帝文化》大型画册等珍贵关帝文化礼品。在朱正明先生帮助下,沈阳德源集团董事长崔玉晶女士为我县纳达齐关帝庙慷慨捐赠关帝神像,特致以最诚挚的谢意!"函中还说,"最近,察布查尔县已经完成孙扎齐牛录镇关帝庙的修复,拟竖立关帝坐像,请求帮助……"

当时,我正准备赴台湾,举办《走遍天涯访关公》台湾版首发式。在海峡对岸,我向台湾朋友讲述了中国政府推进丝绸之路文化复兴的故事,讲述了新疆天山深处的关帝文化风情,讲述了察布查尔关帝庙已经修复并期盼竖立关帝像。台湾中部最大的关帝庙——台中圣寿宫张真宪董事长听了我的讲述,说:"我愿意将圣寿宫关帝像,分灵

陕北榆林古长城遗址

到中国大陆最西部的天山脚下!"

从台湾回到大陆,我请福建工匠仿照台中圣寿宫关帝制作了泥塑,张真宪董事长十分满意。2017 年 11 月,关帝、关平、周仓铜铸群像从泉州运往数千里外的新疆天山深处……

陕西北部的榆林,是万里长城重镇。明长城在榆林地区蜿蜒数百公里,现仍存烽火台 200 多座。长城三大奇观镇北台,就巍巍坐落于榆林城北郊。70 年前,就是在这里,毛泽东吟诵了一首"望长城内外,惟余莽莽"的千古诗篇。

2016 年 9 月,我从武汉飞西安,再从西安转机飞往陕北榆林。我的老朋友、榆林市关公文化研究会会长任富福,驾着越野车到机场迎接,并带我走访参拜了长城内外几家颇具特色的关帝庙。最令我感动的是蒙汉民众共同祭拜关公的事迹。

在陕西榆林十三敖包关帝殿前，朱正明向任富福会长赠送《走遍天下访关圣》专著

榆林城西北 20 多公里的井克梁村，有一个金克山敖包，关公、成吉思汗和木华黎，同时供奉在这个殿堂，已有 100 多年历史。这里一年一度的传统庙会，吸引数千蒙汉民众参加。大家在关帝庙前赛马，摔跤，扭秧歌，唱大戏，祭拜英雄，比春节还热闹。任富福介绍，井克山的十三个敖包，最大的第十三敖包是成吉思汗的大将木华黎墓。十三敖包尽头，就是关帝庙大殿。关公、成吉思汗、木华黎几百年来在金克山被蒙汉民众共同祭拜，这是蒙汉一家亲、民族大团结的象征。

此前，我在北京历代帝王庙看到，大殿供奉的 79 位杰出文臣武将牌位，元代唯有木华黎一位。关公，却是历代帝王庙唯一有塑像的英雄帝王。榆林市对蒙汉历史颇有研究的薛春生介绍，木华黎(公元 1170—1223 年)是大蒙古国成吉思汗铁木真手下骁将，开国功臣。他以沉毅多智、英勇善战著称，40 年间追随铁木真，无役不从，辅佐铁木真统一蒙古诸部，战功卓著。1206 年被封为左翼万户长，为征金大元帅、太师、国王，代成吉思汗施行恩威。6 年征战，先后征服了金朝大部分国土。1223 年，木华黎在凤翔之战结束后的班师途中，病逝于今山西运城市闻喜县，时年 54 岁。1321 年，被追赠为开国辅世佐命功臣、太师、鲁国王，谥号"忠武"。木华黎墓历来被蒙古族民众尊称为"金肯巴特尔"，即"真正的英雄"。

关公出生的山西运城市常平村，与木华黎去世之地只有几十公里。在民间，人们早已将两人融合在一起。两人忠义勇武，都享后世祭拜。关公忠诚刘备，木华黎忠诚成吉思汗；关公武艺高强镇守荆州，木华黎智勇征服今黄河以北大半个中国；关公在中国及国外成为忠义化身的武圣人，木华黎是蒙古人世代祭拜的英雄……

明弘治五年(公元 1492 年)，榆林首建三义庙。随着榆林古城不断扩建，古城东西

中华关帝走进地球三极

湖北长阳土家山寨石板房，一道靓丽风景

南北都建起了关帝庙。榆林境内的明长城，沿线36座军事城堡，几乎都建了关庙，在州县乡村，更是少不了关帝殿堂。据榆林市关公文化研究会最新统计，全市现存大小关帝庙286座。每年春秋两季，各地纷纷举办庙会和物资文化交流，民众以关帝庙为中心，上香许愿，布施抽签，举办展览，期待生活一年更比一年强。

湖北长阳土家族自治县，山清水绿，人杰地灵。上个世纪七十年代末，青年画家汪国新到长阳清江河畔写生创作。县文化馆安排几位土家姑娘当模特。一位亭亭玉立的土家族大姑娘，令汪国新眼前一亮！后来打听，这姑娘名叫郑桂兰，能歌善舞，还是美女作家。呵呵，这下，汪国新经常去长阳写生画画，有事无事找郑桂兰拉家常。两人越来越熟，越来越互相离不开，加上汪国新满腹经纶，诗书画自成一家，他们很快成了一家子，很快有了两人合作的优质产品：汪汀。

汪国新和郑桂兰在外多年打拼，满世界跑，都成了知名人士，心里却都装着家乡，装着他们热恋的那片土家山水。他们梦想建造一座诗书画博物馆，地址首选土家族长阳。

汪国新诗书画院在长阳开馆

2012 年 12 月 12 日上午，汪国新诗书画院开馆庆典，在长阳土家山寨清江古城举行。全国政协副主席陈宗兴发来贺信。湖北省政协常务副主席李佑才，农工党中央秘书长陈建国等赶来参加庆典。开馆仪式上，汪国新向长阳土家族自治县赠送书画新作《旗开得胜》，他感叹"长阳是自己的艺术之根、生命之根、爱情之根"。汪国新计划在北京、武汉等地打造五个诗书画院，并在韩国、英国、西班牙、意大利等国成立诗书画院分院，

云南昆明西山之巅石窟内的关公

立志把关公文化乃至中华文化传播到世界各地。

开馆仪式上，北京燕山红文化集团董事长、土家女儿郑桂兰发表深情演讲：我与关公文化有缘，与清江河有缘，与龙年有缘……

昆明企业家关建生在企业创办"三国园"

云南，居住着 25 个少数民族。2001 年 6 月中旬，云南《滇池晨报》刊登了人物专访《摄影家走遍世界访关公》，整版介绍我在世界寻访关帝文化的故事。当天，我两次接到关建生从昆明打来的电话："看到介绍您的大作，我非常兴奋！我是关家第 61 代后裔，准备在昆明兴建关帝文化博物园。我想马上见到您，最好您能抽出时间

中华关帝走进地球三极

飞到昆明！"关建生的父亲是河南许昌人，年轻时南下昆明，至今家中仍保存着《关氏家谱》，并在公司大堂建起了三国园。关建生有自己的木材加工、温泉浴场、音乐茶座等企业，在昆明小有名气。

为拜访这位关氏后裔，我飞到昆明，仔细看过关建生珍藏的《关氏家谱》。家谱正文之前，有"圣祖像""汉寿亭侯印""圣祖垂训""圣祖风雨竹诗""历代敕封"等珍贵史料。这本家谱，地跨大江南北，时跨上下几千年。和其他地方的《关氏家谱》记载一样，关公生子关兴；关兴生子关统、关彝；关彝生子关朗；关朗生子关康；关康生子关播。关播（唐德宗年间）的后面，直到清代才有后续。这近千年的空白，若想一辈辈考证，谈何容易！我对关建生说："中国有如此多的关家后人认关公为先祖，说明关帝'忠义仁勇诚信'精神的凝聚力，这就足够了！"

第二天，关建生带我来到昆明滇池的西山风景区。西山峭壁之巅，石窟内精工细刻一尊关公。与石窟连成一体的关老爷，面朝东方，每天最早迎滇池朝日，沐万顷彩霞，享南国善男信女谒拜，真够潇洒的了！

8年后再到昆明，我们一道赴澄江寻找关三小姐古墓。据传，关公女儿名关凤，民间又称关银屏，生来美丽聪慧，18岁就学得一身好武艺。东吴曾派人向关家求亲，关家父女都不同意。后来关公大义失荆州，关凤只身逃往成都投奔刘皇叔。几年后，南部地方势力抗拒蜀汉，诸葛亮南征时，起用俞元县（今云南澄江县）李恢共同南征平叛。李恢的儿子李蔚年轻英俊，勇武过人，深得诸葛亮赏识、诸葛亮亲自做大媒，将等同于公主身份的关凤许配于李蔚。关凤不愧是将门虎女，深知民族大义和国家利益，毅然远嫁到尚未开化的边疆地区。

在云南澄江县寻访祭拜关三小姐古墓

关凤随李恢父子南征，立下大功。战争结束后安家古澄江，与澄江民众和睦相处，亲手教澄江各族民众纺织耕种，读书识字，远

云南澄江县抚仙湖畔的仙女塑像

近乡村父老都很敬重关凤，亲切地称她为"关三小姐"。关凤在澄江十分思念故乡，每天清晨登上金莲山，边梳洗，边遥望北方，遥望远在天边的荆州古城，眺望云贵高山。

至今，金莲山仍存关三小姐梳妆台。

关三小姐古墓，坐落在澄江县旧城村的金莲山上。这是一片大气磅礴的山水，金莲山下不远处，就是远近闻名、碧波万顷的抚仙湖。在这片东汉古墓群中，关三小姐墓最醒目。循古墓道拾级而上，墓前有块一米多高的石碑，碑两侧镌刻墓联："墓近圣人宫，父女相睽祗数武；神游荆襄界，魂魄

云南大理，云雾萦绕在苍山洱海之间

长恨于千秋。"墓碑中央镌刻"汉忠臣兴亭侯子李蔚、寿亭侯女关氏三姐之墓"碑文，古碑重刻于清宣统二年（公元1910年）三月，由阖邑士庶敬立。当地老人回忆说，过去墓尾还有一副石刻楹联："有骨人间藏，万古香馨金莲土；随君天上去，一家同住斗牛宫。"此墓是关三小姐与夫君李蔚的合葬墓，民间一直称"关三小姐墓"，现为云南省玉溪市文物保护单位。

2009年6月8日，是云南大理武庙开光盛典的日子。我们应邀来到大理，住在苍山洱海之间。这天清晨6点刚过，我推开窗扇，被眼前的景色震撼：苍山之上，正升腾起绚丽的彩虹，苍山缓坡层层叠叠的大理古城，一片温馨祥和。

我没来得及洗脸，抓起摄影包就朝大理武庙狂奔！来到武庙大殿前，一道横跨苍山的彩虹，正好升腾在武庙大殿上空！来不及多想，抓起相机就是一阵猛拍！拍了10多张，才开始思考构图角度近景光线等因素。

大理武庙中，白族村落的63尊保护神与关帝供奉在一起，形成大理武庙独特的民族文化特色。白族村寨的保护神称"本主"，大理近2000个村寨，有

云南大理武庙供奉的关帝金身

中华关帝走进地球三极

1000多个本主庙,村民不论升官发财,或疾苦病痛,或生儿育女,都要去本主庙祈求保佑。每逢本主诞辰,村寨都要贡猪献羊,举行盛大祭祀活动,庆祝本主节。届时,村民用轿子将本主从庙殿迎出,到所辖村庄巡视一周,唢呐高奏,锣鼓喧天,凤辇龙舆,前呼后拥,沿途香火祭祀,俨然皇上出巡。村里还耍狮舞龙,热闹非凡。

大理武庙已有600多年历史。大理学院民族文化研究所研究员张锡禄对我说:"大理武庙是世界上独一无二的兼具区域性和民族性的特色武庙。中国内地山西运城、河南洛阳、湖北当阳三大关庙的香火经过千里相传,合三为一,在大理武庙融为一炉。这寓意中原的关帝文化经过千里传承后来到大理,更预示着关帝文化与大理白族的本主信仰文化在大理武庙相互交融。"

这次被邀请来大理的嘉宾,有胡小伟、崔玉晶、关建生、关志杰等。在大理,我们出席了武庙开光盛典,参加了关公文化研讨会,还乘坐索道进入苍山之巅,在苍松间的盘山小道漫步,乘船畅游洱海,游船上领略白族姑娘"一苦二甜三回味"的三道茶表演,聆听白族姑娘宛如天籁之音的吟唱。

地处云贵高原的安顺,少数民族蜡染被誉为"东方第一染"。安顺蜡染历史悠久,已传承2000多年,如今故宫博物院仍珍藏有十一至十七世纪的贵州蜡染。

贵州安顺武庙大殿一侧,展示苗族布依族蜡染关公财神图

贵州苗寨姑娘,个个能歌善舞

2012年,我和几位台湾朋友赴贵州考察少数民族传统文化,来到安顺武庙。整个武庙,给我留下最深印象的,是大殿两侧墙面上的两幅蜡染精品,一幅是巨大的关帝财神图,一幅是宋代岳飞亲笔题写的《前出师表》。大殿后侧,还有国家非物质文化遗产刘关张安顺戏面具。

安顺朋友告诉我,蜡染在安顺苗族布依族妇女中颇为盛行,制作流程先是选料,再是浆布、熔蜡、点蜡作画、染色、脱蜡、漂洗晾干。图案分为自然纹和几何纹,冰纹是传统蜡染特征。看过许多苗家蜡染作品,我感觉,蜡染是云贵高原人敬仰向往的心灵符号,展现了苗族布依族人对幸福的渴求,对生灵的珍惜。蜡染就像一条纽带,把不同时代、不同民族的人们联结起来,形成华夏民族独特的民俗民风。

在安顺武庙,我对庙堂师傅说:"建议你们以安顺蜡染为载体,制作出具有民族特色的关公故事图,成为海内外关帝文化的一大亮点,成为人们游览云贵高原的珍贵礼品!"

安顺武庙始建于明洪武十五年(公元1382年),原名汉寿亭侯祠,后改称关帝庙,清康熙五年(公元1666年)改建为武庙。庙殿坐落在安顺市区中华东路,坐北朝南,占地4000平方米,规制齐备,布局精致。1999年,武庙列入省级文物保护单位。

安顺境内,三国文化遗迹遍布。建兴三年(公元225年)春,诸葛亮率军南征,在南中(今安顺以西、云南东部)一带七擒孟获。这里还有中国唯一用三国历史人物命名的关岭县,紧挨着著名的黄果树瀑布。关岭,即关索岭的简称。民间相传,关索是关公的第三个儿子,荆州失陷后逃难在鲍家庄养病,伤势痊愈后入蜀,正赶上诸葛亮南征,被拜为前部先锋一同向南,镇守关索岭,屡立战功。这条滇黔古道,留下了关帝庙、太子阁、关索洞、晒甲山、双泉寺、马刨井、诸葛营、孔明塘、孟获屯、鲍三娘山等三国时蜀汉南征的遗迹。

广西恭城,一年一度的关帝沐浴日,瑶家儿女为关老爷和周仓、关平虔诚擦洗灰尘

广西恭城,有一座颇具特色的瑶族关帝武庙。恭城瑶族自治县距桂林108公里,在2100多平方公里的土地上,生活着近30万民众,且大多为瑶族父老兄弟。这片土地,70%以上是灵秀的山水风光,山体呈自然的流线形,满目葱绿,山脚下,有清澈的流水环绕,还有层层叠叠的稻田,再加上独特的瑶族山庄点缀其间,比画中还美。走进恭城,只要你举起相机,闭着眼睛也能拍摄出美美的图。

在广西恭城敲响瑶山大鼓，朱正明祝福瑶寨儿女吉祥安康

恭城文庙和武庙，就坐落在这山水之间。恭城武庙始建于明万历三十一年（公元1603年），至今已有400多年历史，现属国家重点文物保护单位，占地2250平方米。戏台、雨亭、前殿、正殿、后殿依次设置在中轴线上。大殿神龛供奉关公坐像，还有一尊庙会巡游神像。神龛两旁辅以关平、周仓、王甫、赵累四将立像。

每逢初一、十五，瑶家山寨的男女老幼，怀揣美好愿景，一拨又一拨来武庙祭拜，殿内殿外，处处是流动的鲜花，流动的香火，流动的色彩，流动的笑脸。一年一度的关公文化节更是盛况空前。2016年，县政府首次邀请海内外专家、学者出席瑶家山寨关公文化节，山西、河南、湖北、四川、马来西亚等地区和国家的专家学者慕名组团前来。

6月15日上午9时，武庙大殿隆重举行罕见的关帝沐浴节。随着震耳的鞭炮声，在雄狮队引导下，数十位武生身着大红服饰，走进武庙，虔诚地向关老爷三跪九拜，然后抬来柚子叶水，为关老爷和众神像沐浴。神龛下的人们快速把毛巾清洗拧干，甩向神龛上的师兄。一时间，毛巾如穿梭般在大殿上下飞舞，只用了10多分钟，关帝群像已经洁净如初。沐浴完毕，众人向关帝上香跪拜以示崇敬。这天中午，武庙内外设宴100多桌，为关帝暖寿，参与关帝庙会捐款的各族民众聚集同饮，共庆关公诞辰。

15日夜，文庙和武庙之间的文武广场，隆重举行"恭城油茶万人狂欢夜"，舞台正中，一幅巨大的关公图格外醒目。瑶族山寨的男女老少穿上节日盛装，早早聚集在广场四周。入夜，宽敞的舞台上跳起瑶家歌舞，瑶乡的姑娘小伙，还有从山外请来的明星大腕，一浪接一浪地上台高唱瑶家山歌，跳瑶族歌舞，成千上万的民众挥手起舞狂欢，高潮处，燃放的焰火照亮了瑶山夜空，全场又是一片欢腾。不巧，节目表演不到一半，空中落下小雨，突然又不知怎么停了电。出了这种大状况，却没有一个人离场，数分钟后，彩灯亮起，全场又是群情激荡。夜深了，广场内外载歌载舞，国际友人也汇入瑶族队伍翩翩起舞,融入这欢乐的海洋。

我久久站在武庙大殿,细细观察庙殿设施和神像。武庙大殿和拜殿之间,有一个长形的香炉,说是香炉,实际上没有炉,只是用砖块在地上砌了个两三丈长、七八尺宽的护栏。上香的民众一阵阵涌进来,把拜殿和大殿挤得满满当当,香火太旺,火力太猛,大家只能把手里的香抛进"香炉"。人群一阵阵涌来,香火一层层叠加,没有燃透,甚至还没有燃烧,又被另一层香火盖住。火越燃越大,腾起两三人高的火苗,直往大殿屋檐上蹿。安保人员只能手持高压水枪,往大殿屋檐上喷水,以免发生火灾。这旺盛的香火,从清晨一直持续到深夜,直到凌晨三点……

次日清晨7点半,恭城武庙举行了庄重的祭祀仪式。随后,众人簇拥着关帝圣像走出武庙,开始期盼已久的大巡游,40多个方阵浩浩荡荡,街道两边人山人海。关老爷所到之处,瑶族群众摆上猪牛羊三牲和各种水果迎接,并按当地习俗敬献酒水、油茶供巡游队伍和游客解渴。当天巡游行程8公里,历时3个多小时。

年过古稀的恭城关帝庙理事长罗来瑞,这几天声音都忙哑了。从1995年到2016年,他主持了21届关帝庙会。"小时候最盼望的就是逛庙会,不仅家家户户做好吃的,还能看到热闹的关公巡游。"罗来瑞说,"恭城的瑶族、壮族和汉族,都十分敬奉大神关公。恭城的关帝庙有好几座,除了县城的武庙,在莲花镇、栗木镇、西岭乡、龙虎乡都有武庙。""今年适逢大庆,估计有10万民众参加,创下了历年关帝庙会之最,我们100多名理事会员全部上阵,还是忙不过来。"

恭城瑶家的淳朴民风,热情服务,不仅使国内游客流连忘返,外国友人也赞不绝

海南海口武圣庙供奉的巡游关公

口。德国游客露西娅说:"恭城人热情好客,不仅地域文化丰富,而且饮食独特。我之前不了解关公,看了这次庙会,对关公知道了许多,产生了浓厚兴趣。我在恭城的日子过得真快乐!"德国姑娘拉娅说:"我已经在恭城住了10个月,非常喜欢这里,尝过恭城油茶之后,更是对这种特别的油茶情有独钟,还学会了做油茶,回到德国后,我要做给

家人和朋友品尝。"

在海南省关公文化研究会会长黄喜得陪同下，我们驾着越野车，循着东线海岸，穿行于椰林海风之中。离三亚还有几十公里，我们在海棠区铁炉村黎族村民董文利家中，见到一个奇特现象：他家正堂，规规矩矩摆放着供桌，还有蜡烛、香炉等祭器。供桌之上，没有供奉任何神灵和祖先排位，只在正墙上贴了一张艳艳的大红纸。董文利说，每月农历十六，他都率领家人，为心中的神灵祖先敬酒上香。

三亚槟榔谷，是远近闻名的黎寨，位于五指山脉的甘什岭自然保护区，两侧森林茂密，中间一条连绵数公里的槟榔谷地，故称槟榔谷。在黎族村寨，我们观赏了一台特色浓郁的黎族民俗歌舞。攀藤射箭、织锦舂米，吹树叶跳竹竿，令我们不断拍手称好。黎族人能歌善舞，每逢喜庆佳节，黎族男女要相互对歌或载歌载舞通宵达旦。每年农历三月三是黎族的传统节日，海南的黎族人都要举行隆重的庆祝活动，三亚最为热闹，而海南中线一带最具原始特色。

在黎寨的椰林深处，我遇上一群表演黎族歌舞的姑娘小伙子。我想，这是向少数民族青年传播关帝文化的机会！我从旅行包取出关公像，捧在手中，开始现场直播："中华民族有两位圣人，一位是文圣孔夫子，一位是武圣关老爷……"

海南三亚黎寨，朱正明向黎族青年讲述关公故事

在长江南岸的中南民族大学，朱正明向党委书记、博士生导师陈达云赠送关帝文化画册

15

五岳三山
苍松岩壁端坐关帝老爷

东岳泰山关帝庙大殿

中华大地,有许多名山大川,人们最津津乐道的,还是三山五岳。东岳泰山,西岳华山,南岳衡山,北岳恒山,中岳嵩山,听名字就令人为之一振。

咱们先说东岳泰山。海内外许多关帝殿楹联,把文圣孔子和武圣关公联系在一起,把山东和山西联系在一起,情趣益然。

请看湖北当阳关帝古陵的一副楹联:

先武穆而神,大汉千古、大宋千古;

后文宣而圣,山东一人,山西一人。

再看台湾新竹关帝庙一副楹联:

山别东西,前夫子,后夫子;

圣分文武,著春秋,读春秋。

还有:

一座泰山,分开了山东山西;

黄河两岸,孕育了文武二圣。

……

中华关帝走进地球三极

早就听说泰山脚下有一座关帝庙。我想，这五岳独尊的泰山，关帝殿堂肯定不同凡响！那年，带着儿子走遍了山东半岛，我们又来到泰山脚下。

五岳独尊的泰山，被誉为东方文化的缩影，她是历代封建帝王持续营造的皇家园林，积淀着中国2000多年的历史精髓，已列入世界自然文化遗产。泰山的"开山第一庙"就是关帝庙，是人们徒步登临泰山的起点。关帝庙坐落在岱宗坊之北，是当年孔夫子登临泰山的起点，关帝庙大门前不远处，就是赫赫有名的古牌坊"孔子登临处"。

泰山关帝庙依山而建，自下而上排列着影壁、山门、戏楼、拜棚、崇宁殿、厢房、诗竹园、后殿。大殿内，供奉着关圣帝君，两旁有关平、周仓，塑像栩栩如生。大殿对面的山门之上，还建有戏台。关帝庙内，古柏石碑举目皆是。山门内的龙凤槐，又称鸳鸯槐，相传为唐高宗和武则天封禅泰山时所植，龙槐凤槐枝叶牵挂，龙盘凤舞；大殿之后的"汉柏第一"，相传为汉武帝封禅泰山时所植，如今树干仍苍古横卧。

泰山关帝庙为明代盐当两行的山西客商捐资兴建。公元1748年，登基13年的乾隆皇帝南巡，被泰山的壮美深深感动，为泰山关帝庙赐额"神威巨镇"，如今仍高悬于大殿之上。我想，徒步登临泰山的游客，最好先在关帝庙上炷香，再沿古道登山。这样，肯定能充足您登山的底气，鼓足您登山的勇气。

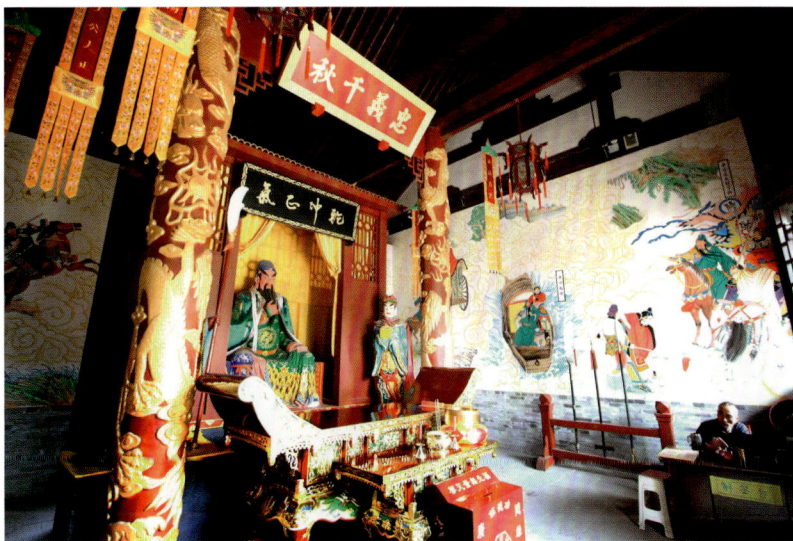

西岳华山关帝庙大殿

西岳华山，令人仰望，令人敬畏。

我曾三次攀登华山。华山南接秦岭，北瞰黄渭，自古有"奇险天下第一山"之美誉。2016年，我再次来到西安，与电视剧《三国演义》的关公扮演者陆树铭、福建省海峡关公文化发展促进会会长甘毅雄、陕西省人事厅张汝舜一行聚会。听说华山脚下的关帝庙已经恢复，第二天，我们驾着跑车，直达华阴。

关帝庙位于华山脚下的岳庙步行街，始建于明万历年间，占地约40亩，为省级文物保护单位。山门坐北朝南,墙柱上砖雕精美。山门立柱有国民党元老于右任先生所书楹联"忠义二字团结了中华儿女,春秋一书代表着民族精神"。山门两侧两个巨大的"忠义",苍劲有力,再两侧为关平、周仓扮作门神的彩绘。

山门内,是古朴的忠义石牌坊。生长在华山脚下的导游姑娘小党告诉我们,牌坊建于清道光年间,高7米,宽6米有余。正面有花鸟人物和竹林七贤故事,刻有楹联"两间正气生夫子,一点真心作圣人",横批为"此之谓大丈夫"。背面有双狮斗宝、双凤朝阳浮雕,并镌刻"忠义""义重如山"等。

关帝庙大殿正门上方,高悬"神勇"御匾,疑似庙殿修复时从山西解州祖庙仿制而来。大殿楹联曰:乃圣乃神乃武乃文扶四百载承尧之运,自西自东自南自北如七十子服孔之心。大殿正中端坐关公,关平、周仓侍立两旁。两侧有大型壁画桃园结义、三英战吕布、白马解围、单刀赴会、千里走单骑、义释曹操等。这里每年农历六月二十二日举办关公庙会,为山上山下海内海外民众祈福。游客在攀登华山之前,在关帝庙上上香,定定神,鼓鼓劲,再一鼓作气攀爬西岳,多好!

南岳衡山之巅上封寺,当年蒋介石曾在此抽签

再说南岳衡山。2017年春节期间,带着儿子和妻子,从江城武汉乘高铁向南,直达衡山西站,乘坐10多分钟的越野车,来到衡山脚下。

朋友介绍,南岳山门外的祝圣寺,是衡山的龙头所在。登山前,我们赴祝圣寺礼拜。进入寺庙山门,几棵参天大树,覆盖着中轴线正中的天王殿。轻轻步入天王殿,正中供奉的,并不是其他寺院常见的弥勒佛,而是一尊威武的关帝爷,两边的四大天王,簇拥着关帝,都那么栩栩传神。关帝背后,是韦陀菩萨。

这是衡山佛教界的一大创造。有了关帝,有了忠义,有了诚信,还担心没有笑眯眯的心情吗?所以,南岳佛教协会所在的祝圣寺,干脆把弥勒佛给省略了。

当天下午,我们乘考斯特,沿着蜿蜒的山路上山。一路上,取名优雅的书院,矗立在南岳的苍松山岚之间，看得出，衡山是一座儒风浓烈的宝地。伫立衡山，我想到了山下不远处的长沙岳麓书院。建于北宋的岳麓书院，传承为今日湖南大学。开国领袖毛泽东，就是在书院外的橘子洲头，写下了"问苍茫大地，谁主沉浮"的千古名句……

车到南天门，浓雾弥漫，浓得浩荡的天风也化不开，什么都看不见。我们只有住在南天门财神殿宾馆，守候第二天的晴日。次日我们从南天门出发，徒步登山。在山巅附近的上封寺，我把随身携带的《世界关帝圣像》台历，恭敬地赠送给寺院的传觉师父，让世界各地的关老爷，永久驻驾在南岳衡山之巅。

让我们从历史回到今天。南岳山巅的树挂，冰清玉洁，让我们激动了好一阵子。此时的峰顶能见度，也只有百米左右，给我们留下了朦胧中的神秘。

南岳儒佛道共尊关公，最典型的要数山下的南岳大庙。占地98500平方米的南岳大庙，中轴线左边，是西八寺，全是佛教寺院。中轴线右边，是东八观，全是道教宫观。中轴线上，则是儒生们精心管理的御书楼。儒佛道在同一座庙殿共尊共荣，在海峡两岸罕见，在世界各地也是罕见！

细细想来，儒佛道三教在根基上并不相违。佛教主张向善，福报因果；儒家讲究仁爱，勿以善小而不为；道家主张上善若水，厚德载物。无论是儒道佛，还是大众民俗文化，终究都是引导民众苍生向善向真向美。还有，儒家讲究人伦之和，佛家讲究众生之和，道家讲究天地之和，"和"是中华传统文化的核心内容。巍巍南岳，开放豁达，儒佛道和谐共处，真好。

北岳恒山，位于山西大同市浑源县城南10公里，天峰岭海拔2016米，被誉为"人天北柱"。恒山岩石裸露，沟谷纵深，落差千米，横跨塞外，古时许多帝王名将在这儿驰马征战，至今许多关隘城堡遗迹犹存。

几年前的金秋时节，我和儿子从江城武汉出发，乘火车一路向北，来到恒山。我们相互鼓劲，攀上一个又一个山峦。在苍松悬崖之间，曲径通幽之处，静静伫立一座红墙黄瓦的关帝宫，让父子俩激动不已！殿堂虽不大，却样样俱全：关帝金面长髯，身着绿袍，端坐于神龛正中，不知哪方信众，为关老爷献上了金红披肩，加上满墙金黄背景，显得神圣而飘逸。神龛两侧，侍立关平、周仓等文臣武将，再两侧的墙壁上，是满壁的关公故事图。殿外，天风浩荡，殿内，温馨祥和。在北岳恒山的怀抱里，能静静地伫立在关老爷面前，回望来时云霞，仰望湛蓝高天，别有一番情趣。

天下奇观悬空寺，是北岳恒山的点睛之作。悬空寺始建于1400多年前的北魏王朝，亭台楼阁距谷底约50米，建筑颇具"奇悬巧"之特色。悬空寺内，有

晋北大同古城

北岳恒山关帝殿，掩映在苍松悬岩之间

北岳恒山悬空寺

朱正明父子俩裹着棉大衣，在西岳华山守候日出

神像 80 余尊。关老爷稳稳地端坐寺内悬壁，因年代久远，关帝的长髯已经不存，只留下安装胡须的小口，裸露在嘴唇周边。走遍世界各地，没有胡须长髯的关公，在悬空寺第一次看到。

稳实、高峻、深沉、纯净，是山的性格。我崇尚山的性格，也期待自己的儿子有这种品质。儿子上初中的时候，我带他攀登了秦岭深处的华山。

儿子中学毕业，考取了新加坡莱佛士书院国际奖学金，作为老爸的奖励，我带着儿子，在 1988 年 8 月 8 日来到安徽黄山。黄山的俊秀，黄山的云雾，黄山的苍松，在黄山之巅遥望东方日出的神圣，在天都峰顶见到绚丽佛光的神圣，令父子俩心胸有天风激荡。从黄山下来经过的那片竹海，更是让人难忘：山风阵阵，竹涛滚滚，满眼滴翠。黄山竹海的弯弯小路旁，一家小小餐馆，房子用竹子搭成，桌子用竹块拼成，凳子用竹条编成，水杯就是竹筒，饭碗就是竹节。拿到菜谱，哈哈：清炒竹笋，凉拌嫩笋，腊肉红烧黄山脆笋……偎着竹桌，握着竹筷，端着竹碗，品着竹笋，望着竹海，听着竹涛……

过了几年，儿子从新加坡回国，我们选择了攀登泰山。上山前，在山门之处的泰山关帝庙，我们虔诚地为关老爷上香礼拜。五岳之尊的泰山，稳实挺拔。我们邀约一位当地小伙子，帮我们背行囊，拍录像。我们没有选择索道，而是和以前一样徒步登山。漫步云雾缭绕的天街，回望走过的在云雾里时隐时现的山道，父子俩肩并肩，走向更高的峰顶。

中华关帝走进地球三极

几年前,利用休假,我又带着儿子来到文化底蕴深厚的庐山。庐山是田园诗的诞生地,山水诗的策源地,山水画的发祥地。这里还保留着完好的英美德法等25国风格各异的别墅千余栋,称得上历史悠久的世界村。在庐山,我带着儿子,儿子带着我,走遍了山上山下许多好去处,那苍松,那瀑布,那云海,那山路,那小屋都令人难忘。

几年前,我又带着儿子,乘火车一路向北,过雁门关,直达晋北大同,攀上北岳恒山,然后继续向北,在内蒙古大草原上,纵马驰骋。

我还有个心愿,带着儿子走遍三山五岳之后,再循着天路,到西藏去,遥望喜马拉雅,走近珠穆朗玛,领略世界屋脊的崇高,感受雪域高原的纯净,赴西藏定日县岗嘎山珠穆朗玛关帝庙静静朝圣。

儿子朱墨登上黄山天都峰(1988)

父子俩在庐山(2011)

父子俩来到内蒙古达拉特旗草原策马扬鞭,感受大草原的辽阔深邃(2015)

16

薪火相传
北京殿堂领取特别贡献奖

2022 年北京举办《中国关帝文化》专著首发式，朱正明向胡德平先生介绍世界关帝文化风情

全国政协原副主席王文元为"关公文化特别贡献奖"获得者颁奖

2002 年，我赴北京请胡德平部长为《中国关帝文化》专著写前言，来到胡部长家里。胡部长位于北长街的家很特别，大门出来，是故宫的红墙；后门出去，是神秘的中南海大院。这里是前任中共总书记胡耀邦同志的家，耀邦主席全身像仍摆放在客厅正中，令人肃然起敬。

这年金秋，《中国关帝文化》专著在中国画报出版社出版，12 月在北京举办新书首发式。全国政协副主席孙孚凌，中央统战部副部长胡德平等领导亲临现场，23 家海内外主流媒体现场采访。首发式上，德平部长用一个多小时，生动讲述了中华关公诚信文化。他说："中国的历史故事，哪个最打动人呢？还是关公的故事。在中华传统文化上，在道德情操、伦理道义领域中最具信义者就是关公。商人把关公的信义当作至关重要的商业信用、信条予以崇奉。信义、信用、信誉是一切商业活动最基本的道德规范。""我们很多华侨，孤身一人奔向海外，投靠自己的亲友，或者自己开辟一个新的天地的时候，他们需要一个精神的支撑，需要一种乡情的维系，关公文化已经成为连接海内外华人的纽带……"

北京人民大会堂隆重颁发"关公文化特别贡献奖"(2011年)。左起：罗哲文、关英才、谢辰生、胡小伟、朱正明、颁奖嘉宾张润香女士

2011年11月28日，中国北京华灯初上，人民大会堂格外庄重耀目。全国政协原副主席王文元、中国文物保护基金会理事长马自树、中国文物保护协会荣誉主席谢辰生、中国文物保护协会主席罗哲文以及海内外专家学者、企业家150多人，聚集人民大会堂澳门厅，向弘扬关公文化和文物保护作出突出贡献的谢辰生、罗哲文、胡小伟、关英才、朱正明、孟海生等六位专家学者颁发"关公文化遗产保护与发展特别贡献奖"。

基金管委会负责人张润香女士介绍了获奖者情况：

谢辰生先生是中国文物界著名专家，中国历史文化名城专家委员会委员，为文物保护奔走呼号，无怨无悔，曾获得"中国文化遗产保护终身成就奖"。他为修复北京西四北护国双关帝庙，不顾90岁高龄，亲临现场考察，提出抢救方案。

罗哲文先生是中国古建筑学家，中国文物保护学会会长。50多年来，他为保护文物艰难奔走，多方努力，亲自考察了中国99个国家级文化名城，亲临现场考察北京西四北护国双关帝庙，致信有关领导进行抢救性保护，同时解决民生问题。

胡小伟先生是中国社会科学院研究员，多年研究关公文化，遍访大中华范围各种关公崇拜遗存及现象，著有多册200余万字的关公文化专著。

关英才先生是文莱侨领。为弘扬关公文化，90高龄的关老先生奔波于台港澳及海外，广结良缘。他慷慨解囊，济困扶贫，还投资建校，捐资开办关氏图书馆，为海外兴建关帝庙筹集资金。

朱正明先生供职于湖北省委统战部，28年行程33万多公里，遍访亚洲、美洲、欧洲、非洲，拍摄万余幅展现世界关帝文化的珍贵图片，出版了《关公圣迹》《世界关帝文化》《世界关帝圣像》等大型画册和专著。应邀在海外多次成功举办"世界关帝文化摄影展"。朱正明八进西藏，寻访并推动恢复关帝庙殿；四进非洲，促进恢复莫桑比克首都关帝庙。

孟海生先生系山西省运城市政协原常委。"文革"期间"破四旧"，当地红卫兵提出

"砸烂解州关帝庙"，时任该校红卫兵委员会副主任的孟海生反对砸庙，并率同学一日四班岗，坚持40多天，保护了解州关帝庙和常平关帝祖庙。20多年来，他悉心研究关帝文化，发表论文、影视、剧目500多万字，积极推动当地关公文化发展。

三年后的2015年，我撰写《走遍天涯访关公》书稿，回望这次颁奖，俨然是一次"文物抢救"——

颁奖后数月，罗哲文先生离开了我们。
颁奖后一年，孟海生先生离开了我们。
颁奖后两年，胡小伟先生离开了我们。
颁奖不到三年，颁奖嘉宾王文元副主席离开了我们。
2021年9月，关英才先生离开了我们。

北京景山关帝庙卡通关公

北京历代帝王庙大气磅礴的雕梁画栋

唉！弘扬中华关帝文化的事业，还要继续，还要发展，薪火相传，任重道远……

在北京，我们参拜了历代帝王庙，位于北京中南海西侧不远处的阜成门内大街。帝王庙内，历代帝王们只立了一个小小的牌位，而唯独关公不但有塑像，还单独设立庙殿。

中国历史上设立帝王庙，早在明朝之前。唐天宝年间，玄宗就在京城长安为三皇、五帝、周武王、汉高祖分别建庙祭祀。帝王庙冠以"历代"二字，则是朱元璋在明朝初年创建的。朱元璋以文化祭祀为切入点，在南京创建历代帝王庙。明永乐皇帝迁都北京后，在京城新建历代帝王庙，嘉靖十一年（公元1532年）在阜成门内大街建成，只设神位不立塑像。

纵观明清两朝，乾隆皇帝对历代帝王庙贡献卓越。他25岁到75岁稳居皇位，曾6次亲临历代帝王庙祭祀，10多次为帝王庙颁布谕旨。明朝开国皇帝朱元璋确定祭祀18位帝王，清朝顺治皇帝定都北京后确定为25位。乾隆几经调整，最后将祭祀帝王确定

中华关帝走进地球三极

北京居庸关关帝殿

北京历代帝王庙供奉的关帝金面塑像

为188位。从明嘉靖十一年至清末的380年间,北京历代帝王庙共举行了662次祭祀大典。

关帝庙位于历代帝王庙西南,形成"庙中庙"奇观。在帝王庙建筑群建关帝庙,是借助忠义仁勇的关帝来镇恶辟邪,护卫先帝万民。还有,关公曾被众多皇帝尊崇为帝圣,若按功臣名将的身份排位,把

北京前门关帝庙大殿

关帝供奉在东西配殿显得待遇不公;若按帝王身份供在大殿,又有点于礼不合,只有为关老爷单独建庙。为此,西配殿中的武将只有39位,比东配殿的文臣少了一位,这一位也许正是关公。

近几年,随着大力复兴中华传统文化,北京天安门前不远,恢复了前门关帝殿;故宫后门外的中轴线上,恢复了景山关帝庙;长城之上,重建了居庸关关帝殿……

在居庸关长城关王庙前,海内外嘉宾打出"走遍天涯访关公"的条幅

17

八进台湾
中华关帝文化枝繁叶茂

台北象山之巅，俯瞰夜之璀璨

台湾，与我相思相望半个世纪。上世纪八十年代初，我做对台工作，见证了海峡两岸从炮火硝烟走向和谐发展的历程。

上世纪六十年代，台湾海峡仍充满炮火硝烟。到七十年代，硝烟散尽，却还没有互通邮件，这时，海峡上空出现了升腾的气球，气球上捆绑着飘往台湾的家书，期待着台湾亲人能够看到。到了八十年代，大陆开始落实去台人员亲属的政策。接着，从海外辗转寄回大陆的信件，使台湾海峡有了亲情的萦绕。时任当阳市台办主任的我，为台湾来信寻找亲属，帮助不识字的亲属给台湾亲人回信，看着老乡们期盼亲人的眼神，我深感肩上责任重大。

有件事，至今仍历历在目：当阳市两河乡去台老兵任先生，上世纪四十年代末随国民党青年军去了台湾。临行时，与新婚妻子结婚不到一个月。老兵在台湾40多年未再娶妻，就等着与新娘子相聚的日子！这一等，就等了将近半个世纪！

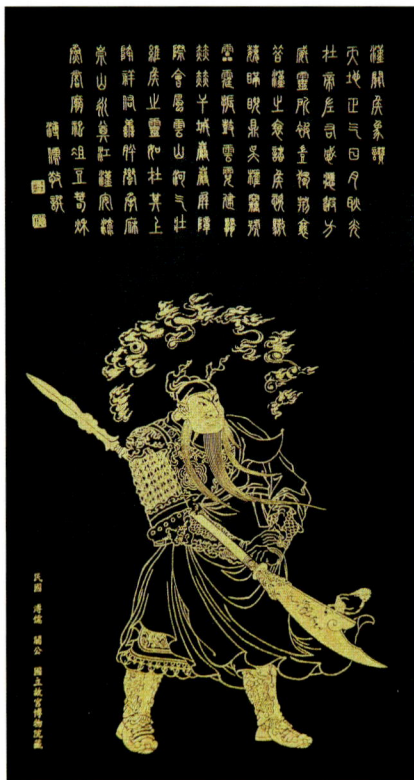

台北故宫博物院珍藏的清皇叔溥儒精心绘制的关公

上世纪八十年代末的一天，任先生回到了老家当阳。因为一直是我们帮助查找亲人，转递信件，他回乡前，特地给我打了电话，我们在当阳火车站接到了任先生，送他回故乡，与朝思暮想的新娘子见面。

我们的吉普车开到两河乡一户农家打谷场，只见一位老婆婆站在门前的稻场中央，眼睛直愣愣地望着我们的吉普。离老婆婆还有几十步远，我们停下车，请老兵下车。老兵颤颤巍巍地往前走，在离老婆婆两步左右停住了。两人对望了几秒钟，老兵一步跨过去，紧紧抱住了老伴，两人拥在一起，痛哭失声！

这时，从稻场边上的农舍走出一位40来岁的中年男子，快步跑来，一把抱住两位老人，大声呼唤"爹……妈……"老婆婆告诉老兵："你走后，我发现自己已经怀孕，这是我们的儿子！还有……"就在这时，农舍内又跑出两个10多岁的中学生娃娃，过来抱住两位老人："爷爷……奶奶……"

老兵明白了！真是喜从天降，大家破涕为笑！

作为国家级摄影家，我没有掏出相机，我担心相机的出现，会惊扰这守候了半个世纪的宁静！我的眼里，早已落下泪水！

海峡两岸的交流，从单个家庭到社会团体，从涓涓细流到春潮涌动，更有破冰之旅，关帝巡台……

1998年夏天，我们应台湾文化社团邀请，飞往香港，办好入台证，转机飞过台湾海峡，举办"关帝文化摄影展"。我们一行10人，团长是湖北省人民政府台湾事务办公室主任陈春林、秘书长是交流处处长徐元宏，我时任湖北省委统战部宣传处副处长。

湖北省海外联谊会、鄂台交流促进会共同主办的"关帝文化摄影展"，8月18日在台北市立大艺术中心开幕，台湾各界人士早早涌进艺术中心，30多家社团和知名人士送来的花篮盆景摆满了展厅，一直摆到了电梯，摆到了楼下大门。这天，国民党台湾当局领导人幕僚机构顾问来了4位。老家湖北黄陂的童启祥先生，曾任台北中山纪念馆首任馆长、台湾中国文化大学社会学教授。童老先生在开幕式上致辞，对家乡的情谊，对中华文化的钟爱，溢于言表。亚洲第一飞人柯受良先生也来了，我赠送给柯先生《中国关帝文化寻踪》画册，柯先生送给我飞越黄河纪念品，还在扉页上潇洒地签下了大名。展厅内气氛十分热烈。老乡、文化人、台北市民，都源源不断地来参观。台北几家关帝庙也组团来参观，人最多的时候，展厅内都挤不动了。

台湾地区立法机构前领导人王金平先生与湖北省关公文化交流团亲切交谈

2016年5月上旬，我再次飞越台湾海峡。这次同行的有两位朋友：中国新闻社湖北分社总编艾启平、湖北企业家叶易源。在台北，我们与"中华关圣文化世界弘扬协会"黄国彰理事长一道，来到台湾地区立法机构，与刚刚卸任不久的王金平先生交流两岸关帝文化。王金平先生是一位和蔼可亲的长者，微笑着用力与我握手，让人感觉到一股青春的力量。

听说我们此行为拜谒关老爷而来，王金平先生说："关公以'忠义仁勇诚信'著称于世，关公精神体现了人性的光辉！"王金平先生还说，"关公文化是中华传统道德文化，没有大陆与台湾之分。只要是华人，大家都对关公表示崇敬。"

我说："大陆山西祖庙关帝巡游台湾时，您和商界领袖郭台铭先生左右护驾；台湾举办关公文化节，您亲自到场祝贺颁奖。我代表大陆关公文化界的朋友向您表示敬意！"王金平先生说："中华文化担当两岸纽带，希望用中华关公文化联结，共同推动两岸交流与融合。"

在场的朋友介绍，我30多年走遍五大洲寻访传播关帝文化，出版了许多专著，举办了许多展览。王金平先生微笑着点头赞许。听说我的专著《走遍天下访关圣》马上要再版，王金平先生请秘书取来纸笔，现场写下了"儒释道共尊"五个大字。我微笑着说："金平先生，如果盖上印章，就更圆满了！"王金平先生当即吩咐秘书从办公室取出大印，在题字上加盖印章。

座谈中，我向王金平先生介绍了湖北武汉、宜昌、荆州等地的关帝文化遗迹，向王金平先生赠送了关公雕像和第一版《走遍天下访关圣》专著，还赠送了大陆青年画家康峰精心创作的关帝像《忠义千秋》。

王金平先生说：1992年我曾去过大陆南通、北京，主要是带夫人在大陆看中医，至今还记得为夫人看病的老中医，不过现已过世。近年，老中医的女儿来台湾，我专门拜会她，请她吃饭。王金平表示，什么时候再去大陆，要看两岸关系发展，希望两岸关系继续往前。两岸要互相体谅，互相帮助，最终实现中华民族一家亲，才能达到世界和平。两岸不分彼此，互相了解，互相理解，达到和气和平的境界，才有真正的未来。如果两岸互相仇视，对谁都没有好处。台湾十分特殊，面临着独特的外部环境。王金平先生表示，两岸关系经历了60多年,现在是共同营造中华民族盛世最好的历史时期。

在台北,我们拜见了老朋友廖正豪先生,他向我们讲述了当年参与"打黑"的精彩故事。廖正豪先生是台湾嘉义人,曾任台湾行政机构副负责人、法务部门负责人,当年扫除黑金,成为台湾历史上民意支持度唯一达到96%的法务部门负责人。廖正豪先生说:"我从小受到关帝精神的熏陶。关公之所以受到两岸百姓的敬仰,正是源于其'礼义仁智信'的精神和人格魅力。"近几年,大陆各地隆重的关帝庆典,都邀请廖正豪先生出席致辞。看到《走遍天下访关圣》专著里自己在河南洛阳的照片,他现出满脸纯纯的微笑!廖正豪先生回家的当晚,欣然为专著再版题字"忠勇仁义礼智信"。

在台北,我们应邀赴"中华关圣文化世界弘扬协会"拜访。黄国彰理事长是一位处事低调却踏实干事并干出成效的老朋友。几年前,他带着团队,以"中华桃园明圣经推广协会理事长"的身份,多次赴大陆拜关帝,交朋友。在江城武汉,我几次与黄理事长晤面交流,建议他在台湾组建一个关帝文化协会,以文化交流的形式,更能被大陆各界看重。黄理事长说干就干,回到台湾没几天,就组建了"台湾中华关圣文化世界弘扬协会",印在自己名片的第一行。黄会长每年在台湾组织一次颇具声势的关公文化节,举办关公文化论坛,举办关公木雕书画展览,组织青少年学习关公忠孝节义精神,特别是组织监狱服刑人员讲述关公"忠孝节义"故事,在服刑人员中举办"忠义文学奖"写作大赛。每次文化节,都有几本精心编辑的专著发行,并不辞劳苦地快递给海峡两岸的宫庙和学者。

现在,让我们从北向南,看看台湾的关帝文化风情。

台北行天宫大殿供奉的五恩主:关圣帝君居中

台北民权东路,有座行天宫,是台北最著名的关帝殿堂。第一次进入行天宫,虽已夜深,朝拜者仍川流不息,却又安安静静。善信们供奉的,都是鲜花素果,整个庙殿洋溢在芬芳温馨之中。行天宫又称恩主公庙。恩主是鸾堂的特殊用语,是救世主的意思。而行天宫在神祇奉祀上倾向于多神,大殿供奉五位恩主。第一位是关云长,佛教称迦蓝菩萨,道教称协天大帝,部分道教信徒还称关云长为第十八代玉皇大帝。第二位是吕洞宾,中国神话传说的八仙之一,道教称孚佑帝君,鸾堂信仰尊称吕恩主,是全真道祖师。第三位张单,即灶神,司命主灾咎生死,鸾堂信仰尊称张恩主。第四位王善,道教三十代天师虚靖真君传人,鸾堂信仰尊称王恩主。第五位岳飞,十二世纪南宋名将,鸾堂信仰尊称岳恩主。这五大恩主以关帝为首,因此台湾民众称关公为"恩主公",也就顺势称行天宫为"恩主公庙"。神龛左右两侧,侍立关平与周仓。另外,行天宫也祭祀道教三清、佛教佛祖、儒教孔夫子以及三教许多神祇。

行天宫始建于 1943 年初夏,正门高悬于右任先生书"行天宫"庙额,其封柱楹联曰:

行义常昭为圣为神名垂万古;
天心可协允文允武威震八方。

为引导环保的朝圣之风,行天宫劝止焚化金纸及演戏酬神、叩谢金牌等。为戒杀生,废止了供奉牲醴之礼,所有供品均用清香茶果、鲜花素品。2014 年 8 月 26 日,行天宫取消摆设供桌和香炉,此后敬神不烧香,不备供品,烟雾袅袅及供品满桌的画面已不复见,而是提倡环保节约,用心敬神。

宜兰礁溪协天庙层层飞檐

宜兰礁溪协天庙,东临浩瀚的太平洋,西倚苍翠的五峰山,香火十分旺盛。

庙殿创建于清嘉庆九年(公元 1803 年),供奉福建东山岛关圣殿分灵而来的关帝神像。2003 年,宜兰礁溪协天庙 200 周年大典,特邀请我举办"关公文化摄影展",邀请汪国新先生举办"关公书画展"。我邀约了山西王大高、李新潮,湖北钟汉林,美国冯德鑫、雷震寰一行,赴宜兰礁溪出席盛典,举办关公文化展览。吴朝煌先生请来台湾 100

宜兰礁溪协天庙供奉的关夫人像，乃台湾首创

左起：吴志文、吴朝煌、朱正明在山西关公文化节朝圣大典相聚

家关帝庙主席，还请来数位台湾政要人物。展览结束后环岛寻访关帝庙，我们结识了数位台湾关帝文化圈好朋友。

时间到了 2018 年元月 12 日，这天上午，礁溪忠义大楼内外，一派喜气洋洋。世界关帝文化风情展览，在二楼大厅隆重举行开幕仪式。这次展览，我精心挑选了 99 幅关帝文化摄影作品，这是 35 年行走世界五大洲 40 多个国家和地区的艺术结晶。我还选择了海内外 9 位艺术家的 9 幅书画作品——饶宗颐大师书法"忠义仁勇"；王可伟油画《关公与赤兔马》；汪国新国画《中华关公》；还有广州苏英毅，武汉康峰，福建曾成聪、甘毅雄，北京刘立波，加拿大关浩星书画作品。这天，礁溪忠义大楼高朋云集。台湾地区立法机构前领导人王金平先生，兴致勃勃地观看了展览作品，盛赞朱正明走遍

天涯寻访传播关帝文化的虔诚和不辞劳苦。王金平说："关公是海内外华人普遍供奉的大神，其影响之大，范围之广，信众之多，神格之高，在华夏文化史上蔚为奇观。"

次日凌晨，礁溪协天庙忠义大楼前，一派庄重肃穆，喜气满满。一座刚刚落成的关圣祖及关夫人殿，矗立于忠义大楼前。大殿仿清代建筑风格，雕梁画栋，龙首凌空。大殿一楼正中供奉关夫人像，关夫人慈目善面，系缅甸汉白玉精雕细刻而成。关夫人右侧供奉关帝蜡像，关公手托长髯，静读《春秋》，栩栩如生。二楼正中供奉关公始祖关龙逄，两侧供奉关公父母、祖父母、曾祖父母。关夫人殿大门楹联：论懿行何须封帝后，讲情义谁可比夫人！殿内高悬"圣德母仪""泽被黎民"等金匾。

我们继续向南。伫立桃园明伦三圣宫大殿前，真有如临仙境的感觉。这里，雄踞桃园虎头山巅，下临虎头秀美公园，俯瞰三峡缭绕群峰，远眺大溪碧水蓝天。果真是：虎

中华关帝走进地球三极

踞龙盘蕴藏百载昌明,天时地利绵延桃园祥和!

在明伦三圣宫大殿,慈祥和善的简朝吉主委,怀抱大殿关帝圣像,自豪且神秘地对我说:这尊关帝爷,最近三年来,美髯越来越长……听似不可信,但是,在这人间仙境的桃园虎头山,什么人间奇迹,什么仙境轶闻都可能发生。

进入新竹地界,到处是满目青翠的山峦林地,高低错落的乡村民舍,若隐若现的树海竹涛。登临新竹古奇峰,西望台湾海峡,浩淼无极,近处,则是翠竹深处的农家庄园。

古奇峰顶,傲然矗立一尊 120 尺高的关老爷,高度曾经是世界关帝圣像之最,现在还是东南亚关帝像高度之最。普天宫现任董事长郑逸榛女士告诉我,古奇峰是新竹难得的一块山头台地。父亲买得这块地后,原本想建成一片高尔夫球场,供富豪们上山打球休闲。后来为了服务更多民众,决定建造巨型关公像与普天宫,此举受到当地士绅、长者及台湾各地香客热心赞助,巨型关公历经 8 年终于顺利完成。普天宫虽然只有 40 多年的历史,香火却一直鼎盛,海外游客也喜爱来这儿磕头敬香。普天宫邻近科学园区,每年举办 2 次未婚青年联谊活动,反应相当热烈。近几年,普天宫

桃园明伦三圣宫主委简朝吉手捧关帝像,神秘地说:"三年来,关公的美髯越长越长!"

新竹普天宫前,学关公,多赞叹。左起:中国新闻社湖北分社总编艾启平,文化学者朱正明,普天宫董事长郑逸榛,企业家叶易源

的月老星君特别灵验,引得台湾远近年轻人来这儿许愿,寻找心上人。月老星君身后,贴满了成对青年的照片,一对对喜滋滋的,充满了对生活对未来的憧憬。郑逸榛女士告诉我:"近年月老牵线 500 多对,由于场地限制,我们只有分 10 次举办联姻大典。"

坐落于台中飞鹰山峦的圣寿宫,殿堂宏丽壮观,橘黄色琉璃瓦掩映在浓郁的绿林之中,使人倍觉温馨宁静。圣寿宫的慈善救济远近闻名,还固定举办书法、绘画和作文比赛,颁发"仁义礼智信奖学金",奖励发现优秀人才,弘扬中华民族悠久的历史文化。

台中飞鹰山麓的圣寿宫

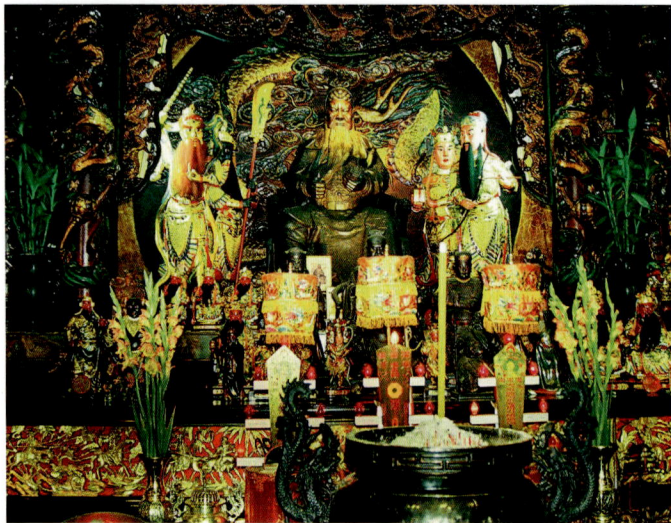

台中圣寿宫大殿供奉的关帝，金碧辉煌

这里还举办孝敬父母、敦亲睦邻、敬老尊贤为宗旨的孝行楷模选拔赛。财团法人台中圣寿宫董事长张启仲先生，曾有一段精辟论述："武圣之功德，致君在尧舜的精忠贯日，抗衡古今的大义参天，慈祥恻隐的仁育万物，果敢任重的勇冠三军，英雄无敌的威加四海，富贵不淫的封金挂印，光明磊落的秉烛达旦，百折不回的临危不变，天地一人的神应古今，乐育不倦的教化生民。因有如此之功德，故乃卓越古今，载誉千秋……"

2017年夏天，我赴高雄举办《走遍天涯访关公》首发式，再乘高铁来到台中，张真宪董事长已经在车站出口满面微笑地迎候。我们一起到飞鹰山圣寿宫参拜关帝，一起攀爬到飞鹰山对面的山顶拍摄圣寿宫全景，一起到台中市区的灵塔祭拜张子清总住持，如兄弟般难舍难分。听说大陆新疆天山深处修复了一家关帝庙，还没有关帝圣像，张董事长说："我愿意将圣寿宫关帝圣像，分灵到中国大陆最西部的天山脚下……"

此时的张真宪先生，真像我28年前见到的他父亲张子清先生。传统的

中华关帝走进地球三极

DNA，如此执着地维护着一个家族的形象和尊严。一个民族也是这样，传承千年的中华文化，将会万古长青，直到永恒。

2019 年 11 月，我率大陆四省朋友，再次来到日月潭。文武庙山门，静静矗立日月潭畔，宏大的拜殿之后，就是武圣殿，殿内华贵庄严的神龛，供奉武圣关公、岳武穆王。关帝法相威武庄严，红面美髯，正气凛然，镇座于右。岳武穆

台湾地区前领导人马英九先生在台中圣寿宫参香，与圣寿宫张真宪董事长及夫人林丽卿女士合影

日月潭文武庙供奉的关帝

王刚毅沉稳，忠直的目光中蕴含谋略，镇座于左。配祀诸神为关平、周仓、都城隍爷、福德正神。后殿为大成殿，主祀文圣孔子。三楼观景台，是眺望日月潭的绝佳去处。后山上，近年新建了巨大青石牌坊。

夜宿日月潭景圣楼，窗外，是碧波万顷的日月潭水。枕着日月潭轻柔的涛声，我们甜甜入眠了。次日天刚放亮，我伫立阳台，静观文武庙，三面碧峰挺翠，一面碧波浩荡，

颇具圣地之象。

文武庙董事长张德林向我讲起文武庙的前世今生：清道光年间，这里有两间小神庙，是这片山水的信仰寄托。1932年，日月潭建坝储水，将漫淹两座古庙，虔诚的乡民决议迁庙，两庙合一，称文武庙。上个世纪六十年代，朝圣香客大增，文武庙开始大规模扩建。在扩建的6年间，蒋介石先生曾7次巡视，垂询工程进度与经费筹措，动员各界人士全力支持，并几次喻示："文武庙气魄要大，庙埕宜宽，按北朝式宫殿兴建。"

鄂湘徽闽参拜团，在日月潭文武庙打出"走遍天涯访关公"条幅

文武庙山门，静静矗立日月潭畔，山门巨大石柱之上，是当年台湾地区高级领导、防务部门负责人、台湾当局领导人幕僚机构顾问黄杰题书楹联：道贯古今德参造化，惠昭日月义薄云天。

台南龙崎，位于市区东南，属阿里山余脉，溪谷交错，水碧山绿，保持着完好的原始生态。龙崎文衡殿，就坐落在这片山清水秀的地方。龙崎文衡殿董事长陈展松先生，虽已年过花甲，却满面红润，神清气爽，微笑纯纯。他还是"中华道教关圣帝君弘道协会"总会长。2016年初夏，我再次到台湾，前往文衡殿参拜，陈总会长早已在大殿前等候。文衡大殿供奉关圣帝君，还有山西运城祖庙巡台3年的关老爷。殿内还

台南龙崎文衡殿供奉的关帝

供奉关平太子、周仓将军、福德正神、注生娘娘，后殿供奉观音佛主、凤娘圣母等。宽敞的关帝大殿两侧，信众捐献的众多巨大钢铁机器人赫然伫立：钢铁人Mark42、钢铁爱国者、战争机器、变形金刚柯博文、大黄蜂、绿巨人浩克，还有许多说不出名姓的五彩缤纷的铁大汉，他们已经成为文衡殿的钢铁护法。远近青少年来到这里，见到自己熟悉的铁侠明星，欣喜若狂，都以到文衡殿与关爷爷和钢铁侠们合个影为荣耀。集结了

台南文衡殿万人庆典现场，朱正明(右二)向龙崎文衡殿管理人陈展松(左二)、主委谢有德(中)赠送画家康峰作品《夜读春秋》

钢铁巨人的台南龙崎文衡殿，传统与现代融为一体，成为另类观光景点。谈起几年前山西关帝圣像巡游台湾的盛况，陈总会长仍无比激动："关公文化是两岸同胞以及全

台南祀典武庙正在举办朝圣大典

球华人共同的精神财富，是全球华人共同的文化根脉！"

　　台南市永福路二段的祀典武庙，地位崇尊，被列为台湾16处一级古迹之一。武庙历史可追溯到郑成功收复台湾之时。殿堂之上，除了皇家御匾"万世人极"，还有明太祖朱元璋八世孙、宁晋王朱术桂题匾"古今一人"，康熙年间巡道高拱乾献"文武圣人"，

台南祀典武庙供奉的二关帝

台南祀典武庙高悬历代匾额

高雄佛光山制作的卡通系列，深受青少年喜爱

乾隆年间台湾知府万绵前献"正气经天"，乾隆年间台湾兵备道杨廷理敬献"大丈夫"等古匾额，向人们昭示着千百年来官府和民众对关圣帝君的敬仰。台湾地区前领导人马英九先生敬献的"义范昭垂"金匾，悬挂在正殿之上。自有武庙，这里就香火鼎盛。

2016年底，祀典武庙寻根朝圣团来到湖北荆州古城，武庙顾问林炳男先生将祀典武庙的香灰，与荆州关羽祠香灰合炉一处，供奉于大殿之上。林顾问和台湾企业家何锦荣先生、黄秋燕女士、何诗敏先生一行在大殿向关帝敬香认祖时，泪流满面！朝圣寻根团还采集荆州古城卸甲山泥土，带回台湾庙殿供奉。林炳男先生激动地说："多年来，对于祀典武庙的祖源地一直不清，我们曾到福建东山岛寻访，但无功而返。后来，台南大学教授陈纬华、台南古都电台主持人刘采妮、复旦大学王岗副教授等学者，发现了台湾出版的清《江陵县志》，又通过台湾"中华关帝弘道协会"总会长陈展松、大陆关公文化学者朱正明、荆州市政协常务副主席罗清洋等，辗转找到明代《荆州府志》，上面详细记载了荆州卸甲山上的关羽祠，才揭开了祀典武庙来龙去脉的神秘面纱。"寻根朝圣团回到台南不久，召集新闻发布会，台湾《中华日报》在醒目位置刊登出《祀典武庙寻根，源自荆州非漳州》。此后，祀典武庙主委林培火先生年年率团赴荆州探亲访友。

从台南继续向南，在高雄市东北，有一片神奇灵秀的山水。庄严宏伟的琉璃殿堂和金光灿灿的大菩萨掩映在菩提绿叶之间，佛乐悠悠袅袅，信众虔诚喜气。这就是中外闻名的佛教圣地佛光山。佛光山的标志是金身接引大佛，佛像周身

贴金，与朝霞夕阳相映，金光万丈。大佛脚下，排列着480尊菩萨金身，宏伟庄严，游人信众到此，犹如置身佛国。开山星云大师，上世纪二十年代出生在江苏江都，1967年创建佛光山，树立"以文化弘扬佛法，以教育培养人才，以慈善福利社会，以共修净化人心"的宗旨，是将佛教带往现代化的新里程碑，给人信心、给人欢喜、给人希望、给人方便。2014年，星云大师和台湾鸿海集团总裁郭台铭提议并协助，山西省运城解州关帝庙铸造的关帝圣像顺利抵达台湾，于12月4日在佛光山隆重举行仪式。星云大师接见山西嘉宾时，细数着关公的忠义，认为关公堪称中华楷模，义薄云天，武功高强，一生不动邪念。2015年1月29日，山东至圣先师孔子圣像暨山西关圣帝君伽蓝尊者圣像安座联合典礼，在佛陀纪念馆大觉堂隆重举行。文武二圣现身佛光山文殿武殿，体现了海峡两岸宗教界将中华文化更加发扬光大。

台南祀典武庙主委林培火率团，赴荆州关羽祠寻根

朱正明向台南祀典武庙何锦荣顾问(左二)黄秋燕女士(右)赠送关帝群像

高雄地标85大楼对面，是远近闻名的意诚堂关帝庙。我第五次赴台湾，就住在85大楼66层。这里刚好能鸟瞰晨雾朦胧的

台南姑娘展示关帝金卡

意诚堂，金黄琉璃瓦，凌空飞檐，在高雄一片水泥建筑中显得格外醒目。2016年10月，福建省东山关帝赴台驻驾巡游77天，台湾岛的第一站，就在85大楼下的意诚堂。洪荣丰主委向我介绍，意诚堂和高雄市政府每年春天要举办祈福拉龟平安观光节。意诚堂大龟王祈福，已成为高雄市每年元宵节的重要民俗。届时，大龟王和意诚堂制作的大小福龟在阵头、神轿、舞龙的引领下，巡游苓雅区、新兴区和前金区，上千人参与拉

高雄意诚堂关帝庙，深藏在高雄的高楼丛林之中

《走遍天涯访关公》台湾版首发式在意诚堂对面的 85 大楼举办，右起：意诚堂主委洪荣丰、台湾"中华关帝弘道协会"总会长陈展松、大陆文化学者朱正明

中华关帝走进地球三极

大龟王祈福的传统民俗，十分喜庆。

扶鸾，是意诚堂的传统特色，全台湾的扶鸾表演，已连续三年在意诚堂举办。洪主委握着扶鸾笔对我说，扶鸾，是儒释道结合的宗教仪式，早期从大陆传到台湾，主要是通过人神互动，讲一些仁义道德和忠孝节义。扶鸾时，需要有人担当被神明附身的角色，即鸾生。神明附身于鸾生，鸾生用 Y 形木笔在沙盘上挥动成字，唱生依字迹唱出，记录抄录成为文章诗词。信徒通过这种方式，与神灵沟通。洪主委一直有个心愿：赴大陆举办扶鸾表演。2017 年金秋时节，我联络荆州关羽祠和当阳关陵，他们热情邀请意诚堂朝圣团，在大陆首次举行扶鸾表演。意诚堂，是个造神的殿堂，是个多神的殿堂，更是个神奇的殿堂。

2018 年元月，在主委洪荣丰、顾问姚明通的引导下，我们驾着越野车，穿过嘉南平原的片片槟榔林，穿过阿里山樱花盛开的山道，来到阿里山顶，眺望玉山雪峰！姚明通先生上个世纪八九十年代在高雄县业余登山队，五次登上玉山主峰。姚先生告诉我："玉山主峰，一年百分之九十五的时间云雾缭绕，看不到主峰。山峰有雪的时间更短，有时候一年四季都见不到雪。朱先生运气太好，第一次到玉山就见到了顶峰，还是白雪皑皑的主峰，真是心诚则灵！"

我眼前的台湾最高峰玉山，海拔 3952 米，冰清玉洁，傲立台湾中央山脉。此情此

高雄树德科技大学 30 多位青春少女簇拥着关帝神轿，喜庆进场

簇拥关帝神轿的高雄树德科技大学青春少女

景，我心中默默颂起国民党元老于右任先生 56 年前的著名诗句：

　　葬我于高山之上兮，望我大陆；

　　大陆不可见兮，只有痛哭！

　　葬我于高山之上兮，望我故乡；

　　故乡不可见兮，永不能忘！

　　天苍苍，海茫茫，山之上，有国殇……

　　高雄半屏山之南，有一片风景绝佳的莲池潭，潭水面积浩浩荡荡 40 多公顷，是高雄市左营区最大的湖泊。莲池潭西岸，庙殿林立，最壮观的就是启明堂。登上启明堂四楼，我一声惊呼："简直是辉煌金殿、人间天堂！"层层叠叠的廊柱、层层叠叠的斗拱、层层叠叠的金箔、层层叠叠的辉煌！就在这层层叠叠金碧辉煌的神龛之中，玉皇大帝和关老爷，为信众指点着迷津，为信众补充着能量！

　　莲池潭畔庙宇众多，每年 10 月举办莲池潭万年祭，使这里成为高雄市充满传统文化和宗教气息的旅游景点，吸引着大量朝圣者和海内外游客。

高雄东照山关帝庙

大陆四省参访团在高雄东照山关帝庙共同书写忠义正气

　　高雄东照山关帝庙，邻近佛光山，这里山明水秀，祥光缭绕。在大殿平台，可观赏日出之美，也可俯瞰高雄港湾璀璨之夜，放眼望去，众山峦吉祥无比，高雄港瑞气升腾。殿顶矗立高 36 尺关帝像，雄峙群山之巅。今日东照山，终日晨钟暮鼓，香火缭绕，青灯梵唱。

　　2016 年 12 月下旬，福建东山关帝在台湾驻驾 70 多天后，在东照山关帝庙举行隆重的闭幕大会。山西运城的卫龙所长、河南洛阳的周海涛处长、湖北当阳的刘久兵所长齐聚东照山关帝庙，欢送东山关帝回大陆，并为晋豫鄂三大关庙"身首魂祖庭碑"隆重揭幕。

　　2019 年 11 月，朱正明先生率大陆 4 省嘉宾来到东照山关帝庙，礼拜座谈之后，东照山

高雄莲池潭畔启明堂金碧辉煌的大殿

高雄祈福大典开幕式，大陆代表朱正明向高雄叶匡时副市长赠送摄影作品《五洲中华关帝汇聚世界屋脊》

在高雄凤山五甲关帝庙大殿，朱正明对美国德州少女说："关公，是中国的大帅哥！"

澎湖紫微宫关帝殿飞檐，与海浪深情相拥

吴贵荣堂主与大陆嘉宾共同书写条幅——吴堂主恭恭敬敬地写下"正气"二字，摄影家朱正明书写"忠义"，安徽吴子辉书写"真善美"，湖南王协辉书写"龙"，福建杨富翔写下"义行通"，荆州刘燕书写"仁勇"，赢得众嘉宾一阵阵喝彩……

澎湖红毛城武圣庙

《外婆的澎湖湾》这首怀旧思乡的歌谣，在海峡两岸广为传唱。2016 年 10 月，正是秋高气爽时节。台南古都电台刘采妮主持人、东海大学邵美华博士、贝传媒廖璟华记者和我相约，一起飞往澎湖马公岛。透过机窗，俯瞰茫茫海峡漂浮的星星点点的澎湖列岛，那首永恒的《外婆的澎湖湾》，又在耳畔响起。

在澎湖马公，我们住在

澎湖守岛士兵在紫薇宫敬拜关公

别致的益美民宿，楼上楼下布置得如一个小小博物馆。屋外，是粗壮的榕树，古朴的老街，还有来澎湖寻幽探海的一群群少男少女。廖璟华记者驾着越野车，带我们一起来到红毛城武圣庙。在关帝大殿，王镜芳主委为我们讲述了澎湖列岛关帝香火的源头——福建东山岛，是大陆距台湾最近的地方。渔船从东山港起帆出海，顺风顺潮一天就能抵达澎湖渔场，许多东山渔民到澎湖捕鱼。秋冬两季东北季风强劲，许多渔民停靠大澎山（马公岛）避风歇息。岁月更替，有的东山渔民在澎湖定居。东山岛最信奉的是关公和妈祖，他们在渔船上设神龛，早晚一炷香，以保平安丰收。后来，入居澎湖的东山渔民把关帝和妈祖香火请到岛上，用澎湖海边的砗沽石搭起小庙供祀，这就是澎湖岛最早的关帝香火，也是全台湾最早的关帝香火。王镜芳主委感慨地说：数百年来，澎湖关帝殿堂虽经过多次重修，但圣帝主对信众的庇佑没有变，信众对圣帝主的崇敬没有变。我们且看红毛城关帝庙一副楹联：

澎山秀丽圣殿巍峨万邦皆景仰；
湖水澄清帝恩浩荡四海书钦崇。

18

港澳特区
高楼丛林中的一片宁静

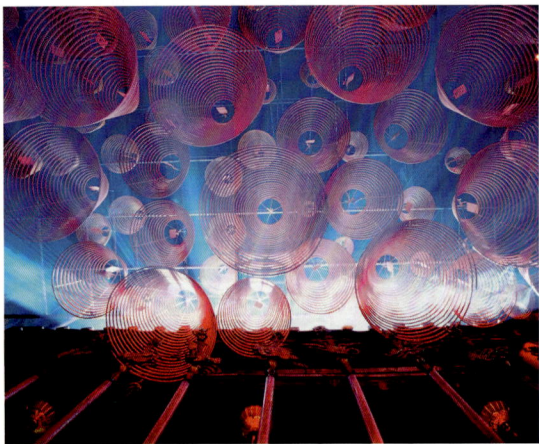

香港文武庙青烟缭绕的塔香

东方之珠香港，漂浮在烟波浩瀚的南海之上。我从事港澳台海外工作多年，从1992年第一次到香港，至今已有近20次。走进香港，感觉特别亲切。这片高楼林立、喧嚣繁华的闹市之中，有许多好朋友，更有几处香烟缭绕的关帝殿堂，带给人们几分宁静和温馨。

香港文武庙，位于维多利亚峰北麓的荷李活道。此庙重建于清道光三十年（公元1850年），供奉武帝关云长和文帝文昌君，香客主要是香港商界和金融界人士，还有港岛民众和大陆游客。文武庙大门两侧，有清道光三十年石刻联：翰墨淋漓光华文德行霄汉；声灵赫濯凛烈英风镇海河。

再两侧，有1970年东华三院100周年时，东华三院李东海主席献刻的镀金楹联：天上掌文衡信有灵光凭俎豆；人间尊武圣永留浩气壮山河。疑似中国北方四合院风格的大殿庭院，有四鼎巨大香炉，两侧配有古时十八般兵器。庭院上方，悬有无数螺旋式塔香，粉红色塔香顶端，都用大红纸书写着献香者名姓，这浩浩荡荡的塔香，寄托着信众的祝愿，青烟袅袅，温馨满堂。房顶斜阳一束束射来，映衬得塔香或明或暗，或静或动，使庙殿颇具神秘色彩。

庭院台阶之上即为正殿，设有四进香案，两侧铸有四尊文武大臣，还有精巧的青龙偃月刀。神龛之内，供奉着关圣帝君和文昌帝君，神龛上下一片金碧辉煌。文昌帝君西晋时生于四川省梓潼县七曲山，现七曲山大庙仍雄峙于川东大巴山群峰之上，蔚为壮观。相传文昌帝君专掌人间功名禄籍，自有科考制以来，深受士大夫敬重。

10多年前，中华海外联谊会组织各省海联会秘书长赴香港学习，拜会了香港10多家社团的领袖。那次，我与香港协进会主席、东华三院主席会主席李东海先生见面，谈到关老爷，谈到文武庙，两人特兴奋，特亲切。后来，东海主席每年给我寄来东华三院

的大型画册。我编辑出版《世界关帝文化》专著，东海主席特题写"世界关帝文化"几个隽秀隶书大字，用在画册扉页。题字原稿，我至今珍藏着。

30年前我第一次到香港，从港澳码头乘水上大巴，在海上西行两个多小时，来到大屿山大澳。这里仍保留着古老渔村模样，有"东方威尼斯"美称。曲曲弯弯的小街两旁，排列着老式民宅，民宅簇拥着一座古色古香的关帝古庙。庙门一侧，一棵巨大的凤凰树下，聚集着前来朝圣的商贾和渔人。关帝庙殿两重三间，翠绿琉璃瓦，托举起一脉塑满三国故事图的琉璃屋脊。殿内一篇《重修大澳关帝庙碑记》，讲述着古庙的悠久历史："我大澳自关帝及

香港文武庙大殿供奉关圣帝君、文昌帝君

天后庙兴建以来，神恩广庇，为中外人士钦敬崇拜。庙宇创建于明朝，适至乾隆六年、咸丰二年、光绪二十九年至1958年四度重修，达400余年。"

进古庙，迎面一仿端门之屏风，上有一红底金字楹联，为1959年修复古庙所撰：精忠大义德被万方宝殿重新光澳岛；雄武英文功弥六合金身虔塑耀香江。屏风后便是正殿，百余平方，香案重重，轻烟袅袅。正殿供奉关公，两侧有展示渔岛风情的各种吉祥饰物，再两侧，塑有关平、周仓，并有清光绪年间颂扬关公忠义的楹联：赤胆赤心三国英雄居第一；全忠全义千秋正义本无双。正殿两侧廊柱之上，两副楹联字迹如刀劈斧削，力度逼人：浩气常存玉泉一念成神圣；威灵远照大澳千秋保庶民。

多年前，我的湖北老乡、香港城市大学朱国斌博士，在香港杂志上看到介绍港岛关帝文化的文章，马上用特快寄给了我。原来，在1100多平方公里的香港，居然还有多处关帝庙殿。九龙深水埗武帝庙，原称协天宫，至今有130多年历史，此庙位于老货运码头，当年兴建这座庙宇，是为了祈求贸易平安顺畅。2010年10月16日，庙殿重修落成，正式更名为武帝庙。还有沙头角南涌协天宫、莲麻坑关帝宫、荔枝窝协天宫、元朗辋井围玄关帝庙、屯门扫管笏关帝庙、大埔樟树滩协天宫、西贡关帝古庙、荃湾关帝庙、长洲关公忠义亭等。

漫步香港街头，好多店铺、餐厅都供奉关公，且十分讲究。小小神龛上，摆放着长明蜡烛、各色鲜果，关公像更是彩绘鎏金，富丽堂皇。

2014年金秋十月，香港东华三院慈云山关帝庙隆重举行动土典礼。香港民政事务局局长曾德成GBS太平绅士主礼。大明集团董事局主席董明光慷慨捐助20800万港币，东华三院计划在慈云山兴建一座关帝庙。后来，经台湾中华关圣帝君弘道协会总会

长陈展松、创会总会长吴朝煌先生专程赴香港考察，深感地盘太窄小，没有回旋余地。目前，董明光主席正在香港各地选择新址，兴建香港最大关帝宫庙。

董明光主席是澳大利亚潮汕人士，澳大利亚潮商会董事局荣誉主席。董明光年少时经营建筑材料起家，后经营地产石油。创立于1997年的香港大明集团，总部位于香港湾仔，旗下拥有大明澳洲、美国、英国、马来西亚、印度等国际公司。董先生对中华文化情有独钟。早在上个世纪末，董主席与羊福雄总经理一道率团，赴湖北当阳出席关公文化节，考察三国古战场，为当阳关陵捐助数十万元铸造三鼎大香炉。后又在港澳台及大陆各地多次出席关公文化庆典，在海内外已有广泛的影响力。听说我在世界各地寻访传播中华关帝文化，董主席嘱咐说："你正在做一件大好事！寻访中，要注重关公的'神奇'之处，拍出神采，写出神采，讲出神采！"

董明光主席多次在家乡捐建路桥和学校医院。潮阳一中明光学校占地118亩，主楼拥有教室96间，高标准安装多媒体平台，在南粤大地享有名气。妻子董林嘉杏女士不仅支持董明光先生捐资办学，本人也身体力行，捐资数百万人民币，创立了潮阳一中明光学校"董林嘉杏奖教奖学基金会"，体现了董明光伉俪对家乡的赤子之心。

香港回归祖国20周年的日子里，大明集团出资数百万元，支持香港各界隆重举办首届关公文化节。2017年6月24日，首届香港关公节在香港中环遮打花园举行开幕仪式。香港特区政务司司长张建宗、香港中华总商会永远名誉会长霍震寰、香港中联办社团联络部部长李文、香港大明集团主席董明光等嘉宾出席首届关公节。来自香港、山西、湖北等地政商界数十位嘉宾与数百名香港市民，共同见证关公文化及关公精神在港展示弘扬。这天，遮打花园内彩旗飘扬，彩旗上大书："忠义仁勇临香江，晋善晋美耀中华"。花园中央，矗立一尊6.6米高的关公铜像。

上午11时，国歌在遮打花园奏响。张建宗司长在致辞中说："关公文武双全，一生报国以忠、处世以义、待人以仁、作战以勇，深受后世景仰，尊为武圣、关圣帝君等。现在供奉关公的庙宇遍布全国以至海外，可见关公所代表的仁义精神，自古显扬至今。"张建宗说："眼前这尊高20尺的关公铜像，寓意香港回归祖国20周年。今日的关公节正好让我们借古鉴今，学习蜀汉名将义薄云天的高行，同心建设香港，贡献国家，把中华民族的优良道德传统传承下去。"

庆典仪式上，一条大金龙和20头舞狮表演助兴，以庆祝香港回归20周年。我的

右起：香港山西商会常务副会长孙旭峰、香港中华总商会永远名誉会长霍震寰、香港中联办社团联络部部长李文、香港特区政务司司长张建宗、香港大明集团主席董明光、山西运城市副市长卫再学在首届香港关公节

"世界关帝文化风情展览"，在遮打花园同时举办，吸引了不少海内外观众驻足参观拍照。在接受新华社记者采访时，我说："我虽然不是山西人，骨子里却流淌着黄河东岸的 DNA！"

首届关公节高潮迭起。22 日夜，"迎关公慈善晚宴暨香港关公文化研究会成立典礼"，在龙堡国际酒店隆重举行，晋剧艺术家武凌云

二十世纪九十年代初，朱正明首赴香港寻访关帝文化

及其团队表演了精彩节目。25 日夜，新界元朗十八乡大树下天后古庙关帝宫千人盆菜

摄影家朱正明"世界关帝文化风情展"在中银大厦前的遮打花园举办

宴，更是热闹异常。

2018 年 6 月 24 日，香港第二届关公节暨关公文化中心开幕式，在元朗十八乡大棠生态园隆重举行。元朗大棠生态园风景优美，依山傍水，是块风水宝地，在寸土寸金的香港，将关公文化园选址并建在这里，彰显香港各界对关公文化的尊崇。这天，3000余名港澳及内地各界人士汇聚元朗。香港大明集团董事局主席董明光、香港山西商会会长胡晓明、元朗十八乡主席梁福元等先后致词。香港商界大佬、香港山西商会荣誉

東華三院慈雲山關帝廟動土典禮
恭請民政事務局局長曾德成GBS太平紳士蒞臨主禮

香港九龙武帝
庙供奉的关公

香港东华三院施荣桓主席（左一）、民政局长曾德成GBS太平绅士（中）接受香港大明集团主席董明光捐助二亿八百万港元，兴建全港最大的关帝庙

香港大屿山关帝古庙宝顶

香港举办首届关帝节，朱正明向霍震寰先生赠送关帝文化专著

全国政协副主席、香港中华总商会会长霍英东与文化学者朱正明在香港会展中心

2018 第二届香港关公节，元朗举办三千人盆菜宴

朱正明向香港著名影星成龙赠送《走遍天下访关圣》专著和西藏关公唐卡

会长霍震寰，港澳及内地众嘉宾为舞狮点睛。开幕式上，邓雁平代表山西运城关公故里，为大会赠送青龙偃月刀；朱正明向关公文化中心赠送了当阳关陵、洛阳关林古碑拓片；广东苏英毅向大会赠送了油画关公等。文化节前夕，香港连连大雨，文化节开幕当天却风和日丽，白云蓝天，并出现了彩虹当空、日月同辉的大吉祥，现场数千民众倍觉温馨喜庆。

目光转向澳门。1992年，我们从广东珠海九州码头乘游船，围着澳门航行了一圈，当时不允许上岛。后来进澳门10多次，无论时间多紧张，我都会到关帝古庙朝拜关老爷。

澳门关帝古庙供奉的关帝金身

关帝古庙位于澳门市政广场一侧，又名三街会馆，是澳门世界文化遗产景点之一。庙殿建于清乾隆十五年（公元1750年），距今已有260多年历史。澳门朋友告诉我，"三街"就是营地大街、关前街和草堆街，是澳门古时商业中心，华人商贾都集中在这里。1912年，澳门中华总商会成立，三街会馆不再是华人议事中心。这里供奉着雕刻精巧的关帝像，成为华人祈祷中心，后来挂上了"关帝古庙"匾额。每年农历五月十三，这里庆祝关帝诞辰，在门前用竹棚搭建舞台，上演精彩的神功戏，人神共娱，并传达尊崇忠义诚信、勿忘传统的讯息。

多年前我就发现，澳门关帝古庙空间狭小，常年烟熏火燎，殿内黑乎乎的，关帝神像也被熏得黑乎乎的，到面前才能看清关老爷的鼻子眼睛。我几次慎重地对中央政府驻澳门联络办的朋友讲，也对澳门政府文化界人士讲，希望澳门关帝古庙环境有所改善。2003年，我再次到澳门，惊喜地发现，关帝古庙已经修整一新，关帝圣像重新贴金，

楹联匾额重新上色，大殿亮堂堂的，神像金闪闪的！

2009 年 10 月上旬，为纪念澳门回归祖国 10 周年，澳门基金会特邀我赴澳举办"世界关帝文化摄影展"。8 日下午，展览在何贤爵士厅隆重开幕。中央政府驻澳门联络办文教部副部长李正桥、协调部副部长艾智，澳门特区政府行政会委员、全国政协港澳台侨委员

澳门妈祖村供奉的关公

会副主任马有礼，澳门基金会行政委员李崇汾，澳门中华总商会理事长许世元等主持剪彩礼。澳门建兴龙企业有限公司董事长马有恒，《澳门月刊》社长王定昌，澳门企业家黄如楷，香港大明集团主席董明光、总经理羊福雄，美国纽约关帝庙主席冯德鑫等数十位嘉宾从港澳台等地赶来祝贺。嘉宾赠送的一组组花篮，将展厅装点得温馨祥和。

展览这天，恰逢澳门大休，澳门各界人士和观光客络绎不绝前来参观，新华社、中国新闻社、港澳台海外媒体广泛宣传。《澳门日报》连续三天刊登图文并茂的展览新闻，又引得许多观者前来。

展览期间，澳门基金会文化部长梁先生带着我，寻访了澳门几家关帝庙殿，收获满满。

2012 年 9 月上旬，澳门首届关帝文化国际研讨会在澳门大学举办。澳门大学邀请了五位主讲嘉宾：中国社会科学院研究员胡小伟，四川大学留英博士梅红，湖北省委统战部朱正明，台湾中正大学博士班研究生康诗瑀，香港科技大学教授吕宗力。

我称胡小伟为"胡子哥哥"，我们有个约定：见面就是"一梭子"！无论在山西，在河南，在湖北，在福建，我俩只要一见面，我就

胡小伟(左一)、朱正明(右一)2012 年向澳门大学校长赵伟(左二)、副校长程海东(右二)赠送图书馆珍藏专著

155

会送上一条黄鹤楼香烟。胡子哥哥太喜欢抽烟了，每年春节，见不着面，我就用特快递去两梭子。1945年出生于四川成都的胡小伟，自小聪慧勤奋，成长为中国社会科学院研究员，成长为中国著名文化学者，在研究传承中华关公文化领域独树一帜，先后出版了《第一神明》《关公信仰研究》等系列专著，多次在大陆及港澳台演讲关公文化。2012年，胡小伟先生策划并完成了关公文化七省行。这次赴澳门，小伟先到。照例，我到他房间，手里握着"黄鹤楼"，模仿端着冲锋枪扫射的模样，胡子哥哥一脸灿烂！

邀请和接待我们的是澳门大学校友会理事长葛万金，40多岁，充满朝气。

论坛在澳门大学图书馆STDM演讲厅隆重举行。澳门特区政府何超明检察长，澳门大学校长赵伟教授、副校长程海东教授，中央政府驻澳门联络办、台北经济文化办事处等朋友为论坛剪彩，并为主讲嘉宾致送礼品。

何超明检察长说：关帝以忠义仁勇著称，不仅是保护神，而且是中华民族文化的代表。现代社会的传统价值观念正面临冲击，重物质、轻付出、找快捷方式的观念有所抬头；崇尚实干、勤俭朴实、刻苦耐劳的价值观念渐行渐远。因此，传承关帝忠义仁勇美德尤为重要。

澳门大学校长赵伟教授说：首次论坛的主题为关公忠义精神与现代人生价值观的关系，旨在发扬关公忠义仁勇诚信精神，倡导传统道德文化，以仁义礼智信净化人心，将中华传统信仰道德文化薪传下一代。

两岸三地主讲嘉宾先后演讲，来自港澳及内地的企业家、关氏宗亲、澳门大学生、多家新闻媒体等百余位嘉宾出席了研讨会。研讨会由澳门大学校友会主办，澳门大学校友会青委会、澳门大学研究生会、中华文化产业促进会协办，澳门基金会、澳门大学校友及发展办公室赞助支持。我向何超明检察长赠送了西藏关公唐卡，向澳门大学赵伟校长赠送了《世界关帝文化》专著，供澳门大学图书馆永久收藏。

第二天，澳门著名企业家马有恒安排公司两位美女，带我到澳门妈祖文化村采风。这里供奉的关公，是中央政府和澳门民间共同铸造的，一身凛然正气。

没想到，澳门接下来的几届关公文化国际论坛，唯独我成为届届必到的主讲嘉宾。我从中原大地的祖庙，讲到新疆五千里天山的关帝文化风情，又讲到世界最高的珠穆朗玛关帝庙……

2013年的第二届论坛，我协助邀请著名画家汪国新举办了关公书画展。

2014年的第三届论坛，我协助邀请越南华裔李莹蔚赴澳门大学演讲，在澳门大学新校址，隆重举办了世界关帝圣像展览，港澳台海外及大陆许多朋友前来参观。开幕礼之后，澳门中信拍卖总经理执锤，拍卖我的摄影作品《当阳三面关公》，2万港币的收入，我当场捐给家庭困难的越南关公文化使者李莹蔚。

2017年，我邀请湖北非洲商会副会长刘松旺，讲述了他亲身经历的利比亚撤侨过程。刘松旺动情地说："强盛的中华人民共和国，才是人民的坚强后盾！中华关公文化的精神，核心就是'忠义'。忠于祖国，是每个中华儿女的呼唤和责任！爱国，是海内外中华儿女的一面旗帜。"

澳门国际关公文化协会会长关伟霖出席西藏珠穆朗玛关帝庙竣工盛典

　　近两年,澳门组建了国际关公文化协会,澳门企业家关伟霖先生担任会长;组建了澳门传承关公文化协会,张潮杰先生担任会长。在关公故里山西运城制作的关帝铜像,已在氹仔关帝古庙竖立。

右起:澳门大学校友会理事长葛万金、香港关氏宗亲总会秘书关泳红、越南"关公文化使者"李莹蔚、香港关氏宗亲总会主席关民锋、朱正明、澳门大学生周小超

19

亚洲东南
浓郁的中华关帝文化风情

海上丝绸之路起点：泉州石狮蚶江古渡。这里，留下了多少华夏儿女的期盼

福建泉州通淮关岳庙

讲述亚洲东南各国关帝文化之前，我们的目光要在中国闽南停留一下。

蔚蓝的闽南泉州湾，是海上丝绸之路的起点。宋元时期泉州港被中世纪旅行家马可·波罗誉为"世界第一大港"，与埃及的亚历山大港齐名。明代郑和下西洋，几次都在这儿启航。循着悠远的海上丝绸路，泉州关帝香火漂洋过海，在台湾，在东南亚，在印度洋岛国，在非洲东南海岸落地生根，护佑华裔。

泉州位于台湾海峡西岸，众多从泉州到台湾的乡亲，回家乡兴办企业，把台湾浓浓的关帝信仰带回泉州，使故土文化在海峡两岸盛传不衰。

泉州有一座著名的通淮关帝庙，历史可以追溯千年。相传明太祖朱元璋信服关公，下令泉州七个城门建七座关帝庙。当时的泉州，战乱刚刚结束，一下建七座庙殿不容易，就将古城七座水神庙全部改为关帝庙。600多年来，泉州七座关帝庙香火兴盛。后来各街巷也建了许多小关庙，到清末，泉州城供奉关帝的庙宇已达百余座。历经沧海桑田，如今，泉州仅剩几座关庙，香火最盛的依然是位于涂门街的通淮关帝庙。

我所到的中国大陆数百座关帝殿堂，泉州通淮关帝庙的香火属最旺盛之列，并有其突出特点。

泉州民众有个习俗，遇上婚姻或出海等大事，都习惯到关帝庙抽签问询，希望得到指点，以求得心灵安慰。

泉州关帝庙大殿，因为信众众多，香火鼎盛，大殿早已熏得黑乎乎的，看不清神龛中端坐的关老爷，人们膜拜的，是自己心中那尊永恒的关帝。

还有一个最重要的特点，泉州关帝庙的管理方式，是理事会制。大家挑选经济文化社会各界能人组成理事会，再由理事会选举理事长，这样，理事长就是"能人中的能人"，管理庙殿，自然有自己独特的方式。不像大陆其他关帝庙，都是政府发文任命管委会主任，几年一更换，有的管理者自然没有长远目标。

2022春节，泉州通淮关岳庙董事长陈庆元(左)、副董事长黄嘉民(右)携董监事成员敬拜关帝，祝福国泰民安，风调雨顺

这年深秋，泉州石狮喜事不断，刚刚宣布海上丝绸之路故宫馆启动建设，又迎来石狮市关公文化交流协会成立。石狮是著名侨乡，东望台湾海峡，西接晋江福地，北临泉州莆田，南牵万里丝路，是中国大陆百强县、全国科技进步先进市、全国文化先进市。2018年12月1日，石狮市关公文化交流协会成立大会在蚶江举行。山西运城解州关帝庙副所长付文元、文化学者朱正明先后致辞，大会选举林辉生为会长，林科炼为理事长，李平湖为执行会长，林秋生为外联会长，吕光耀为秘书长，林志强为

向中非关帝慈善基金会赠送作品。前排右起：安惠国际贸易董事长许俊煜、菲律宾珀士尼电子董事长许书锣、中非关帝慈善基金会会长许谋景、文化学者朱正明、福建关公会黄子善、莫斯科扎拉托国际会展总经理王丛健；后排右起：中国涂料建材董事长柯锦扬、许祖彬夫人、泉州晋星汽车董事长许祖彬、石狮文龙织造董事长许文龙、菲律宾宏大贸易董事长许少欣

监事长。聘请中国三大关帝庙主任卫龙、周海涛、刘久兵和文化学者朱正明为资深顾问。

泉州一位好兄弟许谋景，出生在石狮海边，自小在家乡做贸易。与众多闽南人一样，他不满足现状，哼着"爱拼才会赢"的歌谣，上世纪九十年代赴香港发展。帅帅的形象，炯炯的眼神，灵巧的身板，使他很快成为电影演员，与大牌明星刘德华、黎明、成龙、谢霆锋、张柏芝、章子怡等，参演拍摄了《尖峰时刻Ⅱ》《情归何处》《情迷大话王》《最后通牒》等电影。没日没夜地忙碌于片场和娱乐记者之间，在摄像机前成亮点，在摄影机前成焦点，在演艺界闯出了一片小天地。慢慢地，许谋景疲倦了演艺界的纷纷扰扰，更看不惯一些不公平的潜规则。他悄悄隐退了，远赴菲律宾，联络海外华人，做慈善事业。后来回到老家，回到与父老乡亲更亲近的石狮海边。在家乡休整一段时间之后，他把自家6层大楼房挂上"景玉堂"牌匾，作为公益场地，一心向善，致力公益事业。

许谋景说，许家在泉州的富豪很多，如石狮许荣茂世茂集团，许明良建明集团；惠安许世辉达利集团，许明金香缤集团；晋江许连捷恒安集团，许健康宝龙集团；泉州许景南匹克集团等。他们都是海内外企业家之佼佼者，出手做善事，以百万千万甚至亿为单位。许谋景说，大企业家们做大善事，我就把民众发动起来行小善，培养人们的一种淳朴，一种慈善，一种责任，一种精神。开国领袖毛泽东不是说过吗，"从群众中来，到群众中去"，我们就是"从富裕的群众中来，到贫穷的群众中去"。3年多来，许谋景申办了中菲关帝慈善基金会，组建了"泉郡慈善行"，组建了海内外近5000位朋友的微

惠安姑娘在崇武古城南门关帝庙敬香

信群，筹集近300多万资金，走访慰问了200多家困难户、孤寡老人、留守儿童。许谋景说，我们不求回报，只为弘扬中华美德，让有困难的民众感受到那份牵挂与血脉之情。

从泉州市区出发，顺海岸公路向东 40 余公里，是惠安县崇武古城。说起崇武古城，人们脑海里首先跳出惠安女的形象：深蓝的大海，雪白的海浪，映衬着鲜亮的金黄斗笠。斗笠两边，装点着五彩绢花。斗笠下，一张秀美的脸，被翠绿的花头巾遮掩着，只露出羞涩而刚毅的两只大眼睛。上衣短短的，稍微挪挪身子，那银腰带和腰身的曲线就会毫无掩饰地显露出来。纯黑的大大的喇叭裤，在海风中荡荡悠悠，显出一个个健美挺拔的如东海女神般的身影。这就是惠安少女，东海女神般的惠安少女。海浪和岩石托起的崇武古城，创建于明洪武二十年（公元 1387 年），花岗岩砌筑的城墙，长 2500 多米，高 7 米，蜿蜒起伏，呈荷叶状。古城四方设门，南门、西门均建有关帝庙。

从泉州循台湾海峡向南，就是鹭岛厦门。厦门市中心的金榜山上，林木葱茏，奇石突兀，历代古迹荟萃，是国家级风景名胜区。金榜山巅，有个远近闻名的迎仙楼关公文化同心会，是海峡两岸关帝信众朝圣之地。迎仙楼关公会常组织义工赴各地朝拜关帝，她们身着飘飘欲仙的白纱或红纱长裙，在关帝大殿虔诚礼拜，在关帝古陵前集体吟诵《觉世真经》，铿锵温馨，娓娓道来，如心底涌出的歌谣。关公会在厦门已有近 2000 会员，全国会员已有万名。他们把会员的捐资集中起来，为厦门市内外近百户贫困民众送去粮油、点心、饮品等日用品，深受当地政府和民众称道。

现在，让我们循海上丝绸之路，去追寻亚洲东南的关帝文化风情。

2005 年第一次到日本横滨，中国驻日本总领事陪同我们参访了中华街关帝庙。这座庙殿令我震撼，算得上我在海外见到的最辉煌的关帝殿堂！庙殿始建于明治六年（公元 1876 年），后因关东大地震及战事三度被毁，现在的建筑，落成于 1990 年 8 月。这片凝聚了中华传统建筑工艺精粹的建筑群，曾吸引海峡两岸中国人共同奔向这一工程。

朱正明向厦门关公同心会赠送关公像。右五为会长杨富翔，左四为执行会长余京蔓

日本横滨关帝庙大殿飞檐凌空

日本横滨关帝庙大殿供奉的关帝

日本横滨关帝庙庆祝建庙150周年大典

汉白玉围栏和雕刻着三国人物故事的观音石龙柱，簇拥着辉煌耀目的大殿。大殿供奉着关公，两侧是手托玉印的关平和手持青龙刀的周仓，整个祭坛铺张地使用了金箔，共用黄金4公斤。祭坛两侧，陪祀着观音菩萨和地母娘娘。这里，每年农历六月二十四都举行庆祝关帝诞辰的活动，以狮子舞、龙舞来展现中华传统文化，是时热闹非凡。元旦和除夕之夜，关帝庙整夜开放，夜幕中，灯火通明轻烟袅袅的关帝殿，更给人几分温馨。

时间到了2011年7月，横滨关帝庙建庙150周年大典隆重举行。此前，横滨关帝庙理事长林兼正请我邀约几位朋友，到横滨出席庆典。我邀约了全国政协委员汪国新、沈阳德源集团董事长崔玉晶、北京燕山红文化传播公司董事长郑桂兰、中央人民广播电台记者朱懿，组成中国关公文化朝圣交流团出席盛典。

那天的庆典肃穆、隆重、热烈，体现了日本横滨各界对关公的虔诚，对中华关公文化的重视。庆典之后，举行了隆重热烈的关帝巡游，日本警界协助疏导车流，维护游行队伍。所到之处，侨界朋友在门前摆放凉茶，敬献鲜花素果，燃放鞭炮，鼓掌欢呼，使游行队伍备受鼓舞。

汪国新书画和我的摄影展，在横滨广东会馆举办。横滨中华街关帝庙理事长林兼正、中国驻日本大使馆参赞吕小东、汪国新先生、崔玉晶女士共同为展览剪彩。中国驻日本总领事刘亚明、日本华人华侨总会前会长曾德深、日本横滨华侨总会会长谢成发，日本横滨、神户、函馆、京都、大阪、长崎关帝庙先后组团参观展览，台湾台南祀典武庙、台南大天后宫也组团参观展览并进行了亲切友好的文化交流。日本朋友城户弘人参观了展览，十分兴奋，他说："我是日本人，却十分钟爱中华文化，祝愿中日亲善友好！"他在现场播放了随身携带的中国国歌，让我们十分感动。横滨中华学校的学生参观了展览，又列队走进横滨关帝庙朝拜关公，齐声高唱《我的中国心》，"长江长城，黄山黄河，在我心中重千斤"的清亮童声，在横滨上空久久回荡。在横滨的几天，我们始终被中华文化的情谊浓浓包围着。

日本横滨 2011 年 7 月举办汪国新"关公书画展"、朱正明"世界关帝文化摄影展"。剪彩嘉宾右起：横滨关帝庙理事长林兼正、中国驻日本大使馆参赞吕小东、全国政协委员汪国新、沈阳德源集团董事长崔玉晶

第一次到日本，我们还在神户拜访了中华会馆关帝庙，副理事长蔡先生热情迎接我们。他告诉我，神户是兵库县首府，神户关帝庙建于明治二十五年（公元1892年），现存殿堂为1979年大修之建筑。

随着三国故事的传播，日本出现了众多三国迷，三国历史英雄也成了日本国人崇拜的偶像。前几年，日本潮出版社举办了几次"读过《三国志》后，您喜欢谁"的投票活动，结果，关公、诸葛亮、赵子龙等名列前茅。

日本列岛兴建关帝庙，已有150多年历史。目前，日本神户、横滨、长崎、函馆都建有富丽堂皇的关帝庙。正如横滨关帝庙建设委员会撰文所述："关帝庙，已成为连结华侨、华人和祖先、儒释道众神的场所，成为连结中国传统文化和故乡的场所，成为许多人心心相映的地方。"

韩国首尔关帝庙山门

韩国，我2005年随湖北省海外联谊会参访。在首尔，韩国朋友领着我们，在东门附近穿小巷，绕地摊，终于找到首尔关帝庙山门。

关帝庙被当地称为"东庙"，并被韩国政府定为"韩国142号宝物"。山门内的介绍文字，有英、中、韩、日四种："这是供奉中国蜀汉时期的名将关公的牌位并对他进行祭祀的祠堂。韩国和中国明朝军队为抗击倭寇共同作战，当时人们认为好几次都是关公的神灵出现帮助了他们。为了纪念关公，明朝的神宗送来了亲笔写的匾额和经费，在朝廷的协助下，于朝鲜第十四代王宣祖三十二年（公元1599年）动工，两年后竣工。"呵呵，没想到，这韩国首都的关帝庙，居然还是咱们明朝的朱家皇帝亲自援建的！

走近大殿，我看到关帝殿大门竟然紧锁着。使劲推开沉重的大门，也只能从门缝里伸进一个照相机镜头，里面黑乎乎的，什么也看不见。我想，只有听天由命了！我把闪光灯插在相机上，距离打到自动，对着大殿的正中间，稳稳地拍了一张。只拍

韩国首尔关帝庙大殿供奉的关公

中华关帝走进地球三极

了一张。回到江城武汉,胶卷冲出来,呵呵,韩国首尔的关老爷居然在画面正中稳稳地坐着!

首尔的老华侨告诉我,东庙大殿称显圣殿,殿内塑关公、关平、周仓,并高悬"浩然正气""千古完人""千秋义气""万古忠心"等匾额。在首尔,我们看到,许多华侨商店及华人家中客厅都悬挂关公神像,作为保佑祈福的神灵。韩国朋友介绍,李朝年间的汉阳(即首尔)在东、西、南、北四大门之外各有一座关帝庙,另外在市中心设中庙。从五座关帝庙的布局,可以看到当时的朝鲜人对关老爷的崇拜之情。五座庙堂,东庙和南庙规模较大。日本殖民统治期间拆毁了中庙、西庙和北庙,南庙也在朝鲜战争期间被战火烧毁,目前只有东庙屹立在首尔东门。

菲律宾中国城王彬街关圣夫子庙内的关公,是136年前从大陆泉州请来的

参访团向菲律宾侨领蔡祥维会长(右二)、林志农主席(左二)赠送关帝文化专著

2018年5月下旬,我带着湖北、湖南两省企业家关帝文化参访团赴菲律宾。抵达马尼拉当天,菲律宾冠荣国际集团执行总裁林志农先生,带我们赴中国城参拜王彬街关圣夫子庙。马尼拉华人区面积9平方公里,居住60多万人,唐人街是一条石块铺成的狭窄街道,两旁布满中国商店,大部分有中文招牌。店面上是小巧玲珑的骑楼,街景疑似中国旧时的广州。穿行在中国城大街小巷,许多商铺都供奉着关公,华人礼品店里,在红灯笼中国结的簇拥中,满是各种版本的关公像。

关圣夫子庙在唐人街一个巷子深处,我们沿楼梯旋转而上,来到二楼关帝庙大门。走进殿堂,一层层的廊柱上,镌刻着颂扬关公的楹联。关帝庙主席王人秋对我们说,这座庙殿,是清光绪八年(公元1882年),由他爷爷王则棋等人,从福建泉州通淮关岳庙奉请关帝香火传入的,是菲律宾关庙之首,被称为"王彬古迹"。王人秋主席指着神龛内一尊关帝像说:"这尊关帝,就是136年前,从大陆泉州家乡请来的。"建庙以来,香火鼎盛,菲律宾南部棉兰老岛,新加坡、马来西亚及中国港台地区,时常有华侨华人前来朝拜。

殿堂一侧,张贴着《菲律宾王彬关圣夫

菲律宾华裔少女为华侨华人表演忠义节目

子庙简介》，还没有来得及竖立石碑："清光绪八年（公元1882年），先祖王则棋公在马尼拉王彬一带创设关圣夫子庙，至今已有136年，关圣夫子庇护海外侨众及菲人，有求必应，神威显赫。如王彬街多次大火灾，大火烧至本庙附近即灭；又如1941年日寇入侵菲岛杀害中菲人民，关圣夫子显灵威镇桥头怒斩日军，保护中菲人士安全，被菲人尊称为'山者戈'（菲语：圣神）。至今仍香火鼎盛，善信络绎不绝。"

在菲律宾马尼拉，恰逢菲律宾洪门致公党武六干省支部理监事会就职盛典，舞台上巨大的"忠心""义气"繁体汉字，彰显着盛典的主题。中华总商会等华人各大侨社领袖、中国驻菲律宾大使馆领导均出席祝贺。菲律宾佩兰舞蹈艺术中心秘书长周兰，正在为华侨少女检查化妆，姑娘们要为近千位侨领表演中华舞蹈，展现忠义精神。周兰说："菲律宾几代华侨，都眷念自己的祖国，我们组织华侨少女，学习中华文化，讲述中国故事，表演中华舞蹈，已经受到中国侨联、菲律宾马尼拉政府的密切关注和鼓励。"

几次到越南，都挺有故事。

越南关帝殿，坐落在河内巴亭广场还剑湖小岛

第一次，还是30年前的1992年。当时越南刚刚开放，入境还不知道在哪儿办手续。我们在广西东兴边界的北仑河畔，找到一位越南船老大，一人2元人民币，乘船过北仑河，就到了越南芒街市。当时，1块人民币兑越南盾1700元，呵呵，我们一下子都成了腰缠万贯的小土豪。同行的，是广西钦州电视台的朋友，还有广东省摄影家，再是我们湖北的一行书记局长们。我们10多人组成"一湖两广文化新闻采风团"，换乘越南中巴，从越南北部的芒街出发，经过20多个小时的山道颠簸，穿越越南北部的山谷丛林，来到首都河内。

历史悠久的越南首都，被誉为千年文物荟萃之地。它北靠红河，东距南海百余公

中华关帝走进地球三极

里,终年树木葱茏,四季鲜花盛开,充满亚热带风光的浓郁特色,又有"百花春城"美誉。河内市区,最耀眼的要数凤凰树,舒展飘逸的凤凰花,开放在高高的树梢,在南国的海风中飘摇,红得流火,疑似漫天云霞。

这天下午,我们在首都河内的巴亭广场参观。这儿相当于中国北京的天安门广场。我坐在广场一侧的还剑湖畔,心想:辛辛苦苦跑这么远,如果越南也有关帝庙,去拜拜关帝多好!

说来也怪,这想法刚刚落地,就听到一位局长叫我:"小朱——岛上有家关帝庙!"呵呵!一听说有关公,俺两腿就来劲了!

越南河内关帝大殿供奉的红脸关公

还剑湖畔,一座长五六丈的红色铁桥,把我引向湖心小岛。引桥上的几幢砖石牌坊,镶嵌着汉文书写的楹联,弥漫着浓郁的中华气息。湖心小岛高出湖面两丈左右,森森古木簇拥着古色古香的关圣殿,殿堂内外,香烟缭绕,宁静温馨。

刚才我在湖边发呆,耽误了时间,此时快到开车时间了。我来不及多想,操起博朗尼卡120相机,装上闪光灯就开始拍照。只听"啪"的一声,闪光灯熄火了。这胶片相机,没有闪光灯,没有三脚架,在这昏暗的大殿里,根本派不了用场。

看来是拍不成了。我干脆将相机装进包包,静下心来,为关老爷点燃香火,虔诚地礼拜起来。

走出关帝大殿,奇迹出现了——

一个越南小伙子,右手高举着一个闪光灯,好像正在等待我的到来。我用蹩脚的越南话问道:"闪光灯,点中锅(多少中国钱)?"小伙子马上在计算器上敲出了"208"。我没有再问,一把掏出220元人民币塞在小伙子手心,抓起闪光灯就往大殿跑。当然,美美地拍了一组异国关帝大堂的图片。

从大殿出来,那12公顷清澈荡漾的还剑湖,比先前可爱多了,因为湖心岛有了关老爷的神灵。

15年后的2007年,湖北省外事干部考察团一行,从广西北海乘邮轮,经"海上桂林"下龙湾,再次来到越南首府河内。这次,我特地给关帝庙阮主任带了《中国关帝文化寻踪》大型画册,还有我出版的《世界关帝文化》光盘。再次来到巴亭广场,大家都在还剑湖边选购小商品,我却窝在关帝庙大殿,静静地上香,细细地感受异国关帝大殿的每一尊塑像,在心底诵读大殿内外的每一副楹联。

马来西亚新山市丹杯关帝庙大殿

马来西亚国际关公文化节仿古祭祀

马来西亚柔佛州。新山是柔佛州首府,华人占全市人口近一半,还有开通数十年的士乃国际机场。新山市丹杯关帝庙主席温驾光,多次与我在中国大陆的关公朝拜大典相聚,已经是老朋友了。2006年首次到新山,他特地开来爱车,带上我和当阳市海外联谊会会长卢文学,顺着柔佛海峡北岸溜达了一大圈,又连夜参拜了丹杯关帝庙。在关帝庙大殿,我们向温驾光主席赠送了关帝文化画册和光盘。在关帝庙接待厅,我看到专栏里展示着我在海外报刊发表的文章,感到特别亲切。

新山关帝庙坐落在市郊丹杯路与甘拔士交界处的小山丘上,俗称丹杯关帝庙。庙殿建筑宏伟,大殿塑像精美。近几年,关帝庙温驾光主席带领理事会成员多次赴中国山西、河南、湖北出席关公朝圣大典,影响已波及海内外。

10年后的2016年,受马来西亚关老爷文化协会邀请,我又一次来到马来新山。刚在宾馆入住,丹杯关帝庙温主席率众理事来宾馆看望。我邀约洛阳关林书记李泠、福建省海峡关公文化促进会会长甘毅雄一行,随温主席到丹杯关帝庙参拜。在会议室,我表达了对关帝庙理事会的敬意,向温主席赠送了新版的《走遍天下访关圣》专著。

当晚,马来西亚和中国海峡两岸专家学者及企业家在新山市举办了国际关公文

中华关帝走进地球三极

化论坛。台湾"中华关帝弘道协会"会长陈展松、洛阳关林书记李泠、全球洪门总会会长刘会进、山西运城关帝庙、湖北荆州关帝庙、河南关公网等做了专题发言。我演讲了《从马来西亚到珠穆朗玛》，讲述了中国重建珠穆朗玛关帝庙的精彩故事，赢得海内外听众一阵阵热烈掌声。

第二天，中国洛阳关林关帝像、台湾"中华关帝弘道协会"关帝像、马来西亚关老爷文化协会关帝像同时在马来西亚柔佛州新山市区巡游。这是1800多年来中华两岸关帝首次在海外同时巡游，开启了海峡两岸关帝文化交流的新的里程碑。当天晚上的巡游，3000余人参加，整个新山沸腾了！到处锣鼓喧天，鞭炮隆隆，礼花升腾，吸引数万民众礼拜观看，比春节还热闹。

在马来西亚首府吉隆坡，有一家建

马来西亚国际关公文化节，台湾高雄姑娘献演节目

于清光绪十四年（公元1887年）的关帝庙，亦称广肇会馆，位于思士街一带。庙殿地处首府中心，是吉隆坡少数保存下来的古建筑物，多年来香火鼎盛。

在曼谷，朱正明向泰国中华总商会郑明如主席(左三)及诸位副主席赠送关帝画册和光碟

泰国中华总商会，创立于清宣统二年（公元1910年），是世界各国侨团很有影响的组织，时任主席郑明如博士，在泰国是家喻户晓的名人。第一次到泰国，我们特地联络了中华总商会，与会长们见面座谈。

在曼谷沙吞南路889号泰国中华总商会大厦，83岁高龄的郑明如主席，早就在会客厅等着我们，像一位慈祥和蔼的父辈，向我们讲述华人在泰国的历史趣闻，讲述自己对祖国的眷恋。郑博士1987年5月获选第11届总商会主席，后历任泰国中华总商会第11至20届主席。担任主席期间，他做了几件了不起的大事：一是1993年发起兴建35层总商会大厦;二是1995年12月总商会主办第三届世界华商大会,同时庆祝总商会成立85周年和新大厦落成开幕礼;三是创办华文学院传承中华文化。

郑明如先生祖籍广东丰顺,1923年出生于泰国素攀府,是第三代华裔。二十世纪四十年代开始创业,现在主持近30家企业,涉及金融、化工、贸易、酒店、食品等领域。郑主席多次应中国政府邀请赴中国大陆开展经贸考察,二十世纪八十年代率先在广东汕头投资设厂,捐资兴学。郑明如主席被誉为"创造世界财富的人",投资遍及大半个中国,曾先后受到邓小平、江泽民、胡锦涛等中国领导人接见。他热心慈善事业,荣获泰国王室一等皇冠大绶勋章,为泰国的最高荣誉。郑明如主席对我说,自己之所以能获得成功,得益于青年时代受到的中华文化熏陶。在总商会大厅,我向郑明如主席赠送了《中国关帝文化》画册及《世界关帝文化》光碟,祝愿泰国中华总商会财神辈出。

新加坡通淮关帝庙

新加坡,被誉为花园之国。2000年6月,我组织的"小留学生爸妈团",20多人从香港起飞,来到马来半岛最南端的新加坡。我家小子幼时在三国古战场当阳读书,五年级时,当阳举行作文比赛,他居然得了一等奖。那年,我已经调到省城工作。六年级时,儿子和他妈妈都到了武汉。初中三年级,武汉举行数学竞赛,满分只有两个,一个就是这小子。数学老师是个严肃的长者,宣布完分数,竟然激动得走下讲台,与这小子紧紧握手! 我知道老师当时的心情。

就在这个时候,新加坡莱佛士书院来中国北京、上海、武汉三大城市招生,在最好的学校挑成绩最好的学生参加考试。经过几轮笔试面试,这小子居然被选中,成了享受新加坡国际奖学金的小留学生。

我们的航班在新加坡章宜机场降落。新加坡关帝朝拜团团长梁三旺特地赶到机场里面迎接,用他的本田,带着我们一家子,跑遍了新加坡的东西南北中,参拜了最有代表性的几家关帝庙。梁先生告诉我,600多平方公里的新加坡,有30多家大大小小的关帝庙,积淀着浓郁的中华关帝文化风情。

这天是农历五月十三,各家关帝庙张灯结彩,横幅高悬,各出高招,为他们心中的关圣帝君祝寿。关公的生日有两种说法,中国大陆有些地方庆祝农历五月十三日,台湾一般庆祝农历六月二十四日,有的地方干脆两个时间都举行庆祝活动。

裕廊东32街,是一片花团锦簇、环境优雅的社区。宽敞的草坪上,绿树簇拥着重

中华关帝走进地球三极

重叠叠的龙柱黄瓦,这里就是闻名新加坡的通淮关帝庙。秘书长苏建成先生告诉我,1982年,通淮关帝庙同仁通力合作,集资近百万重建了关帝庙。

2000年11月,应新加坡邀请,湖北省海外联谊会和荆州市政府联合组团,赴新加坡举办"中国关帝文化摄影展"。我精心挑选了图片,分四个部分:黄河岸边的故事、荆州古城的辉煌、长江两岸的传说、遍及五洲的宫庙。11月3日,展览在惠安公会礼堂隆重开幕。中国驻新加坡大使馆公使衔参赞管木、荆州市委刘克毅书记、湖北省委统战部副部长钟汉林及侨领庄善亮、庄赐珍董事长等为开幕式剪彩。新加坡各友好社团及友人赠送的30多组花篮和锦旗,把展厅装点得喜气益然。刘克毅书记是位和蔼可亲的长者。他安排我带着儿子去参观景点,自己在展厅守护着,当关帝文化义务讲解员。

印尼首府雅加达,朱正明(右三)向印尼关氏宗亲总会关添辉主席(左四)赠送关帝文化专著。右四为印尼关氏宗亲总会前任主席关文友,右一为湖北省非洲商会副会长刘松旺,左三为武汉企业家刘智,右二为湖南长沙关公会名誉会长王协辉

印度尼西亚,是17500多个岛屿组成的世界最大的群岛国家,疆域横跨亚洲及大洋洲,被誉为千岛之国,也是多火山多地震的国家。2018年5月下旬,湖北湖南两省关帝文化参访团,飞往印尼爪哇岛。

印尼关氏宗亲总会主席关添辉,前任主席关文友,秘书长关文泰等,在总会热情迎接我们。我看到,关氏宗亲总会门前,挂着一幅书法"牺牲享受,享受牺牲",这是一位学者送给关氏宗亲总会荣誉会长关文龙先生的。哲理满满的社团精神,令参访者称道。我想,牺牲享受,是一种勤奋,一种奉献;享受牺牲,是一种境界,更是一种精神!

关氏宗亲总会大厅,供奉着"身首魂合一"关帝像和关帝画像,正墙挂着印尼总理、副总理像，更多的是印尼关氏宗亲总会在世界各地活动的图片。这次出发前，我特地放大制作了印尼关氏宗亲在山西运城关公家乡朝圣的图片，并将会议室背景换成了关公家乡祖庙春秋楼，令宗亲会主席们拍手叫好。

第二天，我们参访了南靖关帝庙。在雅加

印尼巴厘岛保安宫飞檐

达唐人街一个巷口，立着一个简易牌坊，顺巷道步行数十米，右侧就是关帝庙小门楼。进入大门，两侧是"桃园结义"和"义释曹操"彩色浮雕，再进入，是一个比较宽敞的院落，绿树成荫，幽静清凉。院落尽头，就是南靖关帝庙大殿。大殿是一般的砖瓦房，没有龙飞凤舞的雕梁画栋，而殿前的匾额，却显得古色古香："汉室褒忠""功垂宇宙""声灵赫濯""纲常正气""万古精忠""南海流芳"……大殿内关帝神龛上方，高悬着"忠义""钦仰帝德"等金匾。

时间匆匆，在雅加达只驻留了一天，我们在雨夜飞往了巴厘岛。这里是印尼1700多个岛屿中最耀眼的一个；这里山脉纵横，风情万种，被誉为生命之岛、天堂之岛；这里是亚洲的最南端，天之涯，海之角。我们顾不上游览美景，先在巴厘岛寻访关帝文化风情。地陪郭芯秀小姐带着我们，找到了一处新建的保安宫，这座中国闽南式建筑，蟠龙石柱，飞檐凌空，斗拱重重，楹联灿灿。大殿右侧，一尊10多米高的汉白玉观音，在莲花座上慈悲潇洒。大殿供奉天上圣母、福德正神、关圣帝君、观音菩萨等神像。关公像一看就颇有年头，起码有数十年的香火供奉。在保安宫关帝殿前，我们打出了"走遍天涯访关公"横幅。

接下来，亚洲天涯海角的情人崖、海浪翻卷的海神庙、印尼木雕、绘画、印尼人生活的院落，都给我们留下了难忘的印象。离开巴厘岛这天，带我们旅行的印尼姑娘郭芯秀发来信息，传来了她老家供奉的关帝像，她说："许多印尼华裔，家中都喜爱供奉关公，关公是华人华侨精神的源头。"

20

世界尽头
女皇博物馆珍藏关帝宝物

澳大利亚塔斯马尼亚首府霍巴特，被称为"世界尽头"

塔斯马尼亚女皇博物馆关帝庙供奉的关公

　　澳大利亚最南端的塔斯马尼亚岛，被称为"世界尽头"。从这儿再向南，就是冰雪覆盖的南极大陆了。

　　2015年深秋，我和儿子朱墨一起飞往塔斯马尼亚，降落在州府所在地霍巴特机场。说来也巧，到机场迎接的小伙子，居然名叫赵云！一见面，我们以"子龙"相称，如老朋友久别重逢一般。

　　霍巴特在塔岛的最南端。赵云驾着越野车，带我们直奔塔斯马尼亚最北端的城市朗塞斯顿。从南向北，沿途都是纯净的高原谷地，陡峭的海湾和一脉压一脉的雪白海浪，自由伸展的公路两旁，散落着不知名的艳丽的野花儿。山峦间一处处村落原始古朴，眼似在画中，心似在梦中。

　　朗塞斯顿，被群山环绕着。维多利亚女皇博物馆，坐落在山间谷地一处高坡之上，四周鲜花簇拥。父子俩带着刚刚出版的《走遍天下访关圣》专著，带着水晶关帝像，带着西藏关公唐卡，在赵云的引导下，轻轻走进博物馆。

　　听说从遥远的中国大陆来了关公文化学者，博物馆帅气的Pauline先生和热情的Aayon小姐满面春风地迎了上来。在他们的引导下，我们来到博物馆左侧

在塔斯马尼亚女皇博物馆,朱正明(左)、朱墨(右二)向博物馆 Pauline(左二)、Aayon(左三)赠送《走遍天下访关圣》专著和《世界关帝文化》光盘

大堂,这儿居然有一家完整的关帝殿,珍藏着早年华人淘金创业时的关帝庙系列文物,更有端坐在金色神龛中的关老爷。

在关帝殿山门前,朱正明父子向博物馆赠送了刚刚出版的《走遍天下访关圣》专著和《世界关帝文化》光盘,讲述了岛外的关帝文化发展状况,并感谢塔斯马尼亚政府悉心保存了百余年前华人先贤遗留的关帝珍贵文物。

塔斯马尼亚岛(Tasmania)漂浮在墨尔本南部 240 公里的大海上,与南极洲隔洋相望。岛的东边,是太平洋,岛的西边,就是印度洋了。这儿被称为"假日之州""澳大利亚的新西兰""世界的尽头",是全世界最美的岛屿之一。岛上有个"锡龙踪迹"遗址群,展示着早期华人开拓者留下的文化遗迹。博物馆内的关帝庙,就是锡龙踪迹的重要内容。

看护关帝殿的巴勒特先生,是塔斯马尼亚州朗塞斯顿女皇博物馆的高级顾问,还是研究中国劳工在塔斯马尼亚州的历史专家。他深情讲述了一个多世纪以前,中国锡矿工人在塔斯马尼亚当劳工的往事:中国人聚居在韦尔德伯勒(Weldborough)和巴里巴尔迪(Baribaldi)。远涉重洋背井离乡的中国劳工,长时间花在劳作及解决语言障碍上,他们的生活局限在家乡人的圈子里,建立了中国式的关帝小殿堂,以聚集乡亲,凝聚乡情,解思念家乡之苦。

史料载,1874 年,一个叫乔治·贝尔的人在塔斯马尼亚岛的东北部发现了锡。由于开采环境恶劣,当地的欧洲裔矿主开始引进中国劳工。他们选择中国人,是因为中国人有经验,讲合作,守规则,而且劳务费低。他们大部分来自广东。10 年之后,华人劳工达到千人,成为最大的非欧洲裔开发者群体。他们开挖的都是小贫矿,而且位置偏远。华人的勤劳和聪明才智,给当地人留下了深刻印象。

十九世纪九十年代,锡价开始下降,表层锡矿开采得差不多了,一些财力雄厚的大公司带来机械,中国劳工的传统开采法派不上用场了。于是,中国劳工陆续离开这个地区。一些人散落在岛上种菜洗衣,一些人跨过海湾,到澳大利亚大陆,有的回到了中国。许多财力微薄、无依无靠的劳工,只有在这"世界尽头"终老。

中国人离开后,塔斯马尼亚东北部一些村镇变得冷清甚至荒芜。到了二十世纪三

中华关帝走进地球三极

十年代初，只有一个中国人留在韦尔德伯勒看守关帝庙，他叫 Hee-Jarm，年岁已高，终日期盼回到中国家乡。1930年，他来到朗塞斯顿，请求市政厅接受这座庙宇。于是，庙殿搬进了女皇博物馆。

博物馆管理人员介绍，现在，经常有当地人来朝拜关公，香火一直不断。管理人员还透露，

塔斯马尼亚女皇博物馆珍藏的百年前关帝庙珍贵文物

有人想出几百万元澳币把庙殿文物买走，博物馆没有理会。

真要感激塔斯马尼亚政府，珍惜澳大利亚国家的发展历史，珍惜中国劳工的创业艰辛，珍惜中华侨民的传统文化，更珍惜曾经在世界尽头传播的中华关公文化！博物馆关帝殿虽然占地不大，但关帝庙文物都按原有格局陈列着：山门两侧，黄底黑字的楹联格外醒目："关圣忠义传汉土，帝君仁勇护神州"，"圣泽同沾"匾额悬于山门之上。进山门，红底金字的"义冠古今""忠昭日月"楹联，竖立在关帝庙大殿两旁，上悬"塞乎天地"金匾。大殿约50多平方米，正中的关帝神龛格外醒目，大红底座，金黄香案，身着帝装的关老爷端坐其中，关平、周仓守护两侧。殿内，布满珍贵文物：红底金字的关帝庙匾额，关圣帝君帅旗，精致的六面紫檀贴花灯笼，铜铸镀金青龙偃月刀，"万邦和协"锦缎屏，"义重河山"金匾额，有板有眼的十八般兵器排列有序。大殿外宽敞的走道两侧，展示着珍贵的鼓乐香炉等祭祀用品，张贴着中国锡矿工人在塔斯马尼亚的简介，还有一些历史图片。巴勒特介绍说，经专家考证，这些文物之精美，难在他处找到。

遥想百年之前，华人劳工请能工巧匠在广东家乡精心制作了这些关帝庙物件。在中国海岸起航之时，一定是鞭炮轰鸣、锣鼓喧天的欢送。留驻家乡的亲人们，送往世界尽头的，是关帝香火，是乡人们对亲人的祝福，对亲人的思念，对亲人的期盼！

据介绍，当年的华人村落里，关帝庙就建在一处景观优美的开阔草坪。这个千名矿工聚集的地方，曾建造三处关帝庙。关帝的忠义，在海外就意味着对故土的怀念，对家人的忠诚，意味着肝胆相照精诚合作。

几年前，塔斯马尼亚州筹划追寻"锡龙"踪迹，以开发旅游，促进社区建设，并希望以此加强同中国的经贸。10年前，澳大利亚联邦总理霍华德亲自宣布向该计划提供政府资助200多万澳元，他说："这个项目将鼓励澳大利亚和国际游客到澳大利亚的乡村，了解澳大利亚的遗产和同中国的文化联系。这一计划也得到了包括塔斯马尼亚大学和林业部门等50多家机构的支持。"

有人说,在塔斯马尼亚,空气纯净得都想把肺掏出来洗洗。白天,驰骋在空无一人的原始旷野,抬头仰望羊群般舒卷的云朵,躺在草地上看眼前孔雀开屏,闭上眼闻闻繁花的馨香。晚上,亲友围坐在篝火旁享用野趣晚餐,伸手能抓一把闪亮的星星……

这就是塔斯马尼亚。

澳大利亚墨尔本四邑关帝庙

初冬的澳大利亚,正是春意盎然的日子。我和儿子在墨尔本降落,迎接我们的是澳洲联邦银行的惠子姑娘和她弟弟。姐弟俩一个靓丽,一个帅气,令我们眼睛为之一亮!

这里,要先说说华人先贤下南洋淘金的往事。中国广东省的台山、开平、新会和恩平四个县,被称为"四邑"。这几个县山水相连,语言相近,习俗相通,祖祖辈辈信奉关帝。四邑华人远涉澳洲淘金,在澳洲设坛祭祖,建立社团,创建金碧辉煌的关帝殿堂,实际上是一部华人华侨在海外创业发展的难忘的心酸的甚至悲壮的历史。

自己的母国腐败无能,海外华人就窝囊受侮;

自己的母国繁荣昌盛,海外华人就扬眉吐气!

澳大利亚原为拉丁语 AUSTRALIS,意为南方大陆。早在十七世纪初,荷兰人威廉·扬茨从爪哇乘船东来,1636 年在澳洲大陆东北纽克角半岛登陆。1769 年 3 月,英国海军上尉詹姆斯·库克(JAMES COOK)船长率探险队赴澳大利亚,第二年 4 月在澳东部海岸悉尼附近的植物湾登陆,之后继续北行,8 月下旬在东北岸最北角的占领岛登陆,在那儿升起了英国国旗,宣布以英王乔治三世的名义占有这块比英国大数十倍的土地。从此,澳大利亚成为英国殖民地。

墨尔本位于澳大利亚南部海岸,建于 1837 年,以英国首相名字命名,当时只有60多户居民。中国鸦片战争之后,人祸天灾,社会动荡,战乱频繁,民不聊生,广东省承担百分之七十的战争赔款,沿海民众遭受外国侵略者和朝廷双重掠夺,加上耕地不足,生活在极度贫困中的四邑农民,被迫下南洋谋生,远航澳洲。

1851 年 2 月,澳大利亚新南威尔士州的巴瑟斯特发现金矿。这年 8 月,维多利亚州墨尔本约 100 英里的巴拉瑞特、本迪戈等地,也发现丰富的金矿。自此,澳大利亚掀起了持久的淘金热。华工来到澳洲,把这里发现金矿的消息写信告诉国内乡亲,于是像滚雪球一般,一批接一批的淘金者乘船而来,涌入澳大利亚,他们把这儿称为"新金

山"。据官方统计,1856 年,澳大利亚有华人 27,000 人,到 1861 年增加到 38,000 人,他们绝大多数来自广东沿海,又以四邑居多。1851 至 1861 年,澳大利亚共生产黄金 1 亿 2 千 400 万镑,其中不少是四邑华人矿工创造的业绩。

巴拉瑞特是澳大利亚版图上唯一由华人用勤劳和汗水建立起来的城市,位于墨尔本西北,只有 1 万多人口。据碑刻记

淘金古镇巴拉瑞特留存的关帝庙

载:1857 年 3 月,一支 700 人的广东四邑淘金群体,在香港乘美国一艘 F.P 圣人号快速帆船开往澳洲,一个月后抵达维多利亚省。由于维多利亚省政府刚刚实行限制华人上岸的法令(1855 年 6 月,维多利亚省议会通过了澳大利亚历史上第一部华人移民限制法,规定每艘到澳大利亚的轮船,每装载 10 吨货物,才能搭载一个中国人。如果超额,每人罚款 20 镑,船主罚款 10 镑。每个中国人还要交 10 镑人头税。这个排华法令,延续了一个多世纪),这批淘金者被迫绕行到南澳的罗西上岸。他们用扁担挑着全部家当,头戴苦力帽,辫子盘在头顶,步行 400 多公里,5 月底才到达目的地。这个地方,被命名为"广东矿脉",是当地最丰富的冲击层金矿。最初的三个月,挖出的每筐金矿沙中,黄金含量多达 64-80 英两。后来,这里改称为巴拉瑞特山。这座矿脉,一直开采了 55 年之久。今天,在巴拉瑞特公墓中,仍掩埋着300 多名已故的广东四邑人,大多数都是无名无姓更无墓碑的华人!

那些年,清政府无力对海外劳工给予援助,海外华人苦不堪言。乡亲们为自我保护,集聚一起,同源同宗,设置了小关帝庙,举行拜祖。庙殿,成了华人社团的雏形。

一个半世纪之后,这些无名无姓的华人的母国强大了,他们的家乡富裕了。1994 年 9 月 20 日,巴拉瑞特与广东台山市建立了姐妹城市关系。这年 8 月,巴拉瑞特市启动兴建一座金山博物馆,纪念华人建设巴拉瑞特的功绩。七年后,中国台山市政府援建的金山博物馆落成。应巴拉瑞特政府邀请,台山市委书记率团飞往澳洲,参加巴拉瑞特博物馆落成剪彩。在馆前的广场上,伫立着两尊华人兄弟铜像,并竖立着两座中英文铜碑,详细记录了四邑先贤开发巴拉瑞特的艰辛历程。

巴拉瑞特的疏芬山金矿,二十世纪七十年代修复后,小镇的街道、建筑都保留着淘金时期的样子。您可以参观曾经的矿坑,感受淘金的乐趣,运气好还能将淘到的金沙带回家。您可以乘坐马车游览小镇,马蹄声和车辚辘的和音,一定会把您带入 100 多年前的时光。巴拉瑞特古镇高处,至今还保留一座小关帝庙,其楹联曰:金山迭迭财源丕振共沐神恩;银海茫茫水陆平安同沾帝德。

墨尔本的发展，与墨尔本唐人街的发展同步。十九世纪八十年代末，墨尔本小博街成为澳华先人聚集地和货物集散中心，华人以强盛的唐朝为荣，这儿便被华人称为唐人街。清咸丰四年（公元1854年），墨尔本先侨、台山人雷亚妹发起在墨尔本成立四邑会馆。据会馆元老黄兆南先生回忆，背井离乡的华工，都希望有朝一日衣锦还乡，光宗耀祖。这群海外孤儿无依无靠，只有抱团互相帮助，才能安居乐业！

在惠子姑娘和她弟弟的引导下，我们在古色古香的关帝殿堂久久驻足。墨尔本四邑会馆关帝庙，始建于清咸丰六年（公元1856年），是澳洲第一座由华人建造的大型庙殿。华侨远离家园，备受种族迫害，整日生活在恐怖之中。他们需要一尊神来慰藉自己的心灵，保护自己的生命财产安全。被塑造成万能之神的关公，自然成为华侨心中的保护神。墨尔本四邑关帝庙，就是适应华侨这种信仰建造起来的。

四邑关帝庙坐落在墨尔本埃莫拉尔德山，初建时是木结构小神庙，设施简陋，被四邑乡亲称为"庙仔"。1864年，庙仔已不能满足四邑乡亲。经过一年多的筹建，1866年10月，四邑会馆关帝庙建成。关帝庙坐落在墨尔本南区76–80 RAGLAN STREET，大殿为两层建筑，大门上书"四邑会馆"，由著名书法家张之翰书于清同治五年（公元1866年），正门两侧对联气势恢弘：正气长留宇宙，丹心直贯古今。步入关帝庙，一面圆形镜子进入视线，俗称"照妖镜"，据说有镇邪作用。进门正面即是木雕花罩屏门，门后为前殿，是人们拜神之地。大殿用三对支柱分为三进，三组木雕神案，正中是关帝神龛，关帝威风凛凛，让人敬而生畏。上方高悬"关圣帝君"牌匾，再上方，悬三块匾额："伏魔殿""至大至刚""允文允武"。大殿内，匾额众多，细数，竟有50多块，如"圣恩广被""佑我群生""精忠义勇""协和万邦""泽及海隅"。大殿木柱上的对联，讴歌关帝品德，表达了四邑乡亲崇敬之情："万古英雄存大义，千秋德泽惠群生"；"银海茫茫水陆平安同沾帝德，金山垒垒财源丕振共沐神灵"。这些，都是四邑内外侨领在清咸丰、同治、光绪年间建造的。

关帝庙中堂右侧是华侨义祠，关帝庙司祝何明先生告诉我，这里安放着8000多位先贤牌位，是当年采金华工和各路华商辛苦一生为自己选定的天堂宝地。遥想当年，这些热血青年怀揣关帝香火漂洋过海，寄身异国勤奋劳作，生时追随关公忠义精神，死后依傍关帝慈善神灵，如回归故土一般宁静安详！据墨尔本侨领介绍，2002年7月28日上午11时，会馆为新义祠落成启用隆重庆典，数百名四邑乡亲参加。联邦国会议员陈之彬、墨尔本市长苏震西、中

墨尔本淘金华人前辈们的牌位，安放在关帝殿一侧的义堂

国驻墨尔本总领事田俊亭、澳洲洪门民治党盟长雷谦光、四邑会馆总理雷惠彭等到场祝贺。

1980年，四邑会馆对有着126年历史的章程全面修订，在宗旨中增加了"集成先贤之志，敬仰关圣帝君忠义仁勇精神"，"期望新生后代皆有祖国文化之认识"，强调会馆要传承中华优秀文化，培养华人新生代对祖国文化的认同。在百余年的经验总结里，除了团结奉献，创新民主，更有"弘扬以关帝文化为核心的中华传统文化，宣导忠义仁勇的关帝精神，这是最重要的思想与文化保证"。

侨领梅伟强介绍，关帝文化体现了四种精神，这就是忠诚、信义、仁智、勇武。这四种精神蕴涵着中华民族文化的伦理、道德和理

海内外华人在墨尔本四邑关帝庙上香

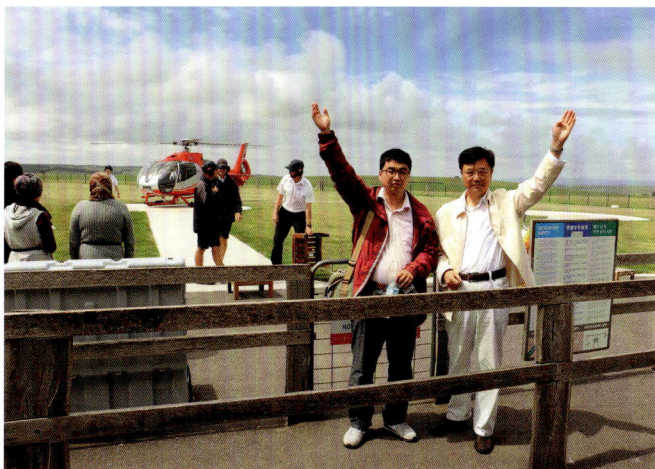

在墨尔本十二门徒，朱正明父子乘直升机航拍南太平洋风情

想。华侨将关帝文化传入侨居国，从而为中华文化在海外的传播及侨居国多元文化的形成做出了历史性贡献。

历史跨越到新的世纪。2004年6月，澳大利亚迎来四邑会馆成立150周年的日子。澳洲联邦总理霍华德，前联邦反对党领袖祁连，中国驻墨尔本总领事田俊亭发来热情洋溢的贺电。此时，关帝庙已形成庙宇群，庙前的花园，已经花繁叶茂，绿荫葱葱。大殿外观是西式楼房，内部却是地地道道的中式庙殿。庙堂一切陈设，如对联牌匾、神龛木刻、香案炉鼎、梁柱石狮，都是从中国选购，从北太平洋远航到南太平洋。现在，港澳台海外关帝庙，已经成为华侨华人思念故土、祭拜先贤、相互帮助、凝聚力量的"加油站"。

热情奔放的惠子，带着我们几次穿越墨尔本唐人街。唐人街是墨尔本市中心华人餐馆和商店聚集的地方，长约900米，跨越五条与之垂直的大街。这里中式餐馆林立，还有华人书店、精品店、免税店、工艺品店等，放眼都是中英文对照的招牌。

唐人街本身是一条古老的街道,街两旁的建筑物大多超过半个世纪,古雅却不沧桑。每年春节,唐人街彩灯高挂,彩旗飘扬,很多华人会来到唐人街参与庆祝中国农历新年,墨尔本市政府把唐人街及与之垂直的罗素街(Russell Street)的一部分进行封闭,禁止车辆通行,特别让给华人举行庆祝聚会活动,本地居民和游客可以欣赏舞龙舞狮、文艺表演等,除了吸引华人之外,也吸引大量的澳大利亚本地住民前来观赏。唐人街对华人来说是凝聚力,对澳大利亚各民族而言是吸引力,近年来越来越负有盛名。

　　在唐人街中央空地上,有一座仿江苏南京市朝天宫棂星门的牌坊,成为通向澳华博物馆的标志。澳华博物馆是为纪念维多利亚建州150周年,于1985年11月建造的,馆舍地点由澳大利亚政府拨给,博物馆里保留了唐人街建立之初以及华人移民澳大利亚的时候历史的真实印记,人们可以从大量图片、文件、实物目睹唐人街的历史变迁,体验当年华人的生活情景。唐人街有好几个华人会馆,包括四邑会馆、潮州会馆、福建会馆、南番顺会馆(南海、番禺、顺德),有些会馆的牌匾刻于清咸丰年间,距今已有百

澳大利亚悉尼四邑关帝庙供奉的关公

年,颇具历史价值,古今风物并存,让墨尔本唐人街别具一格。

　　墨尔本是澳大利亚维多利亚州的首府、澳大利亚联邦第二大城市,南半球最负盛名的文化名城。1901年至1927年,墨尔本曾经是澳大利亚的首都,长达26年之久。1901年,澳大利亚联邦成立之后,澳大利亚首都就是墨尔本,当时的墨尔本比悉尼繁华。随着悉尼的日益繁荣,悉尼市民希望自己居住的城市成为首都。澳大利亚政府后来决定,在悉尼和墨尔本之间建造一个新的城市堪培拉,作为新首都。1927年,澳大利亚迁都堪培拉。有趣的是,新首都并非位于悉尼和墨尔本的正中间,它距离悉尼约四小时车程,距离墨尔本约七小时车程。

飞离墨尔本，我们来到悉尼。悉尼侨领、湖北省海外联谊会副会长郭生祥先生和他夫人，当晚把我们父子俩带到悉尼情人港，感受悉尼海湾迷人的夜色。在情人港，我向郭生祥先生赠送了刚刚出版不久的《走遍天下访关圣》专著。

　　悉尼四邑关帝庙，是悉尼最早建成的一座华人寺庙。它坐落于 CBD 黄金地段戈利贝地区的民居之中，毗邻翠绿的公园，遥望碧蓝的海湾，香火已延续百余年。关帝殿堂由早期从广东四邑赴澳洲淘金的华人捐款购地建成，离唐人街和早期大部分华人居住的莎利山仅数公里。由于时代变迁，现在这里住满了艺术家、画家、嬉皮士，除庙宇之外，已经看不到多少华埠的迹象。从戈利贝大道两旁一家挨一家的食肆和商号中，也几乎见不到华人店铺和中餐馆。建筑风格各异的高尚住宅区，花团锦簇般将关帝庙环绕其中，将中华文化与澳洲多元文化融合在一起。

　　四邑关帝庙占地约两亩，主要建筑物有三个殿堂，正殿奉祀关帝及观世音菩萨。前殿正檐悬挂"关圣帝君"木雕牌匾。后殿分为左中右三室，正中是关帝神龛，两旁悬挂木刻楹联。右殿供奉四邑人祖先神位，左偏殿悬挂发财灯和平安灯，主供财帛星，俗称财神爷。所有匾牌木雕、金漆器具工艺精美，色彩鲜亮。名列澳洲文物保护名册的四邑关帝庙，也被悉尼市政厅庆祝春节委员会编入，每年庆典期间，成为公众参观、弘扬中华文化的场所之一。

　　每月农历初一、十五，从周边卫星城赶来上香的信众络绎不绝。悉尼媒体称，关帝庙为悉尼华人社区的精神依托和传统文化中心。跨越了一个世纪，民众祭祀关公义薄云天的香火绵长依旧，跨越时空的"忠义仁勇诚信"，在多元文化蓬勃发展的澳洲风采依然。

　　每年春节，唐人街都有扮成关公的财神爷为大家派"利士"，此时，四邑关帝庙内更是人声鼎沸，锣鼓喧天。不仅四邑人，很多其他华人也来关帝庙进香，求来年万事如意。

　　关帝庙堂主李德基先生介绍，悉尼关帝庙 2004 年落成百周年，当时的澳大利亚总理约翰·霍华德，国家劳工部长 Mark Latham，新南威尔士州州长 Bob Carr 等高官，中国驻悉尼总领事廖志洪均发来贺电。约翰·霍华德总理在贺电中说："我很荣幸地向所有信奉关帝文化的人们表示衷心的祝贺，对举办悉尼关帝庙建成 100 周年庆典活动表示赞赏。自上世纪末起，关帝文化的信奉者们对澳大利亚作出了重要贡献。这些新移民在淘金热时代来到澳大利亚，在各行各业辛勤经营，建家立园，特别是在悉尼。从那时起，澳大利亚的华侨们就在建设一个多元文化的社会，如今这个社会已为世人瞩目。"

　　在关帝庙内，见一位 30 来岁的华人在大殿虔诚敬香，待敬香完毕，我们与她攀谈起来。原来，上香者是华商贾娟娟，10 年前随男朋友来澳洲，做雪地靴品牌，当天是贾娟娟父亲 3 周年祭日，她来不及赶回中国大陆祭奠，专程赴关帝庙上香化纸，表达对父亲及家乡的怀念。

　　我和儿子一起，沿着悉尼唐人街寻访关帝文化，在一个个店铺、公司、餐馆拍摄华

新西兰首都奥克兰最高的伊甸山

这尊关公,供奉在新西兰奥克兰律师大楼正厅

新西兰中国城大堂供奉的关帝像

人供奉关公的场景,了解大洋洲华人的生活细节和趣闻。在中华书局,父子俩拜访了澳中友好协会主席 Georqina Black 女士,惊喜地看到,装帧精美的英文版《三国演义》,摆放在十分醒目的位置。

我们把目光转向新西兰。10多年前,我的一位台湾朋友,要在世界各地寻找一个最纯净的"第二故乡",办好签证,以便关键时刻飞往那儿。经过筛选,他最终选择了南太平洋的新西兰,并办理了新西兰移民签证。

是什么让这位台湾朋友对新西兰如此青睐?

新西兰,像一叶扁舟漂浮在南太平洋之上,西隔塔斯曼海与澳大利亚相望,面积26万多平方公里,6900公里长的海岸线纯朴秀美。这里四季如春,即使最寒冷的七八月,平均气温不低于摄氏10度;最炎热的一二月,气温也保持在摄氏25度左右,温润清新。

2015年初秋,我独自飞往南太平洋的新西兰。

新西兰湖北商业总会会长、大律师胡弘亲自到机场迎接。我们驱车抵达的第一个地方,就是奥克兰最高点伊甸山顶,在那儿远眺奥克兰全景:海湾、楼群、蓝天、绿林,构成一幅当今世外桃源般的美景。

赴大洋洲之前,我了解到,远在南太平洋的新西兰,还没有建立关帝庙。我们在中国大陆精选一尊关帝像,空运到奥克兰,隆重赠送给新西兰湖北商业总会会长胡弘、新西兰上海总商会会长严隽人、新西兰奥克兰大学孔子学院院长姚载

瑜,祝福新西兰华人华侨四季平安,和谐发展。这尊关帝,现在已经摆放在奥克兰律师大楼正厅。

倓大一个奥克兰,虽然没有关帝庙,我却不相信没有关帝文化踪迹。侨领姚金荣先生安排年轻帅气的孙智勇总经理,驾着越野车,循奥克兰海湾,带我从不同的角度拍摄奥克兰全景,寻找南太平洋的关帝文化踪迹。在中国城,我们惊喜地看到,蔡林南广场大厅正中,摆放着一尊陶瓷关公,且威风凛凛。许多华人嫂子大姑娘,在中国城大厅打着太极,大厅悬挂着大红灯笼,好一派中华传统文化的祥和图!在一座台湾朋友主持的慈明寺,大殿一侧供奉着伽蓝关公。义工宁慧小姐向我们详细介绍了慈明寺历史渊源,方丈师父对我们的到来十分高兴。

在新西兰奥克兰大学,我应邀演讲了《传承中华关帝文化,凝聚全球华人情结》,讲述自己在世界各地寻访关帝文化,七进非洲,十二次进西藏的精彩故事,边演讲边提问,边颁发奖品,获得现场孔子学院师生和华人企业家一次次热烈掌声。

清晨,南太平洋第一抹阳光辉映着奥克兰大学

在奥克兰大学孔子学院,朱正明(左四)向院长姚载瑜(左三)、新西兰上海总商会会长严隽人(右二)、新西兰湖北商业总会会长胡弘(右四)等赠送关帝像和关公文化专著

在奥克兰大学,朱正明演讲《传承中华关帝文化,凝聚全球华人情结》

21

欧洲大陆
1665 年罗马古地图矗立关公

20 年前,著名作家李存葆将军,在中国顶尖文学刊物《十月》(2002 第四期)发表了纪实文学《东方之神》,洋洋洒洒 4 万余言,博古通今,荡气回肠,将民族英雄关公,以文学形式重塑出新的艺术图腾。

读完这篇纪实文学,一段文字引起了我的注意:"早在 1665 年,奥匈帝国于维也纳出版的世界各国地图中,在我国的版图之上,立着一位民族的精神代表人物,他就是关公。"我想:这幅地图出于何人之手? 这位外国绘图艺术家怎么知道东方万里之外的华夏关云长? 图中的关公是怎样的形象? 哪里能找到这幅地图?

之后多年,我委托中国社会科学院胡小伟研究员,委托山西解州关帝庙卫龙所长,委托留学海外的朋友,都没能找到这幅地图。1665 年古地图,似乎成了西方万里之遥的百年之谜。

时空延伸到 2018 年 6 月 26 日(农历五月十三日),中国人民大学在北京怀柔雁栖湖畔举办首届国际关公文化论坛,50 余位嘉宾来自美国、法国、德国、日本以及中国海峡两岸。

三天的论坛共分八场,20 位中外学者先后做主题演讲。法国高等研究实践学院教授高万桑(Vincent Goossaert)演讲《太平天国战争时期的关帝》,法国远东学院研究院范华(Patrice Fava)演讲《关公元帅的湖南调查》,德国莱比锡大学教授柯若朴(Philip Clart)演讲《人神问答数据库的创建及数据分析初探》,法国国立东方语言文化学院教授戴文琛(Vincent Durand–Dastès)演讲《一出百年不可演的关公走麦城升天》,中国人民大学哲学院何建明博士演讲《民国时期北京地区的关帝信仰》,岳麓书院助理教授胡劼辰演讲《清代前中期关帝文献初探》……论坛进入一个又一个高潮,大家用"国际、高端、创新"评价此次论坛。

论坛休息时,法国高万桑教授(Vincent Goossaert)对我说:"在法国汉学图书馆,我看到中国戏剧、历史、文学,处处都有关公! 中国社会价值观,关公是重要的一个代表,他好心,不骗人,忠孝节义。"

论坛上,我演讲了《摄影家眼中的世界关帝文化》,获得一阵阵掌声。我特地提到了 1665 年的欧洲维也纳古地图,提到了地图中描绘的关老爷,期待哪位老师在某个

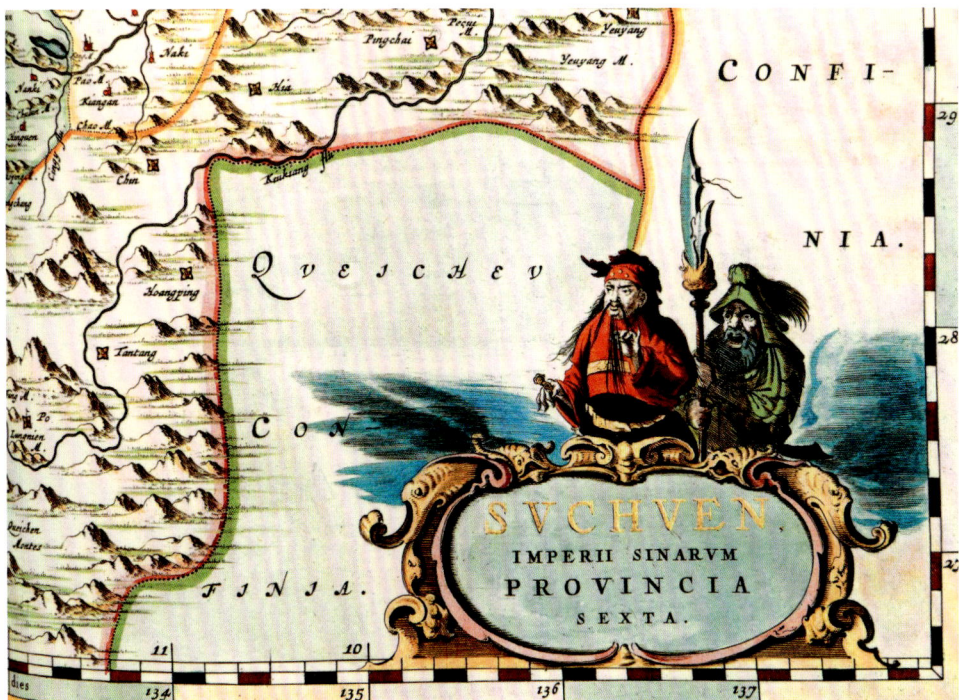

1665 年世界古地图，中国地图上矗立着关公

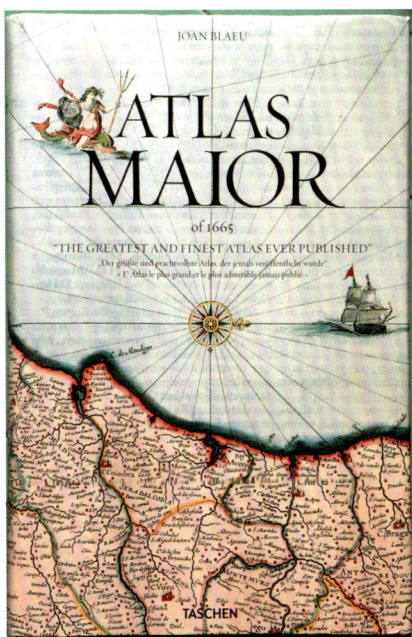

奥地利维也纳 1665 年出版的古地图封面

国家的某家图书馆能有惊奇发现。

这年 9 月中旬，我收到湖南大学岳麓书院胡劼辰教授的信息，点开一看，惊喜满满！胡教授发来的，就是我想象了 10 多年的维也纳古地图，更有古地图上的关公画像。关公身着红袍，头戴红帽，左手拈动美长髯，右手紧握佩剑；关公身后的周仓，一身绿袍，握青龙偃月刀侍立。两位华夏英雄，就在中国四川地图的右下方。

没过几天，我收到了胡教授快递的 Atlas Maior of 1665，这本大部头的古地图册，512 个页码，差不多两寸来厚，10 来斤重。据介绍，荷兰东印度公司官方水文工作者威廉·布劳（Willam Blaeu），和他的儿子约翰内斯·布劳（Joan Blaeu）绘制的地图，颇具收藏价值，Joan Blaeu 的 Atlas Maior of 1665 原版，仅在美国、德国和奥地利国家图书馆各有一套，一本价格已达 65 万英镑以上。

这本 1665 年 1 月 1 日在维也纳出版的古地图拉丁语原版，11 卷 594 幅地图，横跨北极、亚洲、欧洲和美洲，巧妙地绘制了各个国家的风土人情，可以清晰地看到中国多个省份的边界线及城市名称。中国地图包括北京、山东、四川、江西、福建、云南等省市。地图用生动的图案展现出各地特色，北京地图上有朝廷官员与西方使者交流的场面，云南地图上有大象，四川地图上描绘了关公和扛大刀的周仓。从古地图中看得出来，作者所在的世界第一航海强国荷兰，当时已经掌握了丰富的海外地理史料。

德国 Taschen 出版社，用维也纳国家图书馆的原版高清拷贝，近年再版了这本经典地图，还将它翻译成英语、法语、德语三种语言。前言中说："最高级的词汇，都不足以形容 Joan Blaeu 的 Atlas Maior，这是地图制作史以来最奢侈的壮举之一。最初的拉丁文版本于 1665 年完成，是 17 世纪出版的最大、最昂贵的书。"

欧洲人绘制的中国地图，为什么竖立关公像？我们首先要从历史的角度分析。明朝第十三位皇帝朱翊钧在位 48 年，20 岁时诏告全国减税免刑，下旨祀封关公为"协天大帝"。万历四十二年（公元 1614 年），封关公为"三界伏魔大帝神威远震天尊关圣帝君"。这时，离约翰内斯·布劳（Joan Blaeu）绘制世界大地图，刚好半个世纪。

清王朝一统中国的是第三代君主顺治皇帝，他十分崇拜关公，入关后颁诏供奉关公，号曰"忠义神武关圣大帝"，时为公元 1653 年。就在顺治皇帝时期，1655 年，荷兰东印度公司派特使前往北京谒见顺治皇帝，试图叩开中华帝国的贸易大门。当年 6 月中旬，16 人组成的荷兰使团从巴达维亚乘船出发，两个月后抵达南中国海岸。9 月初，清政府安排使团下榻广州，第二年 3 月，安排荷兰使团进京，10 月 2 日在紫禁城觐见顺治皇帝。1657 年 1 月下旬，荷兰使团返回广州，3 月下旬回到荷兰巴达维亚。这是荷兰首批赴华使团，目的是请求清王朝允许荷兰东印度公司扩大在华贸易。

这批使团成员，在中国东南沿海考察逗留半年，又一直向北数千公里，沿途看到了官府、百姓对关公的虔诚敬奉。说不定在紫禁城与顺治皇帝交谈时，皇帝还说到了中华武圣关公。特使团的管家约翰·纽霍夫（Johan Nieuhoff），在旅途中详细记录了各地见闻，画了大量速写，1665 年在荷兰首都阿姆斯特丹出版了游记《从荷兰东印度公司派往鞑靼国谒见中国皇帝的外交使团》，附有 100 多幅插图。这是继《马可·波罗游记》之后，又一部在西方广为流传的中国现场报道，后世不断翻印再版。同在阿姆斯特丹的约翰内斯·布劳（Joan Blaeu），在绘制世界地图时，也许与约翰·纽霍夫（Johan Nieuhoff）彻夜长谈，了解东方中国风土人情，知道了中华武圣关公。真是"一方水土养一方人"，约翰内斯·布劳笔下的关公，就像一位欧洲血统的关老爷。侍立于后的周仓，更像一位欧洲武士。

世界大地图，为什么是欧洲的荷兰人绘制？荷兰濒临大西洋，手工业发达，自然资源却很稀缺。许

荷兰 Joan Blaeu 先生，
Atlas Maior of 1665 作者

多荷兰人航海经商，赚取很多钱财，成为欧洲最富庶的地区之一。1581年，荷兰赢得国家独立，工商业迅速发展。当时，荷兰造船业跃居世界首位，仅首都就有上百家造船厂，商船吨位占当时欧洲的3/4，几乎垄断了海上贸易。挪威的木材、丹麦的鱼类、波兰的粮食、俄国的毛皮、东南亚的香料、印度的棉纺织品、中国的丝绸和瓷器等，大都由荷兰商船转运销售。当时的阿姆斯特丹，港内经常有2000多艘商船停泊。17世纪前后，荷兰与英国的四次战争，就是为了争夺海上贸易主导权，《世界大地图》出版的1665年，正是第二次战争开始的头一年。商贸需要，航海需要，争霸需要，战争需要，世界大地图自然就成了国家的需要。

西班牙巴塞罗那哥伦布高塔，矗立地中海畔，展示着欧洲航海的辉煌

350多年前，中华武圣关公就成为海上丝绸之路的使者，成为中华民族的道德偶像，被西方文化尊崇。如今，中华关公文化，已成为"一带一路"的桥梁纽带。

据我所知，截至关公大义归天1800周年的2019年，世界五大洲中，唯独欧洲大陆还没有一家正宗的关帝庙殿。几年前，奥地利华商陈总，拟在维也纳创建欧洲第一家关帝殿。陈总信誓旦旦地说，"一年内可以完成！"当时我真高兴，马上请汪国新先生题写了"维也纳关帝堂"牌匾。后来陈总告诉我，关公像已经铸好，因为身体原因，如今此事没有圆满。

瑞士安德马特小镇月升酒家供奉的关公

欧洲大陆虽然没有关帝庙，武圣关公的影响却处处可见。各国中国城唐人街上，店铺、餐馆，都摆放着关公，说明自己是华夏子孙，说明自己是诚信经商。许多华人社团，也在聚会之处供奉关公，用于联络族群，凝聚人心。瑞士安德马特（Andermatt）小镇，位于阿尔卑斯山的怀抱之中，海拔1600多公尺，雪山环绕，幽静清新，远离尘世。从这里向北，经苏黎世可通德国，向南经卢加诺就是意大利，传统特色旅馆布满小街，充满朝气。就在安德马特小镇的月升酒家，供奉着一尊威风潇洒的关公。我想，随着华人在欧洲大陆的发展，会有一座或多座关帝殿堂，在那片古老却生机无限的土地上出

现。

时间到了 2019 年 7 月下旬，我率湖北、江苏两省企业家和北京摄影家，远赴俄罗斯寻访传播中华关帝文化。

在莫斯科红场，参访团成员在圣瓦西里大教堂前，高高托举起中华武圣关公。这是一个经典的场面，将会留存在世界关帝文化传播的历史长河中。

参访团受到俄罗斯福建联合总商会热情欢迎。会长王长泉、名誉会长沈木辉率 8 位常务副会长及 12 位副会长热情欢迎参访团到来。沈木辉说："关公文化的精神财富不仅属于中国，也属于世界，她超越了民族、国家、宗教、时空和信仰，是中华民族的优秀传统文化，对海外华人群体起到巨大凝聚和团结作用。"我向众侨领介绍了福建东山岛、泉州石狮等地的关公文化风情，向俄罗斯侨领赠送了《走遍天涯访关公》新著、摄影作品《五洲财神关帝公，汇聚珠穆朗玛峰》。

圣彼得堡冬宫博物馆，是参访团心心念念的目的地，这里留存着世界发现最早的宋金"义勇武安王位"木版画像。"义勇武安王"是宋宣和五年（公元 1123 年）宋徽宗赵佶敕封关公的封号，画面上的"位"字，说明在宋代民间已经有了供奉关公

俯瞰俄罗斯莫斯科

中国关帝文化参访团在莫斯科红场托举起中华关帝像，纪念关公大义归天 1800 周年

中华关帝走进地球三极

中国关公文化参访团向俄罗斯福建联合总商会赠送关公文化新著和摄影作品,右三为总商会名誉主席沈木辉先生

参访团在圣彼得堡冬宫博物馆展示宋金时期关公木版画像

参访团在圣彼得堡冬宫博物馆发现十八世纪中国皇家关公图

的习俗,离现在已近千年。画面上,关公凤眼蚕眉,长髯飘逸,身着龙袍,脚蹬战靴,神态自如,稳坐于苍松山水之间。关平捧汉寿亭侯印,周仓擎青龙偃月刀,整个画面气势非凡。

在俄罗斯提前协助寻找古画像的俄罗斯姑娘酷酷告诉我们,据冬宫博物馆邮件答复,冬宫确实存有这幅木版画像。但因画像来历问题(公元1908年,帝俄时代探险家科兹洛夫率领全副武装的探险队,到中国内蒙古黑水城四处挖掘宝物,用几十头骆驼把珍贵宝物运到俄国京城圣彼得堡),担心历史问题重提,暂时不愿拿出原作。博物馆请我们提供电视片制作剧本,持国家级单位介绍信,再联络拍摄这幅木版画像。在冬宫博物馆,我们展示了木版画像复制件。在展厅,我们欣喜地见到了珍贵的乾隆时期皇家关公画像,并仔细拍摄。

随团出访的有中国著名电影摄影师张锡贵,他曾在长春、金鸡、戛纳电影节多次获得专业奖项。还有湖北企业家刘智、严娟,江苏企业家汪学湘,北京青年摄影师李享等。

瑞典首都斯德哥尔摩,

瑞典首都斯德哥尔摩，参访团向瑞典纳噶市议员刘芳(左二)、瑞典华人工商联总会会长王俞力(左三)、瑞典华人总会名誉主席宗金波(左一)赠送《走遍天涯访关公》新著

瑞典诺贝尔奖大厅的诺贝尔像

挪威首都诺贝尔和平奖颁奖大楼

频临波罗的海，享有"北方威尼斯"美誉，是阿尔弗雷德·诺贝尔的故乡，每年12月，瑞典国王在这儿给获诺贝尔获者授奖。

在斯德哥尔摩，瑞典纳噶市议员、瑞典两湖同乡会会长刘芳对中国关公文化参访团表示热情欢迎。瑞典华人总会名誉主席白亨利、宗金波，瑞典华人工商联总会会长王俞力、秘书长刘晨、常务副会长夏海龙，瑞京华人协会会长柳少惠，瑞典华人艺术家协会会长朱瀛盈，两湖同乡会副会长柳航等华人华侨代表出席交流活动。王俞力特别介绍了近年瑞典华人成功举办欧洲华人联合代表大会的盛况。我向瑞典侨领宣讲了世界关帝文化风情趣闻，向瑞典侨领赠送了《走遍天涯访关公》新著和摄影作品《五洲财神关帝公，汇聚珠穆朗玛峰》。

湖北省非洲商会副会长刘松旺说："海内外企业家传承中国关帝文化，就是要不忘初心，忠于祖国！"湖北工建王湘平说："今年，是关公大义归天1800周年，我们在中国文联旗下的关公文化基金帮助下，将在当阳关公文化小镇竖起一尊关公像，以纪念这位忠义仁勇诚信的华夏千古英雄，弘扬中华民族闪耀人性光辉的优良品质。"

西班牙，位于伊比利亚半

岛，西邻葡萄牙，北濒比斯开湾，东北与法国及安道尔接壤，南隔直布罗陀海峡与非洲相望，海岸线长7800多公里，属欧洲高山国家。西班牙GDP居欧洲国家前列，是世界最大的造船国之一，也是最大的汽车生产国之一。

湖北省海外联谊会参访团来到西班牙首都马德里，我们拜访了西班牙中国和平统一促进会会长、西班牙华人华侨协会名誉会长徐松华先生。西班牙纯服装连锁店董事长周延春、西班牙东方旅行社总经理徐振海、西班牙西达尔国际贸易有限公司董事长倪晔敏、西班牙天马杰斯服饰公司董事长徐则晓等海外朋友聚会在一起。

巴塞罗那1930 餐厅供奉着关公，朱正明向西班牙少女讲述关公故事

在西班牙侨界，徐松华提出了"维护华人社会的安定团结，维护华侨的合法权益"的两个维护宗旨。2012年10月16日清晨，西班牙警方、海关、税务等七个机构近千名警察，在马德里、

西班牙马德里，湖北省海外联谊会常务副会长盛国玉(左二)向西班牙华侨总会徐松华主席(右二)赠送中国皇家关帝像

巴塞罗那等地大肆查封华商店铺。全副武装的防暴警察破门而入，搜查134处华商华人住处和公司，搜获1200多万欧元。法官签署110张逮捕令，抓捕93名嫌疑犯，其中华商68人。此次"帝王行动"震惊海内外。徐松华等侨领多次赴中国大使馆汇报，要求使馆采取有效措施。20日，130多名华商集会，决定成立维权小组，推选徐松华为召集人。侨界团结一致，举行记者招待会，与西班牙警察总局局长、外交部、商务部等官员会谈交涉，与西班牙《国家报》《世界报》及国家电视台等数十家新闻媒体交涉，从而

地中海北岸的西班牙巴塞罗那

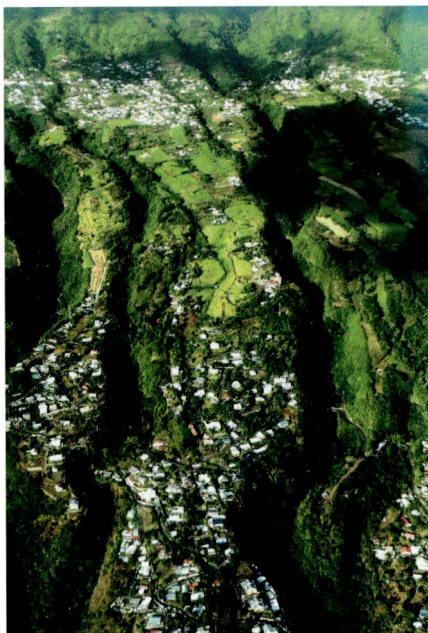

从空中航拍留尼旺火山岛。火山雕铸的山体，已经成为留尼旺民众的家园

引起西班牙官方及媒体的关注重视，使他们了解这次行动给华商华侨造成的严重后果。他们表态：中国侨民是最能吃苦，善于创业，遵纪守法，犯罪率最低的移民群体。时至今日，满头白发的徐松华仍在为维护侨胞的权益而奔走。

赴西班牙之前，我就听说了此次"帝王行动"大事件，特地带着中国皇家关帝像，由湖北省海外联谊会常务副会长盛国玉赠送给徐松华主席。

在马德里，我们在东来饭店聚会。西班牙华人华侨协会常务副主席、西班牙鸿力贸易公司总裁叶世昭告诉我，这家东来饭店，是前任华侨协会主席开办的，在迎门的博古架正中，特地供奉着中国关公，以昭示诚信经营，财运亨通。

第二天，我们乘高铁到巴塞罗那。午餐时，我们进入巴塞罗那"上海 1930 餐厅"，我惊喜地发现，餐厅醒目处，赫然供奉着一尊红木雕刻的关公，弧形的金色背景屏风，印着 160 多个中文"福"字，其间还有关公京剧脸谱，韵味十足，关公像两边，是各种香组合成的花束。看得出来，酒店老板是很有思想的。酒店的两位西班牙姑娘，见我如此细细地看着关公神龛，走过来与我搭话。我把随身带着的《关帝文化邮册》拿出来，将世界各地的关公像给她们看，给她们讲述为什么世界各地都供奉中国的关老爷。两位可爱的西班牙姑娘也许听懂了，对着关公像直点头微笑。

在巴塞罗那，我们还到了另一家松鹤楼餐厅，这是在西班牙多年的一位台湾老兄开办的。餐厅进门之处、走廊边上、大厅，摆放了三组神像：弥勒佛、阿弥陀佛、送子观音、文财神、八仙过海、福禄寿……应有尽有。关公，都被摆放在最醒目的位置。

这座红顶房，就是有着 120 多年历史的留尼旺圣丹尼市世昌堂

欧洲大陆的法国，没有正宗的关帝殿堂。而在印度洋上的法国海外省留尼旺火山岛，却有浓郁的关帝文化风情。

留尼旺漂浮在浩瀚的印度洋西南，风光独特绮丽，被誉为印度洋的"绿宝石"，印度洋上的"香格里拉"。2016 年金秋，我在山西关公故里参加文化节，结识了留尼旺关公文化界的两位侨领，

中华关帝走进地球三极

他们告诉我，2017 年，留尼旺将举办关公文化节，并征求我的意见，什么时间举办最好。我们约定，8 月中旬在留尼旺相聚。

中国大陆高温连连的日子，留尼旺刚刚进入春意融融的季节。2017 年 8 月中旬，我邀约湖北省非洲商会副会长、企业家刘松旺，津巴布韦湖北联谊会会长、企业家宋黎，湖北武汉企业家杜明忠等朋友，绕道马达加斯加，飞往留尼旺。

留尼旺关帝协会主席 Lu Yun 在圣丹尼市世昌堂敬香

飞机循着留尼旺海岸降落，苍翠的群峰，在海岸边突兀而起；激情的海浪，一层层涌向海岸群礁，激荡起一排排一堆堆雪浪；海边狭窄起伏的平原上，点缀着错落有致的小村落，在绿树丛林间呼啸而过。

走出机场，留尼旺著名侨领周贤忠、吴广峰满面微笑地迎上来，令我们有宾至如归的感觉。

当晚隆重而欢快的餐会，在留

在关帝庙朝拜的留尼旺母子

尼旺艺术中心举行。中国驻法国大使馆公使衔参赞高园园女士，从两万里之遥的法国巴黎飞来，出席关帝节，她和中国驻留尼旺总领事郭玮女士，满面微笑地走来，在我身边坐下，一边品尝中法菜肴，一边向我们介绍留尼旺的前世今生——

留尼旺是法国海外省，一个风情万种的火山岛，长 65 千米，宽 50 千米。这里，西望马达加斯加 650 千米，比邻毛里求斯仅 190 千米，岛上 80 多万人口，聚居着法国、西班牙、马达加斯加、毛里求斯、塞舌尔、塞内加尔人，还有印度、巴基斯坦、中国、越南人等。蔚蓝的海洋文化，形成了留尼旺人多元、包容、开朗的性格。百年间，这里先后建起利涉堂、世昌堂、圣皮埃尔等 4 座关帝庙，并成立了中华关帝协会，在远离中华大地的异国他乡，传承着悠久的中华文化。

郭玮总领事介绍，17 世纪，法国探险家发现了这个荒无人烟的岛屿，开发建设了几个世纪。华人远渡重洋来到留尼旺，要追溯到 19 世纪。早期的中国移民来自广东梅县、顺德和南海县等地，客家人远涉重洋，刻苦耐劳，克勤克俭，推动了留尼旺的繁荣和进步。近年来，大陆其他地区也有人来定居创业。如今生活在留尼旺的华人有 3 万多，占全岛人口的 4%左右，他们完全融入当地社会，有的已四代人生活在这里。有几位 80 岁左右的年老华人还能讲中文，60 岁以下就只能用法语交流了，尤其是年轻一代。

几位侨领介绍,留尼旺中华关帝文协董事会的成立,已有 80 多年历史,1982 年通过了新章程,重视吸收年轻华侨华人入会,会务呈现蒸蒸日上的局面,现已拥有会员三千,是留尼旺最大的华侨社团之一。协会秉承华侨先贤传统,团结侨胞,为侨胞服务,加强与祖籍国联系,增进留尼旺与祖籍国文化经贸交流,曾热情接待了中国国务院、外交部、侨办等访问团,并协助长春歌舞团,云南、北京、广州杂技团,梅州文艺团在留尼旺演出。先后两次为中国长江中下游大水灾发动会员捐款赈灾,并捐款兴建江西省共青村及江西鲶鱼山镇两座留尼旺小学。

留尼旺圣丹尼市副市长罗纳·路易斯,在游行队伍中与"关公""刘备"合影

留尼旺少女表演中国山西民间舞蹈

第二天,在众人的期待中,留尼旺关帝节在首府圣但尼隆重举行。当地政府主要官员、高园园公使、郭玮总领事、留尼旺华人联谊联合会主席周贤忠、留尼旺关帝联谊会会长陆广龙、前任会长吴广峰、留尼旺中华总商会会长 ALEX HOW-CHONG,中国北京、山西、湖北、河南等地朝圣参访团,毛里求斯、津巴布韦、利比亚等国嘉宾聚集留尼旺隆重举办关帝节。

此次关帝节,比往年更隆重,首先是恰逢利涉堂关帝庙隆重庆祝 120 岁生日;其次是印度洋最大的圣皮埃尔关帝庙举办开光盛典;三是首次邀请海外嘉宾出席关帝节;四是关帝巡游比往年更声势浩大。

这天,海内外嘉宾盛装出席了利涉堂关帝庙 120 周年庆典。海内外团队先后向关帝敬香叩首。关帝庙主席刘瑞珍女士致辞时,谈到海外华人在异国海岛传承中华文化的历程,几度哽咽,流下了激动的泪水,海内外嘉宾一次次送上热情的掌声。最后,嘉宾向关帝庙和关帝协会敬献礼品。山西运城参访团赠送了解州关帝祖庙珍藏的铜铸关公像,这尊铜像,仿明代关帝像而制作,威风凛凛;湖北朝圣团赠送了"传承世界关帝文化,凝聚中华民族情结"条幅,这是湖北企业家杜明忠先生的书法作品。河南关公网赠送了忠义仁勇关公樽,赊店关公文化研究会赠送了"御龙关公"铜雕,北京房山真武庙赠送了中国一级美术师创作的巨幅《长城》国画。

次日的圣丹尼关帝节大巡游，可谓异彩纷呈。这天，圣丹尼市政厅大门外，升起了鲜艳的五星红旗，两边飘扬着法国国旗和留尼旺省旗。巡游队伍从市政厅聚集出发，途经几个繁华街道，一直行进到海洋广场。海内外嘉宾走在队伍前列，几位舞狮击鼓的留尼旺美丽姑娘，说不出是什么肤色，一看就是标准的混血儿，

圣皮埃尔关帝庙供奉的关公

成为人们追拍的小明星。山西太原艺术团扮演的皇家格格，出现在巡游队伍，为巡游增色不少。留尼旺圣丹尼市副市长罗纳·路易斯先生，与中国大陆来的"刘关张"走在一起，谈笑自如，成为一道靓丽的风景。

龙飞狮舞的开幕式之后，嘉宾到利涉堂三楼，参观"关帝文化在海外的影响"摄影展。这些作品，是我三十多年走遍五大洲拍摄的关帝文化精品，在开幕式致辞时，我表示，将这数十幅作品，悉数赠送给留尼旺关帝协会，让更多的海内外朋友，在今年、明年，在更久的一年，能看到丰富多彩的世界关帝文化风情。

当晚，"遇见山西"文艺演出，在留尼旺体育馆举办。留尼旺少女装扮成山西姑娘，表演黄河岸边的舞蹈，令我们这些从中国大陆来的客人格外亲切。演出最后，留尼旺魔术师变幻出"中法两国友谊万岁"条幅，把现场气氛推向高潮。

圣皮埃尔市，在留尼旺最南端。海内外嘉宾乘上大巴，从圣丹尼出发，循着留尼旺西海岸的海景公路，来到圣皮埃尔。第二天早晨，大家赶到印度洋新建的最大关帝庙——法国留尼旺圣皮埃尔关帝庙，真巧，就在这时，一道绚丽的彩虹，在印度洋上空升起。到了现场，我顾不上与侨领们交流，快步攀爬到关帝庙一侧，把大殿飞檐、印度洋、彩虹，拍摄在同框画面，心中喜悦满满。

这座关帝庙，从动土到竣工，经历了整整6年，饱含着华侨华人的心血和期待。盛典上，中华关帝文化协会副会长侯沐凯激动地讲述了为新建这座殿堂，25年来留尼旺华人华裔

圣皮埃尔关帝庙开光盛典的清晨，印度洋上空升腾起绚丽的彩虹

付出的辛劳。接着,主宾致辞,盛赞这一传承中华文化的善举。最后,留尼旺大区议会主席 Didier Robert 先生、省级参谋 Nassimah Dindar 女士、圣皮埃尔市市政厅议员 Michelle Fontaine 先生、总领事郭玮女士、山西嘉宾荆青莲、湖北嘉宾朱正明、河南洛阳关林代表,共同为竣工剪彩,印度洋畔再次欢腾一片。

剪彩过后,出现了一幕难忘却有趣的事儿:海内外嘉宾和留尼旺侨领,环绕在关

海内外嘉宾为印度洋最大的圣皮埃尔关帝庙剪彩

帝大殿门前的香炉旁,准备举行神圣的燃香仪式。主礼宣布"点燃香火"时,前排嘉宾互相对望,面面相觑。这时,嘉宾中站出湖北省非洲商会副会长刘松旺先生,神情专注地掏出打火机,点燃了香炉里早已准备好的黄表纸。人们发出热烈的掌声。后来,我对刘松旺先生说,"打虎还要亲兄弟,这印度洋的关帝香火,还是刘家皇叔亲手点燃了!"

侨领介绍,留尼旺岛上有五座关帝庙,三座位于圣丹尼,分别为利涉堂(Temple li si Tong)、三龙堂(Temple San Long)和世昌堂(Temple Chane);两座位于圣皮埃尔市。两个关公社团,分别为圣丹尼市的关帝联谊会和圣皮埃尔市的中华关帝文化协会。北部的三座关帝庙,分别由各自的理事会管理,圣皮埃尔市两座关帝庙,由中华关帝文化协会管理。这五家关帝庙,年龄最大的是世昌堂,始建于 1896 年。其次是利涉堂,建于 1897 年。当时我国南方沿海民众纷纷下南洋谋生,将家乡的关帝信仰带入东南亚、印度洋岛屿和非洲东部。

留尼旺雨水充沛、土地广袤,成为移民的天堂,先后有成批的华人以契约工的身份从广东启程来到这里,一部分顺利登陆,另一部分却消失在惊涛骇浪之中。据说,劫后余生的人们在岸边见到关帝像,认为是关帝庇佑,就搭建房子将关帝供奉起来,并起名"利涉堂",期盼华人兄弟能顺利地涉水来到天堂一般的留尼旺。

为鸟瞰全岛风光,湖北参访团联络了微型飞机,航拍留尼旺。在机场,我们几位打出了"走遍天涯访关公"的横幅。飞机刚刚起飞,山海间升腾起绚丽的彩虹,疑似为我们搭起通往苍穹的桥梁。飞机飞往海岛中部的崇山峻岭,眼下,飘逸的云雾缠绕着深黛的山峰,色彩斑斓的小村落,点缀在陡峭山峦,冰斗与峭壁争奇斗险,不愧为世界自然遗产。如今,留尼旺近一半的面积被列入了国家公园。飞机返回时,见留尼旺最高峰,被翻腾的云雾环绕,如仙境一般。

22

冰雪北极
走进黄河科学考察站

在蔚蓝色的星球上,有神秘高远的"地球三极"——北极、南极、世界屋脊。

2019年初,朱正明提议:"今年,是中华武圣大义归天1800周年。我们要把关帝圣像护送到地球三极,把中华关帝文化传播到地球三极,为世界人民祈福,为世界和平发展祈福!"

挪威雕刻公园,展示了艺术家维格兰的生死观

挪威首都奥斯陆,我们从这里飞往北极

在中国文联旗下的中国文学艺术基金会关公文化专项基金推动下,我们组建了中国关公文化参访团。经过漫长的空中航行,在挪威首都奥斯陆休整了一天。接着,我们从奥斯陆起飞,一直向北。机翼下,开始是湛蓝的奥斯陆峡湾,接着是蓝绿相间的农田和"挪威的森林",继续往北,见到了磅礴大气的高山峡谷,再往北,就是一眼望不到边的雪山冰川了。

飞越巴伦支海,我们在世界最北的朗塞斯顿小镇降落。小镇位于斯瓦尔巴群岛,这里仍然是挪威的土地,漂浮于浩瀚的北冰洋上,首府是朗伊尔小镇。这里是最接近北极的可居住地之一,总面积6.2万平方公里,居民3000多人,主要是挪威、俄罗斯、乌克兰、波兰人等。走出机场,地标路牌上写的不是"小

挪威中部的农田

挪威北部的峡湾，一片厚重苍茫

北极圈内的挪威,已经是岩石和冰山的世界

斯瓦尔巴群岛首府朗伊尔城,矗立一尊矿工雕塑,展示着世界最北端小镇的开发历程

心车辆"，而是"小心北极熊"。据说，这里北极熊的数量，是永久居民的将近两倍，人们出门，必须带上长管猎枪。

早在十二世纪，北欧海盗发现了斯瓦尔巴群岛，以这里为基地，外人很少知道。荷兰探险家威廉·巴伦支有个梦想，他试图从欧洲北部探寻一条通往东方的捷径。1596年，巴伦支第三次出发，发现了这个群岛，命名为"斯匹茨卑尔根"，荷兰语意为"尖峭的山地"。自此，这里成为捕鲸人的领地，荷兰、英国、德国、法国人纷纷来到这里捕鲸，最多时有300条捕鲸船在此穿梭。

中国关帝文化参访团在朗伊尔城打出"走遍天涯访关公"条幅

二十世纪初，这里发现优质煤矿，引来英美德俄和荷兰、挪威人开采。各国矿老板常发生纠纷，加上群岛主权未定，逐渐上升为国际问题，开始争论群岛主权，拟签订国际条约。当时的中国，正是军阀混战，哪有闲心管这事儿。1925年，法国派代表找到当时民国大总统段祺瑞，让他也派个代表去签字。段祺瑞随意派个人去签了字，然后，也许把这事儿给忘了。这年8月，《斯瓦尔巴条约》正式生效，群岛命名为斯瓦尔

这些雪地摩托，到了冬天，就是这儿的宝贝了

巴。条约规定，群岛不得作为军事用途，缔约国可在挪威法律之下，自由出入群岛，无需签证，享有在该群岛地域及其领水的捕鱼、狩猎权，开展海洋、工业、矿业等权利。

历史进入二十世纪末。1991年盛夏，中国科学院研究员高登义，受挪威卑尔根大学邀请，参加多国科考队，在斯瓦尔巴群岛及附近海域考察。高登义注意到，中国是《斯瓦尔巴条约》签约国，一位大学教授建议，中国政府可以在这里建科考站。又过了10年，挪威驻中国大使馆正式发函，邀请中国赴斯瓦尔巴群岛考察并建站。2002年夏，中国在朗伊尔镇建了第一个北极科学探险考察站——伊立特·沐林北极科学探险考察站。两年后的盛夏，中国在斯瓦尔巴群岛的新奥勒松建立中国黄河科学考察站，是当时北极第八座国家级科考站。

在这片神奇的土地上，有一个"世界末日银行"，被誉为"全球农业的诺亚方舟"，

中华关帝走进地球三极

保存着来自世界各国 150 万种农业样本，由挪威投入 900 多万美元建造。在零下 18 摄氏度的地窖中，麦子豌豆种可存放千年，高粱种子可存放近 2 万年，如遇世界末日，朗伊尔小镇的种子库，就是人类的最后希望，是地球生命的备份基地。战火纷飞的叙利亚，就是第一个在这里开仓取种的国家。

在朗伊尔小镇，我们参观了斯瓦尔巴的博物馆，这里展出北极熊、海豹、驯鹿、野鸭标本和极地苔原植物等，还展出早期开矿用具和场景。斯瓦尔巴大学就在博物馆隔壁，新生入学必须接受野外生存训练，学会射击、野炊、搭帐篷、驾驶和修理雪地摩托。

2019 年 7 月 25 日，是关公诞辰 1859 周年前夜。我们一行从朗伊尔小镇乘快艇，在北冰洋向北航行近五个小时，来到世界最北的小镇新奥勒松，这里，常住居民只有 20 多人，却有许多国家设立的科考站。我们走进中国北极黄河站，年轻英

朗伊尔小镇的北极地标

在朗伊尔小镇遥望北极港口冰川

在北极斯瓦尔巴群岛，朱正明向当地政府旅游局官员 Tonc Smith-Qvlaud 讲述世界关公文化故事，赠送《走遍天涯访关公》新著

朗伊尔城雪山下,不知名的金黄野花,在冷风中摇曳

北极棉,又称雪绒花,在朗伊尔小镇自由盛开

在北极朗伊尔城极地中国文化中心,参访团与李宝莲主任(左三)谈中国文化传承,送《五洲中华关帝汇聚珠穆朗玛》摄影作品

北极冰山下的邮轮

北极冰川，正在逐渐融化坍塌

在浮动冰川上嬉戏的北极鸥

北冰洋上的连绵冰山

傍晚，北极鸥不知飞向何方

北极傍晚的余晖

湖北企业家刘松旺(右一)、严娟(左一)、王湘平(左二)、江苏企业家汪学湘(右二)送关公像到北极黄河站途中

北极新奥勒松的历史遗存

黄河科考站,坐落在世界最北的小镇新奥勒松

北极黄河站前的冰川倒影和成群的北极鸭

在北极黄河站，中国关公文化参访团向黄河站站长何昉(中)赠送关公像和摄影作品，祝贺黄河站15岁生日

俊的站长何昉热情接待了参访团一行。我说："再过三天，就是黄河站15岁生日，祝福黄河站生日快乐，祝福各位科考人员健康吉祥！"

在黄河站门前的石狮台阶，我们向黄河站赠送了中华关公像、《走遍天涯访关公》新著，还赠送了摄影作品《五洲中华关帝 汇聚世界屋脊》。黄河站站长何昉说："感谢你们不远万里从祖国带来祝福！我们一定牢记祖国人民的嘱托，圆满完成今年的科考计划。"

新奥勒松300多平方公里，位于斯瓦尔巴面积西北最大的峡湾——康斯峡湾，地表是北极苔原，四周是群山冰雪，这里是北极科考大本营，禁止游客在此过夜或长时间逗留。游客至此，只能按地图红线行走。这里有地球最北的邮局，大家可以自己拿着物件，比如小本子或什么盖戳！

散落在北极冰山丛中的各国科考站

这里有一座阿蒙森塑像。1926年6月，挪威人阿蒙森和美国人埃尔斯·沃斯合作，乘飞艇从这里起飞，经过极点，到达阿拉斯加的巴罗角，首创了斯瓦尔巴群岛—北极点—美洲的世界飞艇飞行记录。1928年5月，意大利人诺彼勒架着飞艇从新奥勒松起飞赴北极点。返程时飞艇漏气失事。阿蒙森得知此事，乘飞机前去救助，而他本人从此失去行踪……

中华关帝走进地球三极

清晨第一抹阳光,照耀着美国阿拉斯加北极的雪峰冰川

回到朗塞斯顿小镇,我们巧遇李宝莲女士。她从香港来北极斯瓦尔巴群岛 13 年了,10 年前她就打出了"极地中国文化中心"的牌子,组织当地人学习中国太极、书法、舞蹈,指导各国旅行者和科考人员在斯瓦尔巴群岛、格陵兰岛、阿拉斯加、加拿大等北极地区考察创作。她还准备 2020 年在北极朗伊尔城举办首届中国文化周。在她的办公室,摆放着中国五星红旗、香港区旗,还展示着许多中华文化元素。李宝莲曾经游历考察了世界 110 多个国家,最后选择了挪威,选择了北极,在这里投资做房地产和海产品,传承中华文化。李宝莲说:"北极是个顶天立地的地方,我们有责任在这里讲中国故事,让中华文化在这里留存,在这里扎根!"

美国阿拉斯加冰山

23

飞越北美
落基山下的华人情结

落基山脉，纵贯北美万里之遥，被誉为美利坚的脊梁。

第一次飞往落基山下的旧金山，还是20多年前的1997年金秋。那年，应旧金山勃朗市长的邀请，我们湖北省文化交流代表团赴旧金山，举办系列文化交流，包含中国关帝文化摄影展。

从上海飞往旧金山，没有从太平洋直接横过去，而是向北绕了个大弧形：上海起飞，经日本列岛，过俄罗斯西伯利亚东部冰川，飞越美国阿拉斯加雪山，从加拿大西部向南，最后降落美国旧金山海湾。第一次经历10多个小时的飞行，看着眼前椅背上的航行图，知道世界到底有多大了。

1997年10月18日，中国关帝文化摄影展在旧金山南海艺术中心开

旧金山艺术官

旧金山南海艺术中心1997年举办朱正明关帝文化摄影展，中国驻旧金山总领事王雨生致辞

幕。中国驻旧金山副总领事王雨生、湖北省委宣传部部长王重农、湖北省委统战部副部长钟汉林等到场。没想到的是，总部位于旧金山的世界关氏宗亲总会许多朋友闻讯前来参加开幕式。总领事在致辞中说："朱正明先生第一次把关公文化通过摄影艺术形象展现给观众，我相信对促进中美两国人民之间的了解和文化交流，将起

旧金山市市长布朗在旧金山关帝庙朝拜并发表演说

到积极的作用。"这次展览，美国《侨报》刊文"这是近年来在旧金山举办的最具艺术水准的展览之一"。《世界日报》资深记者戴铭康撰文："这次展览带来的不仅是艺术，而且是精神食粮。"世界关氏宗亲总会关宗鲁主席期盼将部分作品永久存入唐人街博物馆。

关宗鲁主席与我初次见面，却似老朋友，我们交谈了许多。3 年后第二次到旧金山，关宗鲁主席兴奋地给我讲了一个真实的故事，还留给我两张与故事有关的报纸：旧金山市市长布朗，1999 年已任期 4 年，面临竞选。此次的对手是旧金山议长阿米亚诺。初选时，两人都没有过半票。复选在即，候选人除了求人投票外，也得以各种方式赢得选民信赖。11 月 30 日下午，布朗市长来到中国城关帝庙求神祈福，期望在下个月 14 日的复选中赢得最后胜利。时任旧金山关帝庙主席、世界关氏宗亲总会主席的关宗鲁先生热情接待了布朗市长，祝愿布朗马到成功。在关帝庙大厅，布朗点燃 3 支香，向关帝虔诚鞠了 3 个躬。接着，布朗按中国传统，抽了一支签。这支签标号 12。关主席为布朗市长把签展开，见是一支中平签，上面写着"营为期望在春前，谁料秋来又不然，直遇清江贵公子，一生活计始安全"。熟知中国文化的人一看便知，签中大意说，成功须经过许多挫折和努力，但将遇到贵人，能助他渡过难关。布朗市长十分高兴，当即表示，此次若竞选成功，将为华人社区提供更出色的服务。第二天，旧金山各大报在显著位置登出新闻，《布朗拜关帝庙，将得贵人相助》《拜关帝求得第 12 签，市长布朗遇贵人相助》。

布朗市长在关帝庙求签后，深得旧金山华人的喜爱，在 12 月的复选中一举获胜，连任旧金山市市长。当天，布朗参加了华侨祝捷会，然后到关帝庙还愿，并按照华人的习俗，备果品三牲为祭品，恭恭敬敬地摆放在关帝像前，以谢神恩。第二天，旧金山各大报又出现了头条新闻，《关帝保佑布朗，顺利连任市长》《布朗市长关帝庙还神》《华人社区为布朗市长庆功》……

关宗鲁主席还神秘地告诉我："当年加州州长威尔逊竞选时，曾到岗州会馆关帝

洛杉矶潮州会馆关帝庙庆典现场

洛杉矶潮州会馆关帝庙供奉的关公

庙求神保佑,结果顺利当选……"

2013年春天,美国南加州潮州会馆副会长郭小青,远涉重洋,专程赴中国武汉,来到长江南岸的湖北省委统战部,找到我办公室。郭会长此行,此次长谈,是请我帮助洛杉矶即将重建的关帝庙设计殿堂内外。

一位海外企业家、一位著名侨领,飞越太平洋,专程为重建关帝殿堂而来,真令我感动。我向小青会长赠送了大型画册《世界关帝文化》,介绍了海内外关帝宫庙的大殿格局、关帝像的供奉、楹联匾额的选择等。谈到关帝庙楹联,小青会长对我介绍的于右任先生"忠义二字团结了中华儿女,春秋一书代表着民族精神"特别有感觉。我对小青会长说:"山西运城祖庙大门用了这副楹联,美国洛杉矶再用这副楹联,远隔大洋遥遥相对,那可真有意义!"

小青先生告诉我,一个多月之前,洛杉矶关帝庙暨南加州潮州会馆隆重举行了重建奠基仪式,中国驻洛杉矶总领事邱绍芳出席,对潮州侨胞在美国努力打拼、事业有成表示钦佩,高度评价洛杉矶侨界为传承中华优秀文化取得的成绩,希望关帝庙及新会馆的建成,为洛杉矶中国城增添新光彩。

郭会长介绍,洛杉矶是潮州人在美国的主要聚居地,南加州潮州会馆成立已经30年,是旅美规模最大的潮籍社团之一,会员近3000人。潮州会馆十分重视传承优秀的中华文化和潮汕文化,时刻牵挂着祖国和家乡的发展。早在1993年,洛杉矶潮州会馆与美国潮团联合主办了第七届国际潮团联谊年会,接待来自世界各地潮人代表1100余人,时任美国总统克林顿和加州州务卿余法月桂分别发来贺词。据悉,全球潮汕籍人士4000多万,为世界最大华商群体。

中国驻洛杉矶总领馆总领事刘健(右二)、洛杉矶侨领欧佳霖、郭小青、曹永光在庆典仪式上

跨越大洋的对话,使我俩依依不

舍。离别时,小青会长说:洛杉矶关帝庙落成开光时,将特别邀请我到洛杉矶出席仪式,并为侨界举办世界关帝文化讲座。小青会长还向我赠送了美国南加州潮州会馆会旗。

2015年春天,我收到小青会长的微信,图片显示,洛杉矶潮州会馆关帝庙已成功封顶,开始装修了。我给小青会长传去了全国政协委员、著名书画家汪国新先生题写的大门楹联。此后,潮州会馆关帝庙建设的最新图片,小青会长总是及时传来。大洋两岸,已经紧紧地连在一起。

2016年早春,应洛杉矶潮州会馆热情邀请,我们组织了"中国关公文化交流团",飞往洛杉矶。2月6日这天,洛杉矶中国城充满节日喜庆,潮州会馆暨关帝庙落成庆典,在这里隆重举行。出席庆典仪式的有中国驻洛杉矶总领馆总领事刘健,美国国会议员赵美心,加州众议员周本立,洛杉矶市议会代表、罗省中华会馆主席方杰州,名誉主席黄金泉,罗省中华总商会主席庄培源等侨团首领。潮州会馆会长欧佳霖、监事长张朝海、副会长郭小青、永远名誉会长曹永光与全体理监事出席庆典。

从中国大陆赶来的中国政协委员、著名画家汪国新,关公文化学者朱正明,北京燕山红文化集团董事长郑桂兰、总经理汪汀,广东省潮州商会常务副会长范思斌等出席落成典礼。

上午九时,在美中两国悠扬庄重的国歌声中,庆典拉开序幕。潮州会馆永远名誉会长曹永光宣布新会馆落成典礼正式开始。监事长张朝海致欢迎词。

中国驻洛杉矶总领事刘健致辞说:"新会馆将成为一个平台,不仅弘扬中华文化,同时增强海外侨胞凝聚力,加强中美文化交流,加强洛杉矶侨胞团结,共同为中美友谊做出新的贡献!"

美国国会议员赵美心致辞说:"非常高兴来到这里,参加潮州新会馆落成典礼。这个古典漂亮的建筑将成为洛杉矶中国文化景点。"

美国南加州潮州会馆会长欧佳霖致辞说:"新会馆将成为中国城的景点,成为中华文化的缩影。新会馆总面积大约6500平尺,是旧会馆的两倍,有大型会议厅、关帝庙、康乐室、中文学校和老人活动中心,能更好地为乡亲为社区服务。"

美国南加州潮州会馆副会长郭小青致辞说:"我们潮州会馆成立30多年来,一直得到大家的支持,所以才能建成这么好的建筑。希望新一届理事会继续发扬以前的传统,把我们的关帝文化和潮州人的精神发扬光大,更上一层楼。"

加州众议员周本立致辞说:"今天是双喜临门的好日子,既是潮州会馆新会馆落成的日子,也是中国的新年。非常感谢潮州会馆用这么多年时间,用这么多金钱,来重建新会馆,来保留和发扬中华文化。祝贺你们有非常美好的日子。"

美国国会议员赵美心、加州众议员周本立、洛杉矶市议会代表先后为南加州潮州会馆颁发贺状。总领馆总领事刘健、美国国会议员赵美心先后为新会馆落成点睛致贺。在热烈的掌声中,众嘉宾为新会馆落成揭幕。随后,嘉宾共同点燃二十多串爆竹,关帝庙前一片轰鸣沸腾。

在 600 多位侨领和企业家出席的盛大晚宴上，美国国会议员赵美心(中)为汪国新(右)、朱正明(左)颁发贺状，赞扬其为美中文化交流做出贡献

朱正明在洛杉矶美国电视台接受中华关帝文化专访

当天下午，在潮州会馆，文化学者朱正明为众侨领演讲了《大洋两岸的关帝文化风情》，全国政协委员汪国新、作家郑桂兰讲述了他们循长江画长江、拜关帝画武圣的感人事迹。晚上，600 多位侨领和企业家云集希尔顿大酒店，举行盛大晚宴。美国国会议员赵美心为汪国新、朱正明等颁发了贺状，褒扬他们在传承中华关帝文化，促进美中文化交流做出的突出奉献。

乘直升机航拍大西洋畔的纽约曼哈顿和自由女神

2016 年春节前夕，我第三次飞往纽约。纽约灵应关帝庙李绍基主席早早在肯尼迪机场迎候，我们相约第一件事，就是登上直升机，航拍纽约曼哈顿。

直升机盘旋于哈德逊河之上。在千米高空，俯瞰神秘的曼哈顿，拍摄曼哈顿的高楼丛林和漂浮在大西洋上的自由女神，确实是一件快意的事儿。眼下的纽约，是美国第一大都市，世界金融中心，联合国总部所在地。来自 90 多个国家的移民，使用 170 多种语言，形成了一股独特的巨大的震撼的包容世界的文化。现在，纽约 1800 多万人，聚集在 1200 多平方公里的土地上。这里的人均 GDP12 万多美元，两年前就超越了日本东京,居世界第一。

在纽约上空的直升机上,帅帅的黑人驾驶员告诉我,1785 年,纽约被定为美国首都,4 年后,美国第一任总统乔治·华盛顿在曼哈顿华尔街联邦厅宣誓就职。在同一地点,还召集了美国第一届国会。1790 年,纽约实力超越费城,成为美国第一大都市。

曼哈顿只有 58 平方公里,却是纽约的核心。美国最大的 500 家公司,差不多一半把总部设在这个长形小岛上。美国 7 家大银行,6 家在这儿设立中心据点。位于曼哈顿岛南部的华尔街,是美国财富和经济实力的象征,也是美国垄断资本的大本营,这条只有 500 多米长的狭窄街道两旁,有 2900 多家金融和外贸机构。

眼下的纽约,世界级艺术和历史博物馆,令人目不暇接:第五大道富丽堂皇的大都会艺术博物馆,古根海姆博物馆,惠特尼美国艺术博物馆,新画廊和犹太博物馆;中央公园西侧的美国自然历史博物馆,纽约历史社会博物馆;市中心的现代艺术博物馆……这里还拥有哥伦比亚大学、纽约大学和洛克菲勒大学等名校。

曼哈顿紧连浩瀚的大西洋,美国国家纪念碑"自由照耀世界之神",也就是我们常说的自由女神,就伫立在哈德逊河入海口不远处。130 年前的一个秋日,美国克里夫兰总统亲自为自由女神揭幕。

曼哈顿中心一片长形的绿荫十分醒目,这就是中央公园。拔地而起的高楼环抱着这片绿地,南北长 4000 米,东西宽 800 米,有茂密的树林、湖泊和草坪,甚至还有农场和牧场。在寸土寸金的曼哈顿,有这片绿洲,真是难得!

曼哈顿东河之滨,就是联合国总部,39 层的联合国秘书处大楼、联合国大会及安全等理事会议楼、图书馆,被称为"国际领地"。正面广场上飘扬着联合国成员国国旗,来自各国的 5000 多名公务员穿行于联合国大楼之间。

帝国大厦可以俯瞰曼哈顿四分之一的区域,每年吸引数万游客登顶瞭望。晴朗的日子,游客不仅可以鸟瞰曼哈顿,遥望自由女神,还能看到纽约州、新泽西州、康乃狄克州……

曼哈顿高楼丛林中的唐人街,是西半球最密集的华人聚集地。今天的唐人街,已扩展为 45 条街道,完全吞并了周边的犹太区和波多黎各区、意大利区。

航拍结束,李绍基主席带我穿行于纽约唐人街。他向我介绍,目前纽约华人已达80 多万, 形成三片大的唐人街:曼哈顿唐人街 (Chinatown)、皇后区法拉盛唐人街(Flushing)、布鲁克林第八大道唐人街(Eighth Avenue)。

曼哈顿唐人街位于曼哈顿下东城,建于 19 世纪中叶,以勿街为中心,包括坚尼街、摆也街、披露街、拉菲耶特街、包厘街和东百老汇大道。早在 1848 年,3 位台山人乘坐"流浪之鹰"帆船到达美国,这是最早移民美国的中国人。到 1851 年,移入美国西海岸的四邑人已达 2 万多人,并逐年增加。先侨们在矿场、农场、雪茄厂、木材厂做美国白人不愿做的工作。1880 年美国发生经济危机,白人大批失业,中国人却有事干。白人嫉恨中国人,指责中国人抢了他们的饭碗。由此,加利福尼亚州通过了《排华法案》,被排挤和受歧视的中国人陆续向美国东海岸迁移。首先进入纽约的华人,在曼哈顿下城

东南区的勿街、柏克街落脚，随着人口逐年增加，十九世纪末，唐人街逐渐形成规模。

行走在唐人街，就像在中国大陆、台湾和香港的小城镇一样。语言以普通话为主，也夹杂各地方言，中餐馆随处可见，街口还有中文报摊，开车可以听到中文广播，晚间还能看到中国中央四台等电视节目。

第二唐人街位于皇后区法拉盛。这里交通十分方便，七号地铁终端一头在法拉盛，另一头在曼哈顿中国城。缅街（Main Street）是法拉盛的主干道，中式餐馆和商店比比皆是，华人主要来自中国大陆和台湾，国语在这儿通行。20 年前，法拉盛仅有两三家华人商店，其他皆是韩国人的地盘，但现在几乎被华人"占领"。在缅街上走一趟，看到的几乎全是华人，白人和黑人倒成了"少数民族"。近几年，温州人的超市最为引人瞩目。短短几年，近 10 家大型超级市场兴起，老板和员工主要是温州人。

布鲁克林第八大道被称为第三唐人街。华人在第八大道从商，住在第八大道两旁和日落公园（Sunset Park）附近。这儿的居民主要来自广东和福州。据说，40 年前，一个广东人在这里开设一家华人杂货店生意不错，许多华人也在周边开店设铺。因这儿房价比较便宜，越来越多的广东人搬离曼哈顿唐人街，定居在第八大道。后来，福建移民日益增多，形成现在以福建广东人为主的中国城。

第一次途经纽约，还是 1997 年。那天，湖北省参访团的朋友都在曼哈顿商场购物，我趁空上了一辆黑人的士，请他把我带到唐人街关帝庙。

早就听说纽约中国城有一家关帝庙，还有一位对关帝很虔诚的冯德鑫主席。来到中国城，远远看见金黄的"关帝庙"牌匾，我一路小跑过去，轻轻进入大殿，见到一尊端坐在神龛之上的红脸关公！"终于找到了！终于找到了！"我激动得轻轻自语，一下子

纽约关帝庙供奉的关公

跪拜在关帝像前,静静地闭上双眼,感受着在大西洋岸边的曼哈顿唐人街找到中华关帝殿的温馨与喜悦!

关帝庙大堂正中,是一尊高 5.9 英尺的关公坐像,关老爷身着金龙绿袍,手托长髯,注目《春秋》,既威严,又和善。神龛之上,高悬"义结千秋"金匾,两旁垂挂七色彩灯,加上金黄屏风,好一幅古色古香且具浓郁中华民族特色的关帝文化图。大殿两侧,悬挂着中国河南洛阳、山西运城、湖北当阳关帝庙管委会赠送的书法匾额。

听说从中国来了关帝文化摄影家,冯德鑫主席很快赶到庙殿。热情奔放的冯主席,对关帝文化特别钟情,谈到海峡两岸乃至大洋彼岸的关公,我们有说不完的话。冯先生带着我,在中国城走了一圈,我们看到,宾馆餐厅,商场民宅,随处可见关公。冯先生说,纽约关帝庙的宗旨,就是"弘扬以关帝为表率的、儒释道三教融合的中华传统文化,净化人心,教化社会。提倡助人为善,广结善缘,积极参与社会慈善事业,服务侨社新老移民"。有了关公忠义仁勇诚信之文化道德精神,有了海外华人对关老爷的虔诚之情,有了热心弘扬关帝文化之仁人志士的推动,在纽约发起兴建关帝庙一时应声四起——1994 年 1 月,筹委会在纽约举办筹款会,各界 400 多人与会,场面十分热烈。1994 年 2 月,各界华人举行了隆重的关帝圣像开光盛典。这一年农历六月二十四日,纽约各地华人在这里举行了隆重的纪念关帝诞辰仪式。自此,关帝庙活动不断,香火日趋旺盛。春节期间,前来关帝庙进香的华侨华人络绎不绝,鼎盛时,上香长队排了几条街。

第二次进纽约,是 2000 年 8 月。应纽约关帝庙理事会邀请,我精选 88 幅图片和多年搜集的关帝文化珍藏品,飞赴纽约展出。湖北省海外联谊会代表团一行 12 人,从旧金山转机赴纽约。在旧金山机场,飞机延误 8 小时,我们深夜 12 点才赶到纽约曼哈顿。这可把前来迎接的人等苦了,原定当晚举行的记者招待会泡汤,尤其是展览第二天就要开幕,展品还在行李箱,怎么办?

我们驱车来到纽约中国城孔子大厦展厅,纽约关帝庙主席冯德鑫先生等 10 多人已经在门口等候多时。新闻媒体记者不辞辛劳地完成了采访。我们连夜布展时,近 10 位华人笑声朗朗地干到凌晨 3 点,一问,才知道都是不取分文报酬的各界朋友,有来自大陆的,也有几位来自台湾的。

第二天中午,中国关帝文化摄影展隆重开幕。纽约

中国关公文化交流团在纽约关帝庙展示"走遍天下访关公"横幅,中为纽约关帝庙总顾问梅贤添、右四为作家郑桂兰女士、右五为全国政协委员汪国新、右七为文化学者朱正明、右八为纽约关帝庙总干事陈宏泽、左三为纽约灵应关帝庙主席李绍基

华人记者联谊会会长梅建国主持开幕式,纽约侨界八大社团主席出席剪彩,纽约州政府官员也赶来祝贺。社会各界赠送的 30 多组花篮,把近 300 米的大厅装点得满是喜气。纽约关帝庙总顾问梅贤添在开幕式上致辞:"关圣帝君的忠义精神,深获海内外同胞尊崇和景仰,被民间顶礼膜拜;关帝庙宇遍布四海,香火鼎盛,可谓'忠义贯日月,义气壮山河'!教人以善为之忠,正正当当为之义。此次中国关帝文化摄影展,乃别开生面之创举。"

开幕式上,冯德鑫主席、梅贤添总顾问向我颁发了精心制作的奖牌,展厅内,闪光灯不停,掌声不断,洋溢着浓浓的中华一家亲的和谐场面。这次展览,受到美国各新闻传媒的广泛关注,美国《世界日报》《侨报》《明报》《星岛日报》《自由时报》《新闻周刊》均派记者现场采访摄影,先后有 15 家报刊以醒目标题大篇幅报道,并配多幅照片。展览现场,各界人士络绎不绝,厚厚的留言薄上,写满了数百人的赞语和激情。

在展览大厅,《纽约时报》记者部主任把我拉到一个角落,悄悄对我说:"你们的展览选题太好了!关公,没有国界,不分党派,超越时空。纽约以前做活动,大陆来的,就是亲共的一帮侨领来祝贺;台湾来的,就是亲国民党的一帮侨领来祝贺。这次可了得,纽约八大社团主席全部到场!"

我们途经洛杉矶时,美国电视台国际频道特邀我到演播厅,作了近 50 分钟的关公文化专题访谈,当晚向全美播出。一时间,中华关帝文化成了热点。

纽约关帝庙主席冯德鑫先生,二十世纪六十年代出生在广东省台山县。二十世纪八十年代,冯德鑫飞越大洋,赴美国留学,并留在纽约发展。他以中华文化为纽带,广泛联络纽约各界人士,1993 年发起创建纽约关帝庙。1999 年,冯主席第一次赴中国大陆寻访关帝文化,邀约我带他到湖北当阳、古城荆州、江城武汉等地朝拜关公,考察三国文化遗迹。

2001 年,冯主席带着纽约关帝庙顾问雷震寰先生赴湖北朝拜关公。共同的敬仰,共同的信念,我们三人成了好朋友。从那年开始,每年金秋时节,冯主席、雷总和我差不多同时出现在山西运城、河南洛阳、湖北当阳的关公朝圣大典,并多次在荆州古城的长江大学、长江岸边的三峡大学捐赠"关公文化伯伟奖学金"。我们乘坐峡江游轮,伫立船头,饱览峡江红叶,攀爬黄牛山峦,沐浴巫山云雨,俯瞰夔门石壁……我们三人一道,北上河北承德出席皇家武庙开光盛典,南下春城昆明寻访关氏宗亲朋友,东临福建东山岛出席关帝圣像巡游,西赴雪域高原西藏拉萨朝圣捐款,还一起飞过台湾海峡,应邀出席宜兰礁溪协天庙 200 周年庆典,在台湾环岛寻访关公文化。那些年,我们三人身影出现的地方,都会成为新闻记者追随的焦点。后来,雷先生身体欠佳,回纽约养病,这"三角组合"暂告结束。

第三次赴纽约,是 2016 年春节前夕。全国政协委员汪国新,摄影家朱正明,作家郑桂兰,企业家汪汀等组成中国关帝文化交流团,来到大西洋岸边的纽约。交流团所到之处,受到纽约华人华侨热情欢迎。中美两国关帝文化学者、艺术家、企业家在一起虔诚朝拜关公,宏论关帝文化,展示艺术作品,畅谈中华传统文化对海内外华人强大凝聚力，令人久久难忘。

这一次，我们住在布碌仑八大道唐人街。看到满街的中文灯箱广告，看到黑头发黄皮肤的人们，大家都有回到家乡的感觉。2015年，李绍基先生在中国城兴建了四层大楼，第三层供奉关公、关平、周仓和观音菩萨，四楼楼顶，"灵应

在纽约灵应关帝庙大殿，朱正明(左二)向李绍基主席(中)及李公子赠送关公字画及专著

庙"三个大字格外醒目，几面美国星条旗和中国五星红旗，在冬日的劲风中愉快地飘扬。

第二天，李绍基主席请来纽约10多位书画艺术家和企业家，在灵应庙大堂与交流团成员畅谈大洋两岸关帝文化。我首先讲述了世界关帝文化发展趋势。汪国新、郑桂兰夫妇介绍了他们克服重重困难，在中国走长江、画长江，在北京开办"关公画堂"，兴办"汪国新诗书画博物馆"的经历。纽约布碌仑亚裔社团联合总会陈善庄主席、美国书画艺术研究会朱立业会长、美中美术家协会李春华常务副主席、美国华严书院陈绍恭院长、美国身心灵健康研究会李瑞锋执行长、纽约作曲家黄秋远等先后畅谈了自己对中华武圣关公的敬仰。李绍基主席率领大家在关帝像前合影留念，关帝文化把大洋两岸炎黄子孙紧紧连在一起！

在纽约灵应关帝庙大堂，朱正明代表中国山西运城解州关帝庙、河南洛阳关林、湖北当阳关陵，向开光不久的灵应关帝庙赠送了祝贺条幅。

当晚，纽约部分侨领在唐人街聚会，中国驻纽约总领馆领事组长董海棠女士亲自到场致辞。朱正明向董海棠领事赠送了《走遍天下访关圣》专著。汪国新先生、郑桂兰女士向陈善庄主席赠送了"海内存知己，天涯若比邻"条幅。

在李绍基主席和美国书画艺术研究会会长朱立业引导下，交流团一行拜访了位于曼哈顿唐人街的纽约刘关张赵龙岗亲义公所。刘满主席在龙岗亲义公所热情接待了交流团一行。大家在纽约龙岗亲义公所拉起"走遍天下访关公"条幅，祝贺摄影家朱正明33年走遍五洲访关公的壮举。龙岗亲义公所刘满主席介绍，公元1875年，侨居美国的刘关张赵四姓先祖，为发扬守望相助精神，在美国三藩市兴建龙岗古庙。此后，美国各大城市，纷纷组建龙岗社团，现已扩展至加拿大、墨西哥、古巴、巴西、欧洲各国、澳洲各国及东南亚150多个国家和地区，汇聚300余万人。2014年，纽约龙岗亲

在纽约联合国总部，朱正明（右）向联合国前秘书长安南高级顾问 Lamin Sise(中)赠送摄影作品,左为全国政协委员汪国新

朱正明向联合国副秘书长卡洛斯·洛佩兹(中)赠送世界关帝圣像,右为联合国官员穆罕默德·阿达姆

义公所成立 125 周年纪念，远在台湾的马英九先生特题字"弘邦惠侨"，王金平先生题字"精诚团结"，关中先生题字"忠义传承"……

在纽约龙岗亲义公所大厅，关公文化学者朱正明对刘满主席说："我的家乡湖北当阳，留下了刘关张赵先祖的足迹！赵子龙在当阳长坂坡救阿斗，张翼德在当阳桥一声吼退曹军，关云长显圣当阳玉泉山，都是千古传颂的故事。"刘满主席表示，一定组团赴湖北当阳寻根问祖，到天下关公文化旅游城参观考察，到荆州古城关公义园朝拜。

春节前夕的纽约联合国总部，在大风雪之后显得更加挺拔。2016 联合国总部书画精品展开幕式，在联合国一楼大厅隆重举行。开幕式由联合国新闻部翟莹小姐主持。热烈的掌声中,联合国前秘书长安南高级顾问 Lamin Sise,联合国中国书会会长温学军,全国政协委员、著名书画家江国新等先后致辞。联合国秘书长办公厅官员 Zaw Win 先生,联合国中文组组长何勇,北京燕山红文化集团郑桂兰董事长,文化学者朱正明,南京师范大学美术学院教授、博士生导师徐培晨等百余人出席开幕式。

众嘉宾高兴地看到,汪国新先生的展品,都是国画关公,画面上,关老爷威风凛凛,神采奕奕,赤兔马四蹄生风,潇洒自如。汪国新先生在开幕式致辞中说:"美术是赞美之术。赞美自然,赞美生命,赞美和平！中华五千年创造了博大精深的诗书画,儒释道东方文化瑰宝彪炳千秋。她不但属于中国,也属于人类。"

开幕式结束后,温学军、汪国新、郑桂兰、朱正明、李绍基、汪汀等参加了联合国总部

灵应关帝庙联合侨界举办龙狮节

纽约2000年举办朱正明"中国关帝文化摄影展"，侨界八大社团主席出席开幕式剪彩

举行的春节联欢晚会。汪国新、朱正明当天接受了《星岛日报》《纽约业话》等媒体采访。

在纽约的日子，李绍基主席驾着爱车，始终陪同交流团活动，走访华人知名社团，拜访纽约知名企业家，在曼哈顿的高楼丛林中穿行并讲述纽约故事。深受感动的汪国新先生，特为灵应关帝庙题写一副楹联：

灵台守定信义信心信仰；
应感圆融善因善果善缘。

李绍基先生老家在广东佛山，二十世纪八十年代初随父亲到纽约。李绍基主席在纽约已经事业有成，却十分怀念儿时的家乡。他记得家乡佛山有座灵应寺，小时候常去拜佛。上初中二年级时，自己的学习成绩仍是中等偏下。小绍基跪拜在佛前，暗暗许愿：如果我的学习成绩好了，今后一定常来灵应寺朝拜，并且要把灵应寺建得更辉煌！到初中三年级，奇迹出现了，李绍基的成绩猛然跃升为全班一二名，连自己都不敢相信！于是，少年绍基的心中埋下了慈善的种子，以后发达了，要盖一座庙殿，专为老百姓做善事！

在纽约龙岗亲义公所，朱正明向刘满主席（中）赠送《走遍天下访关圣》专著。右一为美国书画艺术研究会会长朱立业，左二为全国政协委员汪国新，左一为作家郑桂兰

随父亲到纽约后，李绍基最开始当服务员，在餐馆卖点心，当超市员工，当地产经纪人。他发现做地产比较赚钱，就开始学建筑，在纽约上大学也选择了土木工程系。毕业后，他开始做建材生意，之后自己创建了新华企业，经过滚动发展，现在已有10来个分公司，分布在加州、纽约州、新泽西州、马德拉州、路易斯安娜州、亚特兰大等地，以建材贸易和房地产投资为主，一年经营额达数千万美元。

兜里有银子了，李绍基自然想到了小时候在佛山老家灵应庙的许愿。他在第八大道唐人街新建的四层大楼里，开设了灵应关帝庙，主供关公和观音。这"灵应"二字，正是儿时在家乡拜佛的寺庙的名字。现在，来关帝庙朝拜的，有中国大陆移民，有港澳台朋友，也有蓝眼睛的金发女郎。每逢初一、十五和周末，李绍基都会组织志愿者为唐人街民众供奉丰盛的斋饭，每次都有大几十位华人前来叙旧用餐。问起今后的打算，李绍基不假思索地说："多为纽约侨界华人华侨做慈善事业！"

李绍基有三个可爱的儿子，取名伟皆、伟铭、伟坤。每逢大的假期，李绍基都会带他们回到中国，感受中华传统文化，游览北京、上海、苏州、佛山、深圳、云南、港澳等地，今年还准备带着儿子们进西藏，感受雪域高原的圣洁纯净。

2017年10月15日，是个吉祥的日子。这天清晨，美国夏威夷檀香山升腾起吉祥的彩虹。就在这一天，中国大陆最著名的五大关帝庙香灰，隆重汇入夏威夷关帝香炉！

夏威夷檀香山彩虹

檀香山目前还没有关帝殿堂。香火汇聚仪式，选择在夏威夷侨领高振尧先生别墅大厅举行。高振尧现为夏威夷华文作家协会顾问，还是竹溪太极社新接班人，在夏威夷颇具知名度。他的别墅一楼，供奉着高一米的关帝陶瓷彩金像，四周鲜花簇拥，贡品满满。

夏威夷华文作家协会叶芳会长说："今天，中国大陆五大关帝庙香灰汇入夏威夷关帝香炉，这是夏威夷华侨华人早已期盼的喜庆日子！"

在海内外嘉宾的期待之中，在夏威夷侨领的陪伴之下，文化学者朱正明率先将山西解州关帝祖庙、湖北当阳关帝古陵香灰缓缓汇入香炉；河南张学民将洛阳关林香灰汇入香炉；《天下关公》总制片人郝延伟将湖北荆州关羽祠香灰汇入香炉；福建东山刘宽宽将福建东山岛关圣殿香灰汇入香炉。在台湾大有集团董事长翁启镜先生引导下，海内外嘉宾分别向关帝敬香行礼。随后，主宾互赠关帝文化纪念品。台湾吴清菊女士表演了"双管齐下"创作关帝文化书法作品，获得在场嘉宾的热烈掌声。

中国五大关帝庙香灰汇入夏威夷香炉隆重仪式

夏威夷群岛漂浮在浩瀚的太平洋正中，总面积16,759平方千米，由8个主岛、120多个小岛组成。人口130万，是美国亚裔人口比例最高的州，日本人最多，其次是菲律宾、土著、中国、朝鲜、越南、老挝和泰国人。

夏威夷大岛，是群岛中最年轻的岛，也是最大的岛，面积10,400多平方千米。毛伊岛是第二大岛，面积1800多平方千米。欧胡岛是群岛中第三大岛屿，面积1500多

中华关帝走进地球三极

平方千米,相当中国一个小县,却有太平洋上最大的城市——檀香山(火奴鲁鲁 Honolulu),人口 98 万,作为现代化的城市,颇具美国本土风格,是群岛政治、经济、文化中心。

美国夏威夷华文作家协会、夏威夷竹溪太极社共同主办的夏威夷首届关帝文化国际研讨交流会,就在檀香山 Ala Seaside Hotel 隆重举行。朱正明主讲《大洋两岸关帝文化风情》,台湾黄国彰理事长讲述《弘扬关帝文化对社会的正面意义》,山西郝延伟介绍了《天下关公》拍摄思路。河南张学民、福建刘宽宽、美国关健中、台湾翁育慈先后发表演说。夏威夷作家协会副会长高于晴小姐在讲话中响亮提出:"关帝集儒释道于一身,是全世界华人崇敬的大神!盼望不久的将来,能在夏威夷兴建一座关帝爷庙。"高于晴小姐的提议,赢得大家一阵热烈的掌声!

第二天,嘉宾考察檀香山珍珠港、波利尼西亚文化中心等著名景点,引出了令人惊奇的关帝现身营救珍珠港华裔军士故事——

珍珠港位于檀香山西侧,与威基基海滩遥遥相对。从 1911 年起,这里就是美国太

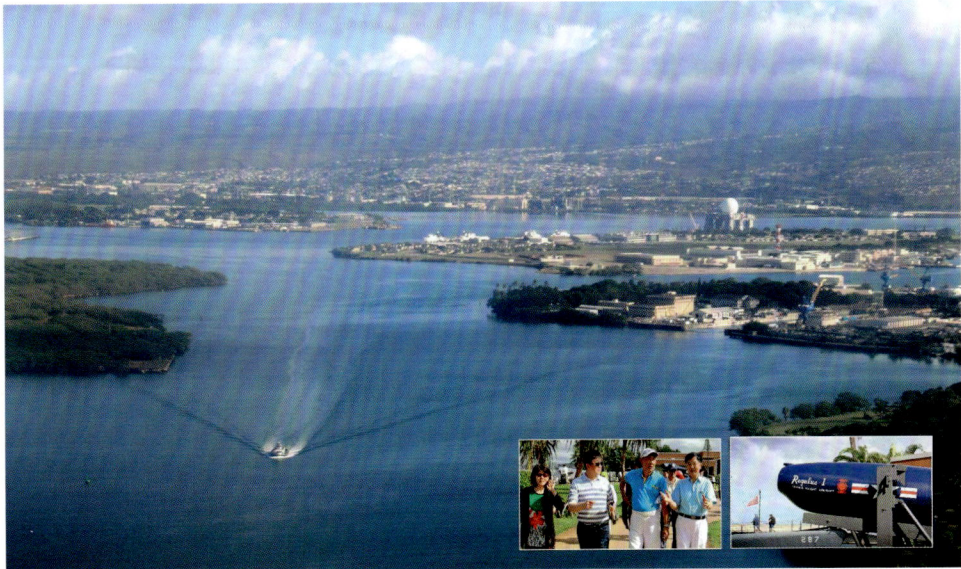

夏威夷珍珠港的故事

平洋舰队和空军的总部基地。1941 年 12 月 7 日,日本突袭珍珠港,美军猝不及防,伤亡惨重。现在,珍珠港部分对游人开放,当年被击沉的 3 万吨级的战舰——亚利桑那号,依旧躺在清澈的海底,只露出桅杆。旁边建造了一座白色花岗岩纪念馆。

带我们赴珍珠港参观的,名叫"孙忠义"。参观途中,我问孙先生:"您听说过珍珠港事件中,关帝显灵的故事吗?"孙先生说:"听过,印象很深,台湾东森电视台'关键时刻'节目,两年前还报道过。听说,在夏威夷军营,现在还供着关公的像。"

半个多月前,我委托夏威夷侨领打听此事,没有结果;此前请山西解州关帝庙寻找赴祖庙敬香还愿的华裔士兵后裔,也一直没有结果,今天,居然有了奇遇,在珍珠港遇见孙忠义先生。孙先生说:"真有缘分!我好像是关帝爷派来的!"他说,"我 20 岁的

儿子,是农历六月二十四日的生日,和关公同一天呢!在我祖籍泉州,祖辈们小时候就虔诚地朝拜关老爷!"

孙忠义先生告诉我,在海峡两岸,在浩瀚太平洋中部的夏威夷,流传着同样的故事——

那是 1941 年 12 月 5 日,星期五。25 岁的华裔小伙子车维新,英文名叫约翰·梅内克,是太平洋舰队的一位中士,G428 油库的安全巡视检查员。当天深夜 23 时左右,他忽然听到一阵急促的敲门声,立即掀开军毯,一骨碌爬起来开门。门口站着几位身穿中国古代军服的汉子,提着"关"字灯笼,一位长官模样的红脸大汉,足有七英尺高,长长的胡须在海风吹拂下,在前胸飘动。他身后是一位黑脸大汉,牵着一匹红色萨克逊公马,肩上扛着长柄大刀。此人开言道:"我叫周仓,是陪同关老爷特来向你发警示的……"车维新打断黑汉的话说:"这半夜三更,营地戒备森严,你们是怎么进来的?"黑脸大汉说:"这个你就不管了!我要告诉你的是,12 月 7 日,就是这个礼拜天,港湾将发生灾难,你务必在礼拜天日出之前,把全体华裔军士召集到附近的教堂,避免伤亡!"车维新似醒非醒,对红脸大汉说:"谢谢您的提醒,我一定按您的警示办。"红脸大汉说:"千万不能含糊,这关系到 61 位华裔同胞的生命啊!"车维新将信将疑,他一边穿上衬衣,穿上拖鞋,目送一行人匆匆离去,车维新清楚地听到马蹄铁与沥青路面碰撞的哒哒声。

第二天清晨 6 点一刻,约翰·梅内克醒来了。昨晚的梦,清晰地浮现在他脑海。他没顾得上刷牙洗脸,跑步到老兵张士英那里,把梦中详情告诉了他。老张当时 49 岁,是一位超期服役的老兵,他听了约翰的叙述,认为这是上天在冥冥之中发出警示,一定要照办。他们分别给其他 59 人打电话,要大家在 12 月 7 日早上 6 点半之前,到圣玛丽教堂做礼拜祈祷。

12 月 6 日,礼拜六。吃过晚饭,日本船只满载美酒、香烟和歌妓,来到美军太平洋基地。"要和平、不要战争"的晚会,在一派鼓乐声中拉开帷幕,殷勤的日本使者把一坛坛美酒酌给太平洋舰队的军官和士兵,美军将士一个个头重脚轻,烂醉如泥。珍珠港沉浸在和平安乐、醉生梦死的气氛中。

12 月 7 日一大早,61 位华裔军士来到圣玛丽大教堂,他们在前胸划着十字,口中念念有词。这天是礼拜天。日本集结在欧胡岛北方 230 英里海面的 6 艘航空母舰、27 艘攻击舰,更有舰载战斗机、轰炸机和鱼雷,对美国珍珠港海军基地发动突然袭击。此时,美军 130 艘舰艇,悠闲地停泊在珍珠港湾,海军和陆军的飞机,群体式停在卡尼欧丽湾和贝罗斯机场,将士们头天晚上参加了日本人举办的晚会,狂舞一夜,此时刚刚进入梦乡。

清晨 6 点 40 分,日本潜艇潜入珍珠港内,被美国驱逐舰华德号击沉。近 7 点,美军雷达发现一大群飞机由北而来,立即电告总部,总部误认为是自己"企业号"航母的飞机,未采取任何行动。7 点 55 分,第一批日本飞机开始轰炸珍珠港。8 点 10 分,美军旗舰亚利桑那号被重磅炸弹击中,引爆舰首弹药舱,不到 10 分钟,舰艇连同舰上 1777

名船员一起沉入海港。俄克拉荷马号被数枚鱼雷击中,沉入海底,400多名船员顷刻消失。加利福尼亚号和西弗吉尼亚号在停泊处被击沉,只有内华达号被击中后试图逃出港湾,又担心堵住了军港的唯一出口,而停泊在福特岛岸边。

5分钟之后,日军第二批飞机又来轰炸,美军山姆号、斯托约姆号和一个船坞被击毁,又有数百人殉职。

珍珠港的灾难是毁灭性的。从早晨7点55分到10点的两个小时中,日军共摧毁美军飞机323架,舰只21艘,击毙美军2388人,其中有英国、德国、法国、比利时、荷兰、丹麦、日本、加拿大、新西兰人的后裔,唯独61位华裔将士安然无恙,毫发无损。

珍珠港大难后,61位华裔军人聚集约翰·梅内克的住处,沐浴更衣,焚香感谢托梦的关老爷。第二年11月28日感恩节前,约翰·梅内克在夏威夷华人处请了一幅关老爷骑马提刀的画像,贴在自己房间。后来,每年12月7日,这些被拯救者都到这里顶礼膜拜,直到他们退役。

珍珠港事件,使美国在西太平洋海空军的主力瘫痪,也因而引发太平洋战事。战后,美国在珍珠港成立"亚利桑那纪念馆",向来访夏威夷的游客讲述当年惨剧。1959年,夏威夷成为美国第五十个州。

珍珠港沉重的往事,关老爷神奇的故事,使我们对夏威夷久久难忘。

东西方文化交融,形成了独特的夏威夷文化,岛民热情好客,有独特的音乐舞蹈及美食,"阿罗哈星期五"就是典型代表,这是夏威夷最轻松愉悦的星期五。这天,从政府官员,到商人百姓,都会穿上夏威夷风味的阿罗哈衬衫,女士则穿上宽长袍,并在耳后插一朵黄芙蓉或挂上一串花环。当观光轮船接近夏威夷外海时,热情似火的夏威夷女郎,就会驾着小舟靠近轮船,把一串串五颜六色的花环送给游客,高喊欢迎口号"阿罗哈(Aloha)"。阿罗哈是夏威夷土语,意为"欢迎,你好",每个来到夏威夷的人,都会被热情感染,人们一见面就是这句"阿罗哈"!

离开檀香山,部分海外嘉宾飞往夏威夷大岛看火山,再飞往茂宜岛游览。茂宜岛由东西两个板块构成,中间靠一段瓶颈状陆地相连。全岛只有48英里长,26英里宽,从沐浴阳光的沙滩,到阴雨连绵的热带雨林,从翠绿深邃的峡谷,到贫瘠苍凉的火山,变幻无穷。

茂宜岛的拉海娜小镇(Lahaina),海景美得令人称奇,临海的前街(Front Street),是观光客观景购物中心。在海边错落有致的步行小道上,各色皮肤的游人在这儿观海,看潮起

夏威夷茂宜岛忠义堂供奉的关公

潮落,听海涛奔涌,悠然自得。

我们的游览车,在拉海娜海滨小镇缓缓穿行,我突然发现,街边的二楼,赫然出现"协天宫"三字!来夏威夷之前,我就询问过几位侨领,大家都说整个群岛都没有关帝庙。居然在这美丽的海边深情邂逅!

大巴在大榕树旁停稳,我们几位跳下车,什么也顾不上,匆匆往回跑,来到刚才发现的协天宫楼下。

这是一栋绿白相间的三层小洋楼,坐落在海边858号,门前立着一对石狮子,一楼大门上方挂着"和兴会馆"红底金匾,二楼高悬"协天宫"金匾。走到门口,满脸微笑、亲切和善的叶女士,在门内恭敬地向我们微笑点头。我向叶女士介绍了来宾:台湾"中华新世代艺术文化交流协会"理事长吴清菊,台湾"中华关圣文化世界弘扬协会"理事长黄国璋、副理事长郭先全,台湾关公文化协会咨询处主任李中翰,中国大陆关公文化学者朱正明。

我们看到,一楼大厅,大概近百平方米左右,摆满了早期中国移民和辛亥革命的书籍资料,墙上挂满了有历史年头的珍贵图片。由于时间紧迫,我们请叶女士带我们到楼上看看。从屋外左侧楼梯上到二楼,这里居然是一间忠义堂!供奉着与澳大利亚塔斯马尼亚女皇博物馆同样形象的关帝、关平、周仓画像,一块"忠义堂"金匾,高悬在关帝神龛之上。两边有几副楹联:肝胆在正结得君臣兄弟;尊亲无外同兹日月山河……

叶女士告诉我,20年前,这里还是华侨老人院。会馆二楼的忠义堂,是当年洪门弟子膜拜关公的秘密场所,早年只允许成年男子进入。

原来,这位和蔼可亲的叶桂珠博士,是合兴博物馆负责人,已经为博物馆义务服务10多年。她向我们简要介绍了博物馆历史,送给我们介绍博物馆的书报杂志。

早在1778年,华人跟着商船和捕鲸船来到茂宜岛,协助打通山区隧道,建立灌溉系统。茂宜岛的蔗糖生产,是由华人引入,茂宜岛第一座蔗糖工厂,也是华人1802年创建。1852到1898年,更多的华人劳工前来,在蔗田和蔗糖厂工作,并陆续在前街建立中国城。

1909年,拉海娜华人组成和兴会,1912年兴建和兴会馆(Wo Hing Society Hall),当时由致公堂管理。这里,一楼是会馆,二楼是关公忠义堂,成为凝聚并协助华人社群,提供急难救助,同时提供住所给退休者,并全力支持孙中山先生的革命志业的重要场所。

孙中山革命期间,这里曾是当地华人主要集会地点。孙中山先生的大哥孙眉,1871年来到毛伊岛,经过创业发展,至1875年前后,已拥有6000英亩土地的农场,雇工100多人,大家尊称他"茂宜王"。孙眉多次资助孙中山的革命活动,后来不断变卖家产直至倾家荡产,有人把孙眉誉为孙中山反清革命的"财政部长"。如今,孙眉在茂宜岛开设的农场早已不存,但这里依然有许多人知道他的故事。

24

拉丁美洲
听老华侨讲述过去的故事

美国以南的美洲,被称为拉丁美洲。2056 万平方公里的大陆和岛国,生活着 6 亿多各类肤色的人。

古巴,是个神秘的国度。许多中国人心里,对古巴,多少有一种特殊的情结。

早就想去这个加勒比海与墨西哥湾交汇的地方看看。看看那儿的山海,看看那儿的民众,看看古巴侨民的生活,最好,还能探究一下古巴民众的精神世界。

"好事多磨"是中国的一句俗语,这回还真灵验了。我们从巴拿马飞往古巴,经历了惊险的一幕——只要是白天飞行,我都会选定一个靠窗的位置,航拍各国自然风光。从巴拿马国际机场飞古巴,我也是靠窗。一看机窗玻璃,怎么这么陈旧? 窗内,是一道道划痕,窗外,似乎被砂轮打磨过一般,又像是玻璃粉碎后还没有分离的模样,完全拍不成照片。这倒省心了,我靠着椅背,一会儿就睡着了。

迷糊中,飞机一阵颤抖,接着,开始在加勒比海上空绕圈。一阵简短的广播之后,身边的人们开始交谈,声音低沉、紧张。

飞机轰鸣着慢慢降落,我一看窗外,怎么又回到了巴拿马? 待飞机完全降落,机舱内响起一片热烈的掌声。

这时,我才听说,飞机因机械故障,又飞回来了。再看机窗外,灭火车、灭火人员都已赶到,疑似还有救护车,也在那儿等着。几位穿防毒面具的消防人员,看着飞机没事,在机翼处拍了几张图,走了。

无论出什么事,能安全降落就好。我们被安排下了飞机,等候了一个小时,换了架比较新的飞机,再飞古巴。本来下午 6 点到古巴的航班,深夜 11 点才到哈瓦那宾馆。古巴姑娘慢慢悠悠地比划,凌晨一点才拿到房卡。

第二天清晨,太阳还没出来,我推开窗户,窗外居然还有阳台,两把藤椅,一张小圆桌。楼下,是一片片椰林,椰林环抱的游泳池,蓝得发绿。游泳池就在海边。眼前的佛罗里达海峡,驯服地摇摇荡荡,海的尽头,泛起一条绯红,越往上,越接近黄色,一直渗透到苍穹上静静的蓝。一艘孤独的游艇,在海峡悠闲地航行。客房,要么朝着东方,要么朝着西方,十分明确。原来,这是首都哈瓦那海岸一座五星级宾馆。

早餐后,华侨青年夏远航来接我去采风。小夏 30 来岁,帅帅的,说话办事十分干练。我们乘坐一台老爷车,呵呵,声音如拖拉机一般,车内播放着《加勒比海盗》音乐。

老爷车一会儿来到哈瓦那街心广场,广场中央,竖立着高高的纪念碑,黑色圆柱形大理石,正面镌刻"旅古华侨协助古巴独立记功碑",背面基座镌刻着醒目的外文:

No hubo un Chino Cubano desertor,
No hubo un Chino Cubano traidor!

中文大意是:在古巴的中国人无一降卒,在古巴的中国人无一逃兵!

古巴过去是西班牙殖民地,有过两次独立战争。1868 年,古巴独立战争打响,为了让古巴摆脱西班牙的殖民统治,也为了争取自身自由,成千上万的华人参与英勇作战,许多人牺牲在战场,赢得了古巴人民的崇敬。冈萨洛·凯萨达将军(Gonzalo de Quesada)当年曾赞叹道:"No hubo un Chino Cubano desertor,No hubo un Chino Cubano traidor!"1931 年 10 月,古巴政府在海堤大道和哈瓦那大学之间的街心广场,兴建了这座华人记功碑,凯萨达将军赞扬华人的这句名言,就镌刻在基座上。

伫立古巴街头,回望先侨们在古巴的发展历程,够令人心酸的。

老一代华侨介绍,哈瓦那华人,多为契约华工的后代。19 世纪初,古巴烟草和蔗糖种植业大发展,1837 年,古巴动工修建第一条铁路,需要大批劳动力。当时废止黑人奴隶贸易的呼声越来越高,西班牙殖民者就把目光转向中国,华工成为廉价劳力的新来源。1847 年 6 月 3 日,西班牙商船"奥肯德"号从厦门出发,经过 130 多天的航行,运来了第一批 206 名中国"契约工",在哈瓦那列格拉码头登岸,被关进"逃犯拘留所",然后以每名 70 比索的身价,拍卖给种植园为苦工。此后,华工源源不断运到古巴,到 1861 年,来古巴的华工已达 3.5 万人。他们在烟草园、甘蔗田、咖啡厂和铁路工地上受尽折磨,许多人含愤离世,埋骨异国;幸存者同当地农民成家立业,种菜种树;还有一部分流落到哈瓦那当小商贩,开小食店、咖啡店,替人洗衣理发。凭着华人坚忍不拔、吃苦耐劳的精神,他们逐渐站稳脚跟,在哈瓦那形成了繁华的中国城。

1959 年,卡斯特罗领导游击队夺取了国家政权,在经济上采取一切收归国有的政策。这对华人小商小贩是沉重的打击。华人原来经营

古巴首都哈瓦那华人街牌楼

中华关帝走进地球三极

古巴首都华人纪念碑

的生意，被认定有私有属性而被取缔，几代人积累的私人财产也大部分充公。无奈之下，华商只有移民到美国和拉美其他国家重新创业。古巴兴旺的华人族群急剧萎缩，哈瓦那唐人街元气不存，一度十分繁荣的华人街，如今大片房屋残破不堪，空无一人。老华侨介绍，过去这里近20万华人华侨，到二十世纪六十年代初，只剩下不到300人，留下的华侨，大多已年逾古稀，有的需要古巴政府救济，还有的住进了政府养老院。

目前，中国城的核心部分在圣尼高拉斯街（San Nicolas）和谷奇瑶街（Cuchillo）交汇处。谷奇瑶街的东口立着红柱绿瓦小牌坊，上面的"中国城"三个歪歪扭扭的汉字，是一位古巴人写的。巷子里几家中国餐馆和店铺，华裔老板已经不多，服务员都是当地古巴姑娘和小伙子，一句中文都不会。有家天坛饭店，门上贴着"杯中乾坤大，盘中天地宽"的楹联，供应中国菜肴和包子等中餐，吸引了许多外国游客。圣尼高拉斯街上有家著名的太平洋餐厅，曾是哈瓦那最好的中国餐馆，卡斯特罗和海明威都曾光顾

在古巴哈瓦那大学孔子学院，朱正明向师生讲述中华关公故事

过,如今已关门停业。

哈瓦那大学孔子学院,就在这条不长的唐人街上。在孔子学院,我们见到老师带着一群华裔和古巴姑娘,正在学习太极功夫。听说我专程从中国而来,寻访中华传统文化,姑娘们都围了上来。我向姑娘们讲长江黄河,讲关公故事,还赠送了中国大陆画家康峰的关公像作品年历,姑娘们报以一阵阵热情掌声。

华人街高大崭新的牌坊,在破旧的建筑群落中十分醒目,这牌坊还是1990年为欢迎当时的中国国家主席访问古巴,中国政府特地捐建的。

哈瓦那有三个关公厅,一个在中华总会馆,一个在龙岗总会大楼,一个在洪门总部。最古老的关公像,是清光绪十九年(公元1893年)在广州铸造,遥遥万里从中国运来古巴。

在老唐人街,小夏带着我拜访了洪门总部。洪门蒋祖廉主席,祖籍广东新会,今年85岁了,他说,古巴总部1887年成立,有4个支部,分布在圣克拉拉,关塔那莫省,现在还有800多人。洪门供奉的关公,是从中国带来的神,延续了中华文化传统。洪门副主席武光盛在古巴出生,70多岁了,他说,古巴华人后裔,已经

古巴首都唐人街洪门总部供奉的关公

是第三代了。部分人家中有供奉关公的习惯。中秋节、春节,都会有参拜活动。无论大陆还是台湾,都是一个中国。从祖国传承而来的关公文化,是侨民精神的依托,在海外不利于中国人生存的环境下,用关公形象和精神凝聚我们的力量,克服眼前的困难。

在小唐人街,有一座五层高的旧楼,这里是Amistad街420号,大门的牌子写着"中华总会馆"。楼内住着各种肤色的人。上到4楼,进入一间大厅,就是会馆的礼堂,挂着"中华总会馆"牌匾,署名"钦差出使美日秘国大臣、二品顶戴翰林院侍读崔国因题"。总会馆关公像前,有一个铜香炉,刻着"光绪十九年广州铸造"。这尊年逾百岁的雕像,成了受古巴政府保护的文物。

中华总会馆成立于1893年,至今已有120多年历史,是旅古华侨华人的最大社团组织。礼堂悬挂着中华总会馆建立100周年时,中国驻古巴大使陈久长的题词"华光永照"。礼堂还连着一间藏书几千册的图书室,包括《人民日报》海外版和西班牙语的《北京周报》,还有《人民画报》等,都是会馆几十年收藏起来的。中华总会馆就像华人的家,特别是上了年纪的华裔移民,常来会馆看华语电影,阅读来自故乡的报纸和杂志。目前,在哈瓦那东郊的塔拉拉(Tarará),有2000多中国留学生就读,他们为古

巴的华人社会带来了清新气息和勃勃生机。

龙岗总会的关公厅，面积还要大一些，但没有雕像，神坛上挂了一幅长条缂丝，厅中祭桌、香炉、烛台等一应俱全，祭器所见纪年，一为光绪三十三年(公元1907年)，一为光绪三十四年(公元1908年)，比中华总会馆晚10多年。龙岗亲义总会是刘关张赵四姓的宗亲会，神坛上的缂丝，织的就是刘玄德、关云长、张翼德和赵子龙一起议事的图像，前面安放了五个神位，刘、关、张、赵之外，还有一个是诸葛孔明的。

关公是古巴华人最崇敬的神灵之一，每个华人同乡会的会馆里都供奉关公，每当华商之间发生冲突，就要请出关公牌位，扶正压邪。

陪同我采访拍摄的青年华侨夏远航，1988年出生于黑龙江，6年前来到古巴，现在是一家文化旅游公司总经理。他的妻子Karen Amador Vasallo，是一位漂亮的古巴姑娘，哈瓦那大学法律系助教，还是IT工程师，曾在北京外国语学院学习，这个"美女学霸"会四门外语，中文流利。我跟随小夏，在古巴老城穿行探访，小夏说：中华悠久文化，我们要传承；世界各国文明，我们也要借鉴。

20年前，中国文联原党组副书记、作家孟伟哉，在哈瓦那中华总会馆留下一首诗，表达了对古巴华侨华人的赞颂和高度评价：

问祖索裔远中华，转宗生根哈瓦那；
丽岛山水哺吾辈，忠骨岂不献古巴？

墨西哥首都墨西哥城

墨西哥城，位于墨西哥中南部的高原谷地，四周环绕着峻峭的群山，这片面积1500平方公里的高原大城首都，人口2100多万，是美洲人口最多的都市，也是世界上海拔最高的大都市。

这里海拔2200多米，青山环绕，冬无严寒，夏无酷暑，四季花开。这座西半球最古老的城市，遍布着古印第安人的文化遗迹。这里集中了墨西哥百分之五十的工商业、

在墨西哥向中华企业协会金加池主席赠送关帝圣像拓片

服务业和金融机构。

2018 年早春，我们飞到了这里。

出机场不久，中华企业协会主席金加池驾着商务车迎来。8 年前成立的墨西哥中华企业协会，现有会员 300 多位。会长金加池和墨西哥尤卡坦半岛华人华侨联合会会长白义一起，创办了华侨中文学校，对旅居墨西哥尤卡坦半岛的华人华侨子弟进行免费中文教育，保留中华文化根基，还为当地热爱中国文化的墨西哥学生开设汉语言课，传播中华优秀文化。学校还在南方大学、玛雅大学、黎巴嫩学校开设汉语必修课，使半岛断层 70 年的华文教育重新启动。

在墨西哥中华企业协会，我向金加池主席赠送了关公珍贵画像等。在协会会议室，供奉着中华文圣孔子。我赠送的武圣关公，金加池主席当即与孔子摆放在一起。两位中华圣人，在墨西哥聚合。

在金会长引导下，我们在墨西哥城唐人街逐户走访新老侨民。唐人街口，有个红柱黑瓦的牌坊，黑体的"墨西哥城唐人街"，并不十分显眼。走进唐人街，一对石狮子和街两边悬挂的一串串大红灯笼，让人觉得到了中国南方的小镇。金会长带着我，走进 HK 中国工艺品店、Shun Li 工艺品店、岚亭礼品店，这里都供奉着关公。商店柜台内，从中国浙江义乌、广东佛山等地运来的铜铸关公、金关公、陶瓷关公像神态各异。

侨界朋友介绍，早在 16 世纪中叶，在西班牙海船做工的菲律宾华侨，最早移居到墨西哥。1864 年前后，美国商人承办墨西哥中央铁路，在美国招募华工到墨西哥筑路。1876 至 1877 年间，又有一些华工受雇于英商，先后由美国南下，到美墨边境的恩塞纳达市，做伐木工和金矿工人。1891 至 1898 年，墨西哥从香港、澳门等地招募 1800 名契约华工，从事采矿业和棉花种植业。1896 至 1905 年，又有 9800 多名中国大陆劳工先后被招募，进入墨西哥。从 20 世纪 20 年代至二战结束，墨西哥推行排华政策，旅墨华侨经历了最悲惨的岁月。1957 至 1959 年，墨西哥政府曾一度放宽华侨家属移民墨西哥与家人团聚。20 世纪 70 年代以来，有相当数量的中国公民以旅游探亲名义到墨西哥。据统计，1999 年，墨西哥华侨华人约 2 万人。据中国驻墨西哥大使馆最新估计，最

中华关帝走进地球三极

世界文化遗产圣米格尔，摆放着墨西哥国旗和中国关公、观音

墨西哥坎昆金字塔下，玛雅文化与中国游客

近几年，墨西哥华裔人数已接近 10 万。

中墨友谊与日俱增，墨西哥城的一些语言学校，有了教授中文的课程。墨西哥想学中文的人越来越多，当地银行与中国银行的交流业务也越来越频繁。不少墨西哥人喜欢中国电影，《英雄》《卧虎藏龙》和《十面埋伏》等影视光盘，在当地随处可见。一些本地化了的华人与中国的关系就更加密不可分，虽然他们有些说不了汉语，但是爱吃中餐，喜欢书法，爱打麻将，传统的中国习惯保留了许多。这些华侨华人还提倡让孩子们了解中国民俗文化，春节时总是不忘放鞭炮、包饺子，整条唐人街贴联挂彩，大红灯笼高高挂。

离开墨西哥城，我们游历了色彩斑斓的瓜纳华托，历史厚重的太阳月亮金字塔，风情万种的坎昆海湾。远离墨西哥首都数百公里的圣米格尔小城，是著名的世界文化遗产，城内外艺术氛围浓郁。在城中心的龙门餐厅，我惊喜地看到，大堂挂着一面大大的墨西哥国旗，国旗前，供奉着两尊关帝像，还有观音、弥勒佛，还有招财猫等吉祥物。东西方文化民俗，装点着这座美丽的世界文化遗产小城。

2018 年早春，循着中美洲先民迁徙的足迹，我们从北京起飞，越过俄罗斯西伯利亚东部的古老冰川，飞过白令海峡，飞越美国阿拉斯加的纯净雪峰，向南飞越加拿大，顺着莽莽苍苍的落基山脉，降落在哥斯达黎加首都圣何塞。

北美洲和南美洲之间，有一条狭长的地带。这里东临加勒比海，西濒太平洋，如一条 S 形的巨大纽带，连接着南北美洲。危地马拉、伯利兹、萨尔瓦多、洪都拉斯、尼加拉瓜、哥斯达黎加、巴拿马，各自风情万种。

当地史学家介绍，这里的原住民，是经过西伯利亚最东部的白令海峡陆桥，迁居到美洲的北亚居民后裔，经过两万多年的繁衍分化，产生了不同的民族和语言，尤以分布广泛的印第安人最为明显，产生过辉煌的玛雅文明、阿兹特克文明。

1821年中美洲脱离西班牙独立后，圣何塞成为哥斯达黎加首都。圣何塞位于哥斯达黎加中部高原山地，海拔1160米，四季如春，鲜花盛开，金合欢树、茶花、玫瑰花布满各家庭院，葱绿艳丽，被誉为"花城"。当年，西班牙人称这里为Costa Rica，即美丽的海岸。

圣何塞街道呈方格形，东西称大道，南北称大街，所有街道名均以市中心为零，向四个方向依次排号。中央大道北方为单数，南方为双数，中央大街以东为单数，以西为双数，如坐标一般，您只要知道了街道的号，大体上也就知道了所在的位置。

首都四周，有著名火山。伊拉苏火山是哥斯达黎加中部的间歇性火山，位于圣何塞东北，海拔3432米，为中央山脉最高峰。博阿斯火山，位于中央谷地的西北部，距圣何塞只有50多公里。

哥斯达黎加侨领莫春发会长告诉我，1855年，第一批华人约80人来到哥斯达黎

航拍哥斯达黎加，中部为中国援建的首都体育馆

加。1873年，哥国为修建大西洋铁路，大量引进中国劳工。在19世纪末20世纪初，哥斯达黎加华侨约2000人，他们主要经营可可、咖啡、香蕉等。就是这个时期，哥政府通过多项歧视华人的法令，使华人移民的数量受到限制。20世纪40年代初，几位华人领袖努力交涉，哥政府终于在1943年废除以往所有歧视性法规。1945年，中国与哥斯达黎加签订友好条约，此后华侨人数不断增加，到20世纪80年代中期，哥斯达黎加华侨华人已达近万人，华侨逐步增加对制造业的投资。

20世纪90年代开始，华侨经济进入稳定期，港台商人陆续移居哥斯达黎加，到上个世纪末，华侨华人已达6万多人，大部分聚居在首都圣何塞、克波斯港、蓬塔雷纳斯和加勒比海的利蒙港等地。华侨华人以商业、服务业为主，其次为工业和农牧业。20世

纪 80 年代中期统计,哥斯达黎加华侨经营的商店增至 680 多家,其中杂货零售店 350 多家,大小餐馆 260 多家,进出口贸易行 20 多家。华裔青年多受过高等教育或专门技术训练,毕业后担任当地政府公职或自由职业者甚多,如会计师、律师、医师、工程师、教师等。主要华侨团体是首都圣何塞中华会馆和华侨联谊会。

2009 年 8 月,哥斯达黎加大学孔子学院,在首都圣何塞宣告成立。学院由中国人民大学和哥斯达黎加大学联合创办,是中国在中美洲成立的第一所孔子学院。

中国贸促会湖北分会李晓燕部长,曾几次带团赴中美洲考察,晓燕为我介绍了一位在哥斯达黎加颇具名望的侨领——旅哥恩平工商会会长莫春发。莫会长是一位干实事的侨领,热情、实干、快捷、少语,他和旅哥珠海联谊联合总会会长古志宏一起,把我带到圣何塞中国街。莫会长告诉我,哥斯达黎加没有传统的关帝庙,在中国街,却处处可见关公形象。

莫会长请来哥斯达黎加孔子学苑院长郭怡廉,带我到离中国街不远的孔子学苑。

哥斯达黎加首都孔子学苑摆放的关公

一栋四层大楼的孔子学苑,在绿树花丛中特别醒目。入门处,一边是孔夫子画像,一边是关公塑像。在教师办公室,供奉着关公读春秋像。在三楼商店,也供奉着关公,一块来自山东泰山的石敢当,摆放在关帝像前。郭怡廉院长说,孔子学苑供奉关公,是为了培育学生不怕艰苦的忠勇品格。在学苑楼梯的墙面上,张贴着醒目的《现实生活十则》:嘴巴甜一点,脑筋活一点,行动快一点,效率高一点,开车慢一点,理由少一点,度量大一点,脾气小一点,说话轻一点,运动多一点。看来,孔子学苑是在用文圣孔夫子和武圣关公的理念,教导青少年   代。在教室办公室,我看到一幅台湾"侨务委员长"吴英毅为孔子学苑的题字"陶铸群英"。原来,郭怡廉女士是从台湾赴哥斯达黎加从事华文教育的,一位热情豁达且彬彬有礼的院长,给我留下了深深的印象。

莫春发会长说,最近几年,协会持续邀请国内文化艺术团体来圣何塞表演,让哥斯达黎加华人感受祖国的温情,让华侨后裔认识自己的文化由来,不要断了传承!我到哥斯达黎加的当天晚上,四海之春文艺演出团体正在圣何塞演出,如此繁忙的时刻,莫会长仍抽出时间陪同我寻访关公文化。在莫会长的中国餐厅午餐时,我向侨领莫春发、黄焕新赠送关公像,正好哥斯达黎加交通部副部长 Hugo Antonio Jimenez Bastos 也在餐厅午餐,他十分高兴地来与我们一起,帮助展示关公像,并伸出大拇指连声"OK"。

哥斯达黎加唐人街位于圣何塞闹市区,是一条约 2000 英尺长的街道,两旁有许多专门吸引华人游客的各式商店和商铺。这条街道采取了仿古设计,有中国盛唐时期风格的拱门和石板路面,街道两旁还有几家中式餐馆。唐人街的中国店铺,是很多商店的一小部分,华人也是市民的一小部分。有几家中国餐厅、小卖部、理发店和旅行社,还有华人办的基督教所和律师事务所,汉字广告随处可见。

在圣何塞,朱正明向哥斯达黎加侨领莫春发(右二)、黄焕新(右一)、哥斯达黎加交通部副部长 Hugo Antonio Jimenez Bastos(中)赠送关帝画像和《走遍天下访关公》专著

唐人街是华人万里之外的"家乡村落"。中国和哥斯达黎加直到 2007 年 6 月才建立大使级外交关系。北京市人民政府赠送给唐人街的中国街牌楼,于 2012 年 9 月建造完成,成为首都圣何塞的新地标。今天不少走过中国街的哥斯达黎加人,被这个汉式中式牌楼吸引,这一街区的店铺地价,也水涨船高,许多华侨华人看好这里的商机。

美国 AA 国际航班,在巴拿马首都缓缓降落。我坐在右边机窗的位置,掏出相机准备拍摄,一位 20 多岁的巴拿马小姐热情地对我说:"巴拿马城,在左边机窗,请您过来这边!"这位小姐微笑着让出左边靠窗的位置。我微笑着表示感激,来了一句流利的"Thank you very much!"

飞机缓缓下降,首先映入眼帘的是巴拿马美洲大桥。这座闻名世界的大桥,连接美洲南北,跨越巴拿马运河。飞机继续降落,机窗外的巴拿马城,面朝大海,背依山峦,高楼如雨后春笋般竖立。没想到,巴拿马首都,还是个欣欣向荣的海滨大都市。

走出机舱,巴拿马大学孔子学院巫俊辉院长已经等候在那里。院长带着我,从绿色通道出海关,又亲自驾车送我到巴拿马城。一路上,巫院长向我宏观讲述了巴拿马的前世今生——位于中美洲地峡的巴拿马,东连哥伦比亚,南濒太平洋,西接哥斯达黎加,北临加勒比海,呈躺着的 S 形,连接北美洲和南美洲,巴拿马运河从北至南沟通

巴拿马美洲大桥,连接着南北美洲

大西洋和太平洋,有"世界桥梁"之称。2017年6月13日,中国外交部长王毅与巴拿马副总统兼外长德圣马洛,在北京会谈并签署了建交联合公报。于是,在连接南北美洲的巴拿马运河一侧,一所新的孔子学院,正在装修之中……

巴拿马华商总会会长黄伟文,已在海边的金麒麟酒家等候。黄会长是巴拿马著名侨领,最近忙得一塌糊涂,仍抽出时间与我长谈。恰逢中巴建交后的第一个春节,巴拿马华商总会牵头举办了"巴拿马春晚""行走的年夜饭"等系列春节活动,两天前,又迎来了"文化中国·四海同春""欢乐春节·京风津韵"等艺术团。黄会长说:"整个春节,巴拿马吹起了强劲的中国风,我连回家吃团年饭的时间都没有!"

"随着中巴建交,巴拿马华侨华人的影响力和感召力越来越强。今年,我们有关春晚的消息在主流媒体发布之后,许多外国大公司也主动资助我们华侨华人的巴拿马春晚。越来越多的巴拿马人融入了我们的春节活动。今年,超过5万名观众参与,20米长、3米多高的签名墙写满了名字!"

据悉,黄会长已连续12年掏腰包,在巴拿马华社组织大型春节庆祝活动。他希望通过文化交流,让巴拿马当地政界和普通民众增加对中国的了解,增加对中华文化的认知,增加对中华民族的认同。

史料记载,华人来到巴拿马,已有160多年。黄伟文说,中巴建交,过去所有对华人的不平等,都迎刃而解了,巴拿马华侨华人欢欣鼓舞。下一步,中巴关系的发展、巴拿马经济的发展,对侨胞而言都是大大的利好。

2017年深秋,在与中国正式建交5个月后,巴拿马总统巴雷拉对中国进行国事访问,黄伟文是随总统访华的8位华人企业家代表之一。"这是难得的荣耀,说明巴拿马政府认同华侨华人对巴拿马的贡献。"黄伟文说,"接到邀请时,我很意外。巴拿马有20多万华侨华人,没想到我有幸随总统访华。"

巴拿马美洲大桥头的华人纪念碑

一艘货轮在巴拿马运河过船闸

巴拿马海岸丰盛的午餐之后，黄会长驱车，带我到巴拿马老城区华人街。街巷深处，一片琉璃制作的"关帝宝殿"四个大字，浑厚遒劲，衬于宝蓝色底砖，在唐人街二楼格外引人注目。上到二楼，居然有一处百余平方米古色古香的关帝大殿，清代匾额、琉璃龙壁、光绪香炉、红木神龛……可以看出巴拿马华人对关公的虔诚崇敬，已有长久的历史。

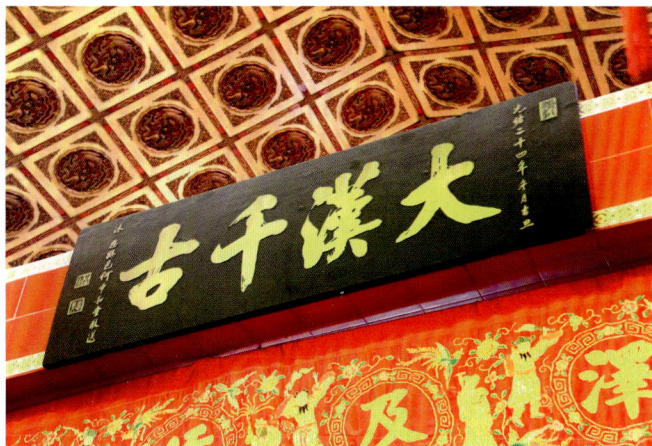
巴拿马关帝庙清光绪二十四年匾额

关帝庙主席钟文智说，华人街上的关帝庙，已经成为巴拿马官方和民间了解中国文化、推进文化交流的窗口。在巴拿马，还有关帝公保佑巴拿马的传说故事：1903年，外国人入侵巴拿马，一个长胡子红脸的华人将军协助反击，保护了巴拿马土人。如今，每到关帝诞辰，许多巴拿马民众都自发到关帝庙敬香礼拜。

黄会长似乎有用不完的劲，不知疲倦，马不停蹄地带着我，参拜巴拿马关帝庙，走访华侨领袖。他说："中巴两国建交之前，我们就经常邀请国家高官参与华人活动，让巴拿马政府和民众了解中国，有时有40多家主流媒体参加采访报道。中华传统文化，已经融入巴拿马民众，他们对关公、唐装、旗袍、中国结都很感兴趣，春节还穿着旗袍参加华人游行。每年大年初一，巴拿马市长都要到关帝庙拜关公，有时还抽签问事。"

巴拿马华源会会长邱文林，被推选担任关帝庙副主席，为关帝庙服务5年了。他老家在广州花都，1981年来到巴拿马，5年后在巴拿马结婚成家。他说，大休时，到关帝庙参拜的人很多，春节时香客更多。每年农历六月二十四日，庆祝关帝诞辰，举办盛大晚宴，600多位华人和当地巴拿马朋友相聚，共同传承中华悠久文化。

静静伫立关帝大殿，我细心观察中美洲关帝殿内的摆设：关帝神龛上，一层层锦缎特别精美，紧靠关帝像，是刺绣"精忠昭日月，浩气贯乾坤"金线汉文，横额是"圣寿无疆"。往前，偌大的锦缎上，绣制着二龙戏珠图案和"乾坤正气"汉文，再往前，是匾额"泽及侨群"。神龛之上，悬挂着六组大红灯笼，喜庆满满。这些，都是每年关帝诞辰时，侨领赠送给关帝庙的。香案正中，摆放着清光绪二十五年（公元1899年）铜铸香炉。再往前，是珍藏至今的清代"大汉千古"金匾。大殿进门处，摆放着关帝灵签，由朝拜者摇签后自取，签案两边有联：关帝殿堂常奉拜，灵神庇佑保安康。两侧，还有大幅楹联：大义精忠盖世英雄居巴国，和平景象威灵显赫耀侨光。大殿两侧墙壁上，是彩色瓷砖烧制的桃园结义、三顾茅庐等关公忠义故事，进门处，粘贴着巴拿马中华总会2008年为仁和会馆关帝庙颁发的"汶川地震、大爱无疆"，上面有中华总会会长黄伟文等侨领的签名。

钟文智主席介绍，19世纪，漂洋过海来到中美洲讨生活的首批华人移民，成立了人和会馆，1898年建成了这座关公庙，里面的钟鼓等物件，都是早年从广州、香港等地运过来的，庙殿既维系着当地华人漂泊的心，也是大家每年欢庆中秋、春节等传统节日的场所。

在关帝庙大殿，我向巴拿马华商总会会长黄伟文、关帝庙主席钟文智等侨领赠

朱正明向巴拿马华商总会会长黄伟文(左三)、关帝庙主席钟文智(左四)等侨领赠送关帝文化专著和画像

送关帝文化专著《走遍天下访关公》，还有中国画家康峰的关公画像作品。

100多年前，华人就为巴拿马开辟铁路、开凿运河，挥汗流血，受到巴拿马政府和人民的爱戴。如今，世界著名的巴拿马运河美洲大桥头，有个中巴公园，颇具异国风情的"华人抵达巴拿马150周年纪念碑"，伫立于巴拿马运河一侧。在纪念碑上，我看到，黄伟文会长的大名，刻在醒目位置，他捐款的数目，也是比较厚重。

黄会长在巴拿马创业发展的故事，十分精彩。1991年，黄伟文来到巴拿马运河畔的科隆自贸区，注册了贸易公司。通过与中国广交会对接，他把小商品转口贸易做得有声有色。1997年之后，看到中国内地需要铜铝等金属，黄伟文决定转型，从科隆回到巴拿马城从事废旧有色金属出口。一向不缺商业头脑的黄伟文这次却遇到了重大危机，当时对巴拿马法律规定没有摸透，不知废铜废铝的出口受到国家限制，黄伟文花了大本钱拿下了将近100个集装箱，报关时才知道，自己连许可证都没有。黄伟文找律师、找老侨，找所有能想到的管道，一步步申请，折腾了漫长的四五个月，终于有惊无险地领到了许可证，从此在双边贸易的生意中顺风顺水。

黄伟文这次生意转型可谓正逢其时，为巴拿马解决堆积如山的废旧金属的同时，又赶上了中国国内铜价持续10年的上涨，更适应了中国推进循环经济的需求。黄伟文说，当时巴拿马出口贸易额不多，但在巴拿马对中国的出口额中，曾一度有80%来自他的公司。

跨越大洋的贸易，使黄伟文成为广交会的常客，每年春秋两季必去广州，把新的、好的产品带回巴拿马，通过科隆自贸区转口到加勒比周边国家。"广交会把中国各地

巴拿马孔子学院巴方院长巫俊辉(中)、中方院长董杨博士(右七)率孔子学院学生演唱中国国歌和巴拿马国歌

最好的产品展示出来,推向全世界,给全球企业家、贸易商提供了最直接的平台。"在黄伟文看来,二三十年前的广交会已经起到了将中国与世界连通的作用,向来自世界各地的商家提供类似今天"一带一路"的机遇,就这个意义而言,广交会这一平台早已开始铺设"一带一路"。

2008年后,黄伟文将废旧有色金属出口交给大女儿管理。儿子在美国念完大学后,又到北京进修两年中文,现已回到巴拿马负责旅游公司经营,主营拉美旅游。说起旅游业,黄伟文相信这一领域同样机不可失。巴拿马本身有相当不错的旅游资源,但过去对于中国游客而言,签证问题成为一个瓶颈。黄伟文说,中巴两国建交后,巴方十分希望更好地开发旅游市场,不久前巴雷拉总统访华期间,中巴之间签署了开放旅游的合作协议。

除了巴拿马华商总会会长,黄伟文还兼任中国侨联海外委员、中国海外交流协会理事、巴拿马－中国友好协会顾问等。打理生意之余,他还要在侨社工作,参与文化交流等。

25

乌斯怀亚
世界尽头的南极起点

多年来，我到过许多"世界尽头"。上世纪九十年代初，我和当阳玉泉山下的几位同事，驾中巴行驶3000里，渡过琼州海峡，来到海南三亚天涯海角，在天海一色的崖岸，望着缓缓沉入大海的落日，我猜想着落日下更遥远的远方。不久，我和儿子一起，到山东半岛"天尽头"拍摄关帝殿堂，那

安第斯山脉尽头的乌斯怀亚雪峰

是一个伸向大海深处的悬崖，前方，除了湛蓝的海水就是深蓝的天空。本世纪初，我随湖北省政府参访团，几次到非洲最南端的好望角，俯瞰大西洋、印度洋在悬崖下拥抱交汇。几年前，我又和儿子一起，远行澳大利亚塔斯马尼亚岛，在世界尽头找到维多利亚博物馆关帝殿。

2019年12月中旬，我和大洋两岸"五条汉子"一起，从北京出发，乘坐30多个小时的航班，飞越三大洲三大洋，来到更遥远的世界尽头——南美最南端的火地岛乌斯怀亚。

乌斯怀亚，我多少次默默吟诵过您的名字！您的遥远，您的纯净，您的神秘，您的安第斯山脉的冰川，您的泛美公路的尽头，您的通往南极的起点，您与麦哲伦的邂逅，您和阿蒙森的传说，令五大洲不同肤色的人们牵肠挂肚。

南美洲最南端的火地岛，面积不到5万平方公里，东边大半属阿根廷，西边小半属智利。早在16世纪20年代，航海家麦哲伦经过这里，看到当地土著居民在岛上燃起的篝火，为这里取了一个响亮的命字：火地岛（Tierra del Fuego）。

火地岛首府乌斯怀亚，在海边的坡地散落着，1万多人的小城尽头，是雪峰连绵的安第斯山脉。这条山脉，全长8900多公里，纵贯南美大陆，俗称"南美脊梁"，长度相当

亚洲喜玛拉雅山的 3 倍。安第斯山脉属科迪勒拉山系，这条山系，从北美阿拉斯加一直延伸到南美乌斯怀亚，全长 18000 多公里，众多山顶终年积雪，是南北美洲多条河流的发源地。

世界尽头乌斯怀亚港口。从这里向南 1000 公里，就是南极

火地岛东临大西洋，西接太平洋，南隔德雷克海峡与南极大陆相望，北隔麦哲伦海峡与南美大陆毗邻。南部终点，是闻名世界的合恩角。合恩角是南极之外最南端的陆地，也是航海者心中的珠穆朗玛。

乌斯怀亚，印第安语是"观赏落日的海湾"，土著部落亚马纳语是"向西深入的海湾"。12 月，正是乌斯怀亚的初夏，白天有 20 个小时，深夜 23 点太阳才落入海面，凌晨 4 点多，不知疲倦的太阳又升了起来。在乌斯怀亚，我们住在山腰的一个酒店，这里可俯瞰乌斯怀亚港湾，观赏落日缓缓沉入大海。酒店四周的高山峡谷，是原始茂密的山毛榉树，还有许多说不出名字的奇花异木。几棵树杈长满了橘黄色的果子，被亚洲游客称为"中国灯笼"。

乌斯怀亚大街两旁，用锌铁皮建造的小屋精巧雅致，旅馆酒吧规模都不大，商店里的各式冲锋衣、南美饰品、南极明信片颇具特色。当地人在大街演奏阿根廷音乐，引来众多游人在大街翩翩起舞，一派自在祥和。

来自世界各地的豪华邮轮和帆船，静静停泊在乌斯怀亚港湾。这里距南极半岛 1000 公里，是各国南极科考的补给基地，中国雪龙号曾在此停泊。从澳大利亚、新西兰乘船到南极，至少要一周时间，从乌斯怀亚起航，两天就可到达。

当地朋友介绍，19 世纪末，乌斯怀亚人烟稀少，阿根廷为了守住这块港口要地，1883 年开始把犯人发配到这里，10 多年后，著名的"世界尽头监狱"在这儿建造，危险

火地岛国家公园的标志,美洲公路的南部尽头,从这里到阿拉斯加,有 17,848 公里

乌斯怀亚海边的邮局,被称为"世界最南端的邮局"

阿根廷国旗,在乌斯怀亚的雪山丛中高高飘扬

树杈上的果子,被中国游客称为"中国灯笼"

依附在树桩上的金黄的花儿

世界尽头严酷的暴风雪,铸就了树们的悲壮苍凉

阿根廷首都布宜诺斯艾利斯

在阿根廷首都议会大厦，布市议会第一副议长 Agustin Forchieri 先生(右五)欣然参加关公铜像赠送仪式，右四为布市议员袁建平先生

罪犯被流放到人类世界的尽头。

为吸引世界各地观光客，1960年岛上开辟了火地岛国家公园，湖泊雪峰、森林山脉点缀其间，充满奇幻色彩。这里风速强劲，树木东倒西歪，形态怪异，被称作醉汉林。火地岛国家公园是美洲公路的南方终点。从阿拉斯加到这儿18000公里，刚好够中国的孙悟空来两个轻盈的跳跃。

伫立美洲公路尽头，我想：尽头，是新的开始，新的起点。

在阿根廷首都，朱正明向诸位侨领和首都议会公务员赠送《走遍天涯访关公》新著。左一为阿根廷中国城管委会主任王庆苍，右一为阿根廷莆田同乡会会长林德恩先生

我们大洋两岸五条汉子，从北方3200公里外的阿根廷首都飞来。在布宜诺斯艾利斯，我们受到阿根廷、智利30多位华人侨领的热情欢迎。当地侨领盛赞参访团送来中华关帝财神，助力南美侨界发展壮大。在阿根廷莆田同乡联谊总会会长黄敏，莆田同乡会会长林德恩，阿根廷中国城管委会会长王庆苍、阿根廷罗萨里奥商会创会会长关国武等侨领陪同下，我们来到布宜诺斯艾利斯议会，拜访了华人议员袁建平，并将一尊关公铜像赠送给莆田同乡联谊总会。在阿根廷首都议会大厦，

首都议会第一副议长 Agustin Forchieri 先生欣然参加了关公铜像赠送仪式。

当晚，侨领组织了丰盛热情的晚宴，我们向众侨领赠送了《走遍天涯访关公》新著，还有中国三大祖庙的珍贵古碑拓片。宾主一起交流世界关帝文化，追忆关公大义归天 1800 年来，忠义诚信精神对中华民族振兴的影响。

不久前，中国山东向阿根廷首都捐建了一座孔子像，众侨领特地驱车带我们去拜谒。几位侨领提议，在首都公园，也应该竖起一尊中华武圣关公像，并请我帮助确定一尊有代表性的关公形象。祝愿侨领们的愿望能早日实现。

智利兴化同乡联谊总会会长邱丽华女士，专程飞赴阿根廷首都，迎接关帝群像作品

在阿根廷首都，朱正明向众侨领讲述中国大陆三大关庙的故事，赠送关帝殿堂珍贵拓片

大洋两岸五条汉子，在世界尽头乌斯怀亚。右起：美国华侨企业家王钢，北京摄影师李享，文化学者朱正明，广东企业家董秋顺、董和明

26

南极圆梦
那一抹纯净的冰山幽蓝

在关公大义归天 1800 周年的 2019 年早春，朱正明慎重提议：把中华关公护送到地球三极，以表达对这位中华民族道德偶像的敬重。

为了这一声承诺，这年 4 月，朱正明与美国朋友一起，飞越喜马拉雅，把关公送到珠穆朗玛南坡的尼泊尔、不丹。

为了这一声承诺，这年 7 月，朱正明率中国企业家和摄影家，远赴北极斯瓦尔巴群岛，把关公送到中国北极黄河站。

为了这一声承诺，这年 9 月，朱正明邀约沈阳崔玉晶董事长，邀约中国电视台摄影记者，把《五洲中华关帝　汇聚世界屋脊》作品，送到了世界最高的珠穆朗玛关帝庙。

为了这一声承诺，这年 12 月，朱正明邀约大洋两岸企业家和摄影家，从北京出发，飞越黄土高坡，飞越青藏高原，从新疆进入巴基斯坦，一路南下，穿越非洲大陆，飞过大西洋，在巴西圣保罗经停，在南美阿根廷首都休整，最后飞到世界尽头乌斯怀亚。

此行南极的五条汉子是：湖北省委统战部前海外中心主任、西藏珠穆朗玛关帝庙文化顾问朱正明，美国华侨、江西九江企业家王钢，香港弘扬关帝文化协会理事、广东汕头企业家董秋顺、董和明，对外经济贸易大学摄影师李享。

五条汉子飞越三大洲三大洋，在乌斯怀亚登上亚特兰蒂号破冰邮轮。

刚上船，朱正明第一时间把这艘邮轮跑了个遍。亚特兰蒂邮轮（OCEAN AT-LANTIC），以前是一条破冰船，两年前全新装修，船体蓝白相间，排水量 12,800 吨，载客 198 人。船内还真称得上讲究：4 楼是客房和健身房。我们住的 5 楼，出门不远就是咨询服务台，欧洲小姐和华人姑娘，全天候在这儿值班，回答游客稀奇古怪的问题，出售手机流量。咨询台隔壁是精品店，提供各种厚实衣物、日常用品，还有南极纪念品，更有亚特兰蒂号邮轮印章，供客人随意盖在各种明信片或纪念册或衣服上。6 楼是会议报告厅，可容纳 200 来人，这里举办各种讲座、表演及电影欣赏等活动，会议厅安装大型观光窗和舒适座椅，还有双筒望远镜，让游客一边听讲座，一边观赏窗外的冰川雪峰。6 层餐厅 400㎡ 左右，可同时容纳 250 多人用餐，明亮宽敞，优雅温馨，且按时提供精美的国际美食。6 楼还有图书室，外甲板有游泳池和咖啡吧。7 楼有酒吧和医务

破冰邮轮驶出乌斯怀亚峡湾

室,也许是担心有人喝醉了便于解酒,医务室就在酒吧隔壁。8楼前部是驾驶舱,后面是高级客房和观光休息室,9楼是360度观景平台。船尾20艘登陆艇,可供所有客人同时下海登陆巡航。

这些只是硬件。邮轮更有140多位经验丰富的各国探险队员和船员,为乘客提供服务。好了,再说就有广告之嫌了。

破冰邮轮隆隆启动,声音不大,却能感觉到巨大的能量。我到9楼平台拍摄世界尽头的峡湾,见大洋上空风卷云涌,狂放厚重,人被大风吹卷得几乎已经站立不稳。

邮轮循着海峡冰山航行没多久,船长室播出一则消息:前方德克雷海峡风激浪高,不能继续前行,邮轮将在比格尔峡湾停航一夜,根据明天的海浪预报,再决定航程。

早就听说,德雷克海峡以狂涛巨浪闻名于世,号称"杀人海峡""魔鬼海峡",难道真要给我们一点颜色瞧瞧?这庞大的万吨破冰邮轮,也居然不敢前行了!邮轮停泊海湾,被风浪折腾得变换着方向。前方,德雷克海峡、南极,成了冰雪朦胧的幻影……

德雷克海峡,矫健的南极鸥

第二天清晨,船长室广播响起:德雷克海峡有7米左右大浪,请客人尽快到咨询

中华关帝走进地球三极

部领取晕船药,并尽快服用!

慢悠悠的早餐之后,邮轮隆隆启动,继续向南。我想,无论坐拖拉机还是骑马,无论乘高铁还是航空器,我从来没有晕过一次,这回,就不吃药了!

邮轮在德雷克海峡穿行,窗外是呼啸的狂风,翻涌的大洋!客舱房间里,桌上的眼镜、茶杯、刮胡刀,一个个争先恐后地翻腾到甲板,摔得叮咚响。重重的行李箱,随着邮轮的晃动,在房间来回散步。我不想在房间待着,总想拍点什么。在狂风冷雨中,我独自一步步挪到 8 楼甲板,紧抓扶栏,居然不敢松手,也不敢打开摄影包,担心相机和手机,被吹到大洋深处!感谢和蔼果断的船长,抓着我的肩头,把我架到驾驶舱,又反复清洁了一块挡风玻璃,让我在驾驶室尽情拍摄大洋狂涛。

四周,没有岛屿,没有雪山,只有翻江倒海的大洋,还有风起云涌的苍穹。万吨破冰邮轮,恰似一叶扁舟,在大洋深处挣扎漂浮。二十世纪六十年代"人定胜天"的豪迈口号,此时竟如此苍白无力!我想,远行南极,对人的威胁,不是冰雪,不是风暴,不是寒冷,而是对人生信念的终极考验!

从船长室摸索着回房间,我紧紧抓住走廊两边的扶手,不敢松开。刚进房间,我忍不住吐了。一会儿,又吐了。肚子里似乎什么都出来了。

经历了一天一夜的颠簸折腾,游轮终于穿越德雷克海峡。大洋,渐渐平静;窗外,现出了纯净的冰山!人们缓过神来,一个个走出房间,举起相机、手机、摄像机,把南极的第一印象变成永恒。

早餐后,游轮更加平稳,198 位乘客集中到 6 楼会议厅,与船长见面,与邮轮探险队员见面,与大厨见面。这是破冰邮轮渡过德雷克海峡的庆功会,也是

破冰邮轮穿过德雷克海峡,朱正明代表 198 位乘客,向船长赠送《五洲中华关帝 汇聚世界屋脊》

宾主联谊会。船长致欢迎辞之后,主持人请我代表 198 位乘客,向船长赠送了《五洲中华关帝 汇聚世界屋脊》关公群像,船长 Nicholai 获赠礼品,十分欣喜,把中华关帝高高举过头顶!

据南极探险家介绍,南极最绮丽的风光,并不在南极大陆,而是在冰山林立交错的南极半岛,特别是天堂湾。

此行南极,我们 6 次巡游登岛,最吸引眼球的就是天堂湾。破冰邮轮在天堂湾缓缓航行,大洋上漂浮着一座座、一片片冰山,与天堂湾两侧连绵不断的冰山争奇斗艳。冰山奇幻绚丽,白得纯洁,绿得滴翠,蓝得幽静,有的如莲花,有的如殿堂,有的似冰帘

洞,还有的雄奇得像一艘航空母舰。整个天堂湾闪烁着幽蓝的宝石光芒,流动着真真切切的梦幻,似乎向现代人传递着千万年前的真善美。

在邮轮上俯瞰大洋,已经巨美了!乘坐冲锋舟在冰山间缓缓巡游,就美绝了!置身幽蓝冰山,人们惊讶得肃然起敬,肃然齐静,天地间,似乎只有冰山与冰山的窃窃私语。

极地纯纯的阳光,照耀着天堂湾巍峨的冰山,这里是人类世界的尽头,世界的冰雪净土。企鹅、海豹、鲸鱼、南极鸥,在冰天雪地自由自在地摇摆、起伏、翱翔。

回到邮轮,我们恭恭敬敬地捧出中华关公,在天堂湾隆重展示,齐声祝愿"中华关帝,走进南极,福佑世界……"。

亚特兰蒂邮轮6楼的会议报告厅,是我至今怀念的地方。在这里,各国探险家、专家学者轮番给我们讲述太空奥秘,讲述极地探险,讲述欧洲先贤为走进南极做出的卓越奉献,讲述世界各国在南极建立科考站的趣闻,令我一次次仰望,一次次鼓掌。

感受着破冰游轮隆隆的推动力,围坐在温暖如春的报告厅,观赏着窗外绵延的大洋冰山,聆听人类先贤探索南极的故事……

南极气候特点是酷寒、狂风、干燥。年平均气温零下25℃,内陆高原零下52℃左右,极端低温曾达零下89.2℃。南极大陆平均海拔2350米,最高点文森山海拔5140米,相当珠穆朗玛峰登山大本营。大陆几乎全被冰雪覆盖,冰层平均厚度1800多米,最厚超过4000米。有专家说,如果南极冰雪全部融化,海平面将上升50米以上。

南极洲总面积,占地球陆地总和的十分之一,相当于一个半中国。与南极大陆最接近的是南美洲,相隔970多公里宽的德雷克海峡。南极大陆与其他大陆不仅相距遥远,周围还被数百公里的浮冰冰架环绕,海洋中漂浮着数以万计的巨大冰山,给海上航行造成极大的困难和危险。

早期欧洲人认为,地中海就是全世界。随着人们对世界的逐步探索,发现了接近北极的大陆,又发现了格陵兰、冰岛,并抵达了北美洲。13世纪,马可·波罗的东方游记,让欧洲人惊奇地向东看。他们沿着海岸线寻找东方航道,哥伦布发现了新大陆,麦哲伦证明了地球的圆形。

18世纪,探险家们纷纷南下,寻找传说中的南方大陆。18世纪70年代,英国库克船长到达南极附近的南设得兰群岛,他们历时3年8个月,航行97000公里,环南极一周,几次进入极圈,却最终未发现南极陆地。19世纪20年代,美国人帕尔默、沙俄人别林斯高晋和拉扎列夫、英国人布兰斯菲尔德先后发现了南极大陆。30年代,英国人罗斯、法国人迪尔维尔、美国人威尔克斯先后考察了南极大陆。

在探索南极的英雄豪杰中,英国探险家斯科特、挪威探险家阿蒙森的故事,尤其令我感动。

斯科特期待自己是"到达南极点第一人"。1910年,斯科特从英国出发,再次开始了他的南极点探险之旅。当他在新西兰整装再出发时,接到一个电报,电文只有赫赫五个字:"我要去南极!"电文署名"阿蒙森"。

南极半岛活火山(欺骗岛,又名幽灵岛、迷幻岛),上世纪30年代,英国在此炼制鲸油遗存的废墟

火山岛上,被海浪推上海岸的层层磷虾

南极半岛洛克诺伊港

左起：摄影家朱正明、南极半岛洛克诺伊港专家格劳摩、26 次赴南极探险家陈中原在破冰邮轮上

南极半岛纯净的冰山

南极半岛冰山

南极半岛冰山

南极半岛冰山幽蓝

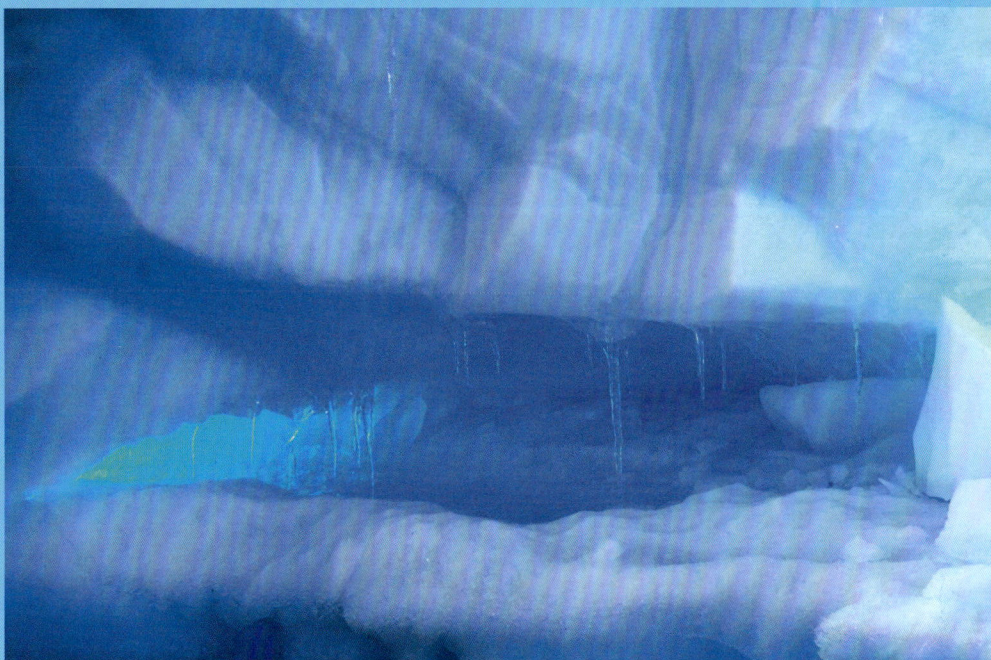

南极半岛冰山上的冰挂

千年不化的浮动冰山,折射出梦幻般的幽蓝

南极半岛层层叠叠的冰山,随着气候变暖,正在缓缓融化

南极的真正主人

这颗石子丢给谁,谁就是自家人了

一群群虎鲸，在南极半岛自由嬉戏

冰山上的海豹,懒懒地晒着太阳,难得动一动

这酷似野鸭的鸟儿,还不知它的大名

大洋两岸五条汉子攀登南极冰山

在南极半岛天堂湾展示中华关帝像,齐声祝愿："中华关帝,走进南极,福佑世界……"左起①香港弘扬关帝文化协会理事董和明,②美国加州电影学院张子若,③湖北省委统战部前海外中心主任、西藏珠穆朗玛关帝庙文化顾问朱正明,④香港弘扬关帝文化协会理事董秋顺,⑤美国华侨、江西九江企业家王钢,⑥26次赴南极探险家陈中原

亚特兰蒂号破冰邮轮在南极半岛遇上冰层

亚特兰蒂号破冰邮轮停泊在南极半岛

南极中国长城站

探险队长驾冲锋舟赴长城站

阿蒙森是挪威人，一位传奇的航海探险家。他原计划第一个到达北极点，北上途中，听说美国人皮尔里已到达北极点，自己不能成为"北极点第一人"。阿蒙森对船员宣布："我们放弃北极，去南极，成为抵达南极点的第一人！"队员们当然欢喜雀跃。

斯科特在南极边缘安营扎寨的时候，阿蒙森也抵达了这里。阿蒙森为极地探险，曾经和爱斯基摩人生活一年多，学习冰天雪地求生技巧，这次带来100多条爱斯基摩犬和4辆雪橇，且运用自如。

斯科特装备齐全，却不会运用，在南极大陆卸船时，雪地摩托掉到了海里，耐寒的蒙古矮种马，也被爱斯基摩犬吓跑。他们缺乏驾驶雪橇的技术，惊现人拉雪橇，狗坐雪橇的囧事。

1911年12月14日，阿蒙森率先到达南极点，留给斯科特一封信，还请斯科特带封信给挪威国王，证明挪威享有南极点这块领土。

30多天后，斯科特终于抵达南极点，他看见了阿蒙森留下的帐篷和信。这天，精疲力竭的斯科特在日记里写道："所有的梦想破灭了！现在我们要回家了，以一种绝望的力量……但能不能到家却是个未知数……"这群绝望的探险者，从南极点返回时，遇到了南极大陆的特大风暴，斯科特没有熬过那场风暴。第二年，英国政府寻找到了斯科特一行的遗体。

为纪念两位伟大探险家，1957年美国在南极点设立科考站时，定站名为"阿蒙森——斯科特科考站"（Amundsen–Scott South Pole Station）。

探险家和专家特别重视环境问题。他们介绍，南极上空的臭氧层空洞面积和深度，创下了历史纪录，臭氧空洞面积大于北美洲，若完全修复，需要大约60年时间。联合国环境规划署发布全球环境展望称：海洋中"死亡区"数量已达到200多个。许多哺乳动物、鸟类和两栖动物濒临灭绝的边缘。人类对地球的破坏，已经达到前所未有的惊人速度，2020年世界五大洲的病毒肆虐、山火不绝、蝗灾蔓延，就是信号。在南极欺骗岛火山口，我们看到一层层磷虾在岸边聚集、死去；在企鹅岛，我们看到在晶莹的冰雪中，已经有不少污染颗粒……

南极行最后一个登陆点，是南极长城站。12月15日，破冰邮轮航行到乔治亚岛中国南极长城站海湾，此时风浪骤增，浮冰涌动。探险队长雪梨·奥吉薇驾着冲锋舟几次试航，风浪把冲锋舟摔打得左右摇晃，上下颠簸。不久，船长室传来决定：风浪太大，为确保乘客安全，暂时不能登岸。邮轮在乔治亚海湾摇晃了两个小时，风浪没有消停的感觉，船长最终决定放弃登岸。

此前，我们已与长城科考站丁海涛站长联络，拟在长城站展示并赠送中华武圣像。长城站不能登陆，我们只有把关帝群像存放在邮轮探险队员、曾22次进入南极考察的陈中原先生那里，请他下次赴南极时，转赠长城科考站。美国华侨王钢仁立邮轮之上，望着长城站，深有感触地说："移居海外的华人华侨，心中都根植着中华文化，关公是华人心目中最尊崇的偶像！这次我们有幸到南极，把关帝文化传播到海角天涯，让忠义精神在世界各地发扬光大，很有意义！"

中华关帝走进地球三极

12月17日回到乌斯怀亚,迎接我们的是跨越两大洋的绚丽彩虹

邮轮回到火地岛,迎接我们的是跨越两大洋的合恩角绚丽彩虹!

回到乌斯怀亚,一个消息令我们震惊:就在我们乘坐破冰邮轮穿越德雷克海峡的时候,智利一架军用机也起飞了。但是,飞机上的38位官兵没有回来。飞机失事,他们永远留在了德雷克海峡深处!

愿再赴南极的人们,一路顺畅吉祥……

27

九进非洲
关帝香火百年袅绕

  2019，是朱正明第九次进入非洲。尼罗河畔的金字塔，莫桑比克的马普托，南非尽头的好望角，印度洋上的塞舌尔，都令朱正明留连忘返。所到之处，他都会向华侨华人讲中国故事，促成更多的地方燃起中华关帝香火。

在北非寻访古埃及文明。右为湖北省海外联谊会常务副会长缪启明，左为摄影家朱正明

在肯尼亚马赛马拉，朱正明与当地孩子们做游戏

  2019年圣诞节前夕，朱正明率大洋两岸五条汉子，护送关帝像赴南极半岛之后，来到埃塞俄比亚首都，拜访亚的斯亚贝巴大学孔子学院。

  海拔2400多米的非洲高原埃塞俄比亚，是尼罗河的源头，是世界各地许多马拉松冠军的故乡，且盛产咖啡和美女。相当中国北京大学或清华大学的亚大，坐落在埃塞俄比亚首都东北部的Sidist kilo大道，校园内绿树葱茏，鲜花盛开，非洲大学生聚集在树荫花丛中谈古论今，交流学业，一片祥和。

  在亚大孔子学院，朱正明一行受到师生热情欢迎。朱正明向学生讲述了中华"文武二圣"的故事："在中国，有一座太行山。山的东边，是山东，出了一位文圣孔子；山的西边，是山西，出了一位武圣关公……你们的弓老师，还是关公的老乡……"朱正明绘声绘色的讲述，赢得学生们一阵阵热烈掌声。朱正明、王钢一行向师生赠送了中华关帝群像《五洲中华关帝 汇聚世界屋脊》，赠送了2020年历《最美中国》《鼠年吉祥》，还赠送了抗疟疾药物青蒿素和一些中华文化用品。

  弓耀楠老师是生长在黄河东岸的山西姑娘，来自天津职业技术师范大学。她告诉

中华关帝走进地球三极

清晨,埃塞俄比亚首都

在埃塞俄比亚首都孔子学院,朱正明向师生讲述中华"文武二圣"故事,赠送中华关帝群像和《最美中国》年历

我们，在埃塞俄比亚创建孔子学院，已有 11 个年头了。现在孔子学院有两个总部在首都，下设 9 个教学点，散布在埃塞俄比亚九个城市，共有 30 多位汉语老师。弓老师介绍，亚大孔子学院运营 6 年时间，汉语专业已进入亚大正规本科学历教育，送走了五届 109 位毕业生。每周二三四下午，她们要到埃塞俄比亚外交部，给几十位外交官上两小时汉语课，阿瓦德大使很重视这个汉语培训项目。埃塞俄比亚投资和贸易部已来联络，准备开展汉语教育；一位在中国生活了 14 年的埃塞俄比亚媒体人，要拍摄宣传汉文化的电视节目，投放到埃塞俄比亚电视台，也请亚大孔院协助。目前亚大孔院人手不够，5 个人的工作量，已经很饱满。亚大孔院的培训和正规教育，都是收费的，已经进入市场。

弓老师说，埃塞俄比亚孔子学院的学生，年龄最小的是 10 多岁的中学生，最大的有接近60 岁的商人，他们与中国有贸易往来，需要学习汉语。弓老师到埃塞俄比亚两年了，也许她还会干上两年。现在，全世界 150 多个国家都有了孔子学院。

湖北省海外联谊会考察团在南非好望角

湖北省政协常务副主席李佑才(中)和朱正明(右)，2011 年向南非总领事李江宁(左)赠送西藏关公唐卡

目光转向南非约翰内斯堡。湖北省政协常务副主席李佑才率省政府考察团一行，从上海登机，在迪拜转机飞往肯尼亚，再到南非约翰内斯堡。万里之遥的路途，我一直小心翼翼地捧着一幅西藏关公唐卡。

约翰内斯堡是南非最大的城市，位于瓦尔河上游高地，海拔 1700 多米，是世界最大的金矿区和南非经济中心。在约翰内斯堡，李佑才主席和朱正明一起，把关公唐卡赠

送给了南非总领事李江宁先生。李总领事动情地说："感谢朱先生，万里迢迢给我们送来祖国的财神！弘扬中华文化，是我们华夏子孙的职责和义务！"9年前，朱正明第一次到约翰内斯堡，向当时的大使馆总领事唐庆恒先生赠送了《中国关帝文化》大型画册，向几家商会会长赠送了关公像，向大使馆官员和南非10多位商会会长宣讲了中华关帝文化。几年后再到南非，朱正明高兴地看到，约翰内斯堡各家商会会馆，供奉关老爷的越来越多。

2009年早春二月，朱正明随湖北省政府访问团再次赴非洲考察，来到莫桑比克。莫桑比克位于非洲大陆东南，拥有2600多公里的海岸线，串联着无数个风情万种的海湾。在莫桑比克首都马普托，访问团举办投资洽谈会，举办商品展览会，考察国家部长们的农场农庄，忙得不亦乐乎。

考察之余，当然要抽出时间，寻找非洲大陆独特的关帝文化。朱正明找到莫桑比克著名学者、企业家贺建平，又找到莫桑比克侨领任南华先生，一起来到莫桑比克首都关帝庙旧址。很遗憾，这里已经改建为首都艺术学院。更令人不解的是关帝庙的神龛和关公像，也被莫桑比克稀里糊涂地"没收"了。到底是怎么回事？

任南华主席告诉朱正明：这事还要追溯到上个世纪七十年代。1976年，莫桑比克共和国宣告成立后，效仿中国和苏联的做法，将前政府银行、学校、医院、工厂、庙宇等资产一概收归国有。华人的关帝庙、中华会馆、中华小学都被没收了，关帝神龛和关帝像也不知搬到了哪里。

我们商议，先找到关公像再说！

黑人小姑娘驾着贺建平总裁的越野车，带我们来到莫桑比克国家艺术博物馆。一位黑黑的健壮的莫桑比克士兵，双手紧握着冲锋枪，荷枪实弹地直挺挺地站在博物馆门口，真可谓一夫当关！任南华先生是莫桑比克华人华侨协会副主席，在莫桑比克是有影响的人物。此时，他站在最前面，用莫桑比克语言与"警察黑叔叔"交谈了几句，然后，从口袋里掏出早就准备好的一沓莫桑比克钞票，塞给警察叔叔。呵呵，我看到，刚才还是威严肃穆的警察黑叔叔，居然高兴地笑了，还做了一个"恭请嘉宾"的动作！

进入大门，贺建平总裁轻轻告诉我："不要担心，非洲就是这样！"

进入博物馆大门，但见一位漂亮的黑妹妹，在

深藏在莫桑比克国家艺术博物馆地下室的关帝宫神龛

朱正明在莫桑比克向中华协会副主席任南华(右三)赠送《世界关帝文化》画册

门内把守着关隘，要我们"登记"。任南华主席冲着黑妹妹笑笑，又从口袋里掏出一沓莫桑比克钞票，塞到黑妹妹手里。黑妹子微笑着说了一声"OK"，我们又过了一关。

经过询问，我们知道了，关公像就藏在博物馆最隐秘的地下藏宝库！这是不被允许进入的地方！在地下室楼梯口，一位黑哥哥又拦住了去路。刚才的一幕又重演一次。

我们顺着旋转楼梯，一步步走进地下室藏宝库，眼前的景象令我们惊叹！100多平方米的地下室，被铁丝网密密地围着，铁丝网内，堆放着不同国度不同民族不同时代的珍贵艺术品，这些就是社会主义改造时收来的宝贝。一位黑人画家，在铁丝网外的狭小空间里，借着昏暗的灯光创作油画，同时守护着这些宝贝。

在铁丝网外的墙边，朱正明惊喜地发现了关帝神龛！神龛基调是中国红，周边是一串串金黄的木雕花卉。红脸关帝爷，静静地端坐在神龛正中。神龛下方，雕刻着关公故事。100多年了，灿灿的金色仍那么鲜亮！

在楼梯拐角处，任南华主席找到了关帝庙铜铸香炉，上面刻着"中华会馆""光绪甲辰吉日立"等汉文，还有黑得发亮的当年关帝庙的紫檀条椅。

一股神圣的责任感和使命感油然而生：找到了非洲大陆的关帝爷，就应该尽早恢复非洲大陆的关帝庙，让关老爷的忠义仁勇诚信精神在非洲大陆永久传承！

第二天，我们在中国大使馆见到了田广凤大使。朱正明介绍了祖国大陆近几年关帝文化发展，介绍了祖国关帝文化对海外朋友的吸引力，期盼早日恢复莫桑比克首都的关帝庙。没想到，田大使对此事十分支持！

经过中国大使馆的推动，经过当地华侨华人与莫桑比克政府的多次交涉，关老爷

中华关帝走进地球三极

在莫桑比克国家艺术博物馆静坐了36年以后，在2011年夏天，当地政府终于将关帝神龛归还给了华侨协会！更可喜的是，华侨协会、华侨学校和关帝庙的房产也一起归还了！

慈善威严的关老爷，在当地华人和黑人朋友的簇拥下，在轰隆的鞭炮声中，重新回到了马普托关

流落43年的关帝像，终于回到马普托关帝宫

帝庙！殿堂，被华侨们整修一新，并隆重举办了关帝庙开光大典。在非洲大陆的广袤土地上，神圣温馨的忠义香火重新点燃！现在，这里成了莫桑比克华人华侨祭拜祖先、思

莫桑比克取水的孩子

念家乡、联谊聚会的好地方。

非洲西部加纳。2012年12月，朱正明随湖北省政府代表团，再次来到大西洋海湾的加纳。著名的加纳大学，2009年开设了中文系，200多名大学生对中华文化颇感兴趣。经学校中文系曹卫华老师介绍，朱正明向中文系师生展示了中国西藏关公唐卡，同时告诉黑人姑娘："这位帅哥名叫关公，是中国的武圣人，是财神爷爷！"

没想到，黑人姑娘欣喜地说："啊！关公，中国的大帅哥……"

2011 年朱正明与加纳首都市郊的孩子们在一起

2012 年朱正明在加纳大学中文系向师生传播中华关帝文化

记得 2011 年到加纳，朱正明向中国驻加纳大使龚建忠赠送了"忠义千秋"关帝圣像台历。在首都阿克拉举办的"中国湖北—加纳投资贸易展览会"上，朱正明展示了世界各地关帝圣像，并向加纳共和国贸工部副部长马哈马·阿牙瑞加（Mahama Ayariga）赠送了《世界关帝圣像》台历，马哈马·阿牙瑞加先生高兴地说："感谢朱先生，把东方中国的财神带到了非洲！"

现在，我们一起到非洲大陆东南角的几个岛国看看。

浩瀚的印度洋，占世界海洋总面积的五分之一。大洋之上，漂浮着众多翡翠般的岛屿，演绎着百年来华人创业发展的悲欢离合。

印度洋最大的岛屿，要数马达加斯加了。马岛位于印度洋西南，隔莫桑比克海峡与非洲大陆相望，面积 62 万多平方公里，由火山岩构成。我们抵达马岛首府塔那那利佛，太阳即将偏西。第二天上午就要离开首都，我们干脆请司机把商务车开到首都山头制高点，一条窄长的岩石山脊，在伊麦利王国宫殿旁，夕阳辉映中，拍摄了马达加斯加首都美美的大图。这里海拔 1300 多米，是接近赤道的高原山城，建筑依山势起伏，

夕阳余晖中的马达加斯加首都塔那那利佛

街道依山势蜿蜒。这里，是联合国认定的最不发达国家之一，贫困人口占一半以上。

伫立山脊，俯瞰山下密密的尖顶红瓦建筑群，在夕阳的映照下，轮廓格外鲜明，腾腾烟雾中，宛如海市蜃楼。最醒目的是城中心的公园，还有公园湖心高高竖立的雕塑，这是马达加斯加人民捍卫民族独立的象征。

位于马岛东部海岸的塔马塔夫，是马岛最大的港口，离首都 500 多公里，因公路大都环山而行，开车要一整天时间。我们选择了飞行。

第二天早晨，在马达加斯加未来集团尹以桥总裁引导下，我们一行飞往塔马塔夫，去寻访东海岸关帝庙。一行七人，来自五个国家：马达加斯加未来集团总裁尹以桥，津巴布韦湖北联谊会会长宋黎，新八建设集团利比亚公司总经理刘松旺，科特迪瓦《西非华声报》总编金浩，湖北众联黄金投资有限公司董事长杜明忠，翻译张燕妮，还有我，一位中国摄影家。

降落塔马塔夫，我们被浓郁的非洲风情吸引。路边的简易窝棚，用木棍或铁棒支撑着，上面盖着铁皮瓦片，一个挨着一个，是各色皮肤的商家兜售小商品的摊点。这里的自然风光，却是出奇的纯净，天蓝水碧，白云舒卷，绿树成荫……

转过几道街巷，我们终于找到了塔马塔夫关公殿。这也许是我在世界各地见到的最小、最简陋的关帝殿了，在一个院落中，一排简

马达加斯加神奇的面包树

285

马达加斯加塔马塔夫关帝庙供奉的关公

易土瓦房，一字儿排列着关帝殿、土地神坛、佛殿和先侨堂，统称关帝庙，且已有100多年历史。这里是当年华人登陆马岛的第一站，也是华人聚散地，塔马塔夫华侨总会就在这里。

关帝殿大约10平方米左右，香案上供着两尊关公陶瓷像，正墙悬挂着关公、周仓、关平缂丝绣像，形象与澳大利亚悉尼关帝庙、"世界尽头"塔斯马尼亚女皇博物馆关帝庙一样，都是一百多年前从广东漂洋过海而来的。像前，摆放着鲜花素果，香炉内，积满了侨民燃烧的香灰。两位黑人小朋友，正在为关帝上香。殿前有一副楹联：日月高悬丹凤眼，江山长秀卧蚕眉。门檐有"忠义千秋"简易匾额。一墙之隔的先侨堂，摆放着数百位华人先贤灵位，他们生时奉行关帝忠义，进入天堂，也要围绕在关老爷身边。

马达加斯加顺德商会会长陈建江，是著名侨领后代，汉语讲得很好，他告诉我："逢年过节，塔马塔夫华人都会在这里祭拜关公，追祭先贤。"塔马塔夫华侨协会副会长张立新说："我们不但要把关帝庙建设好，还准备竖立郑和像。无论郑和是否在塔马塔夫登陆，他都是华人远航东非的先贤。我们华侨协会准备筹集资金，在塔马塔夫海岸竖起郑和雕像，迎接'一带一路'的伟大时代。"

在马岛，生活着3万多华人华侨，年长的华侨都不太会讲普通话，他们讲着几十年前甚至百年前的老广东话，他们的后代，都讲法语或马岛语。来马岛最早的华人是在清朝末年，关帝庙先贤堂内，还有留着长辫子的先贤照片。

据侨领介绍，华人在马岛建有两座关帝庙，一处在塔马塔夫，另一处在迭戈—苏瓦雷斯，建于光绪廿八年(公元1902年)，两处均与中华会馆建在一起。老一代华侨遇到疑难事，总是到庙堂求助关帝，以卜吉凶。青年一代受西方文化影响，敬崇关帝已比较淡薄。

朋友向我讲了一位中国人闯马岛的往事，真让人难忘——一位快90岁的老人，老家在中国广东，幼时家中贫寒，加上战乱不断，母亲盼望儿子到海外闯闯。当年他不到13岁，被妈妈推上一艘货船，妈妈含泪说："儿子，去国外求生吧，挣了钱再回来！"孩子松开妈妈的手，哭着上了船，也不知道船开到哪里。在海上漂泊了许多日夜，离母亲越来越远，终于在马达加斯加上了岛。70多年过去了，老人没挣到钱，一直没有勇气回到母亲身边。这位老人说："我永远记得，母亲把我推上船时，那不舍的、期待的眼

神！"老人还记得，自己的家乡，在中国广东。现在，老人走不动了，也回不去了，他好想落叶归根，回到祖国，找到母亲的坟头，上炷香，磕个头！

在塔马塔夫，我们参观了未来集团，公司从中国大陆用集装箱运来铝合金和钢化玻璃，制作成门窗、桌椅、书柜等，在马达加斯加销路甚好。未来集团总裁尹以桥，在武汉理工大学任教8年，获硕

在塔马塔夫，朱正明向非洲侨领赠送《走遍天涯访关公》专著。左一为马达加斯加未来集团董事长尹以桥，左二为利比亚新八建海外公司总裁刘松旺，左三为塔马塔夫顺德商会会长陈建江，右一为塔马塔夫华侨华人协会副会长路波，右二为众联黄金投资董事长杜明忠

士学位。见非洲商机无限，尹以桥毅然丢掉闪光的"铁饭碗"，上个世纪九十年代移居马达加斯加，从建材行业起步。他脑袋聪慧，敢想敢闯，又是数学硕士，联络一帮朋友，在非洲干得风生水起，未来发展有限公司（FDC）迅速成为马达加斯加最大的铝合金门窗工程企业。进入新世纪，尹以桥把在马岛的成功经验复制到另外两个东非国家，先后成立莫桑比克、肯尼亚有限公司，莫桑比克FDC主营业务占全国份额50%以上，肯尼亚FDC成为承接铝合金幕墙工程的龙头企业。

塔马塔夫那位老华侨的故事，令人动容；新侨领尹以桥的故事，又令人振奋。尹以桥深情地说："落后就会挨打，富强才会受到尊重。祖国强大了，我们在海外发展也觉得腰板硬了！"

塞舌尔共和国，如一串明珠，洒落在东部非洲印度洋上，天蓝水绿，风光旖旎。

始建于1902年的塞舌尔关帝庙，坐落于首都维多利亚中心，因年久失修，已十分破旧。2013年10月下旬，中国驻塞舌尔大使馆与塞舌尔华人联合会举行仪式，筹资重建关帝庙。史忠俊大使在募捐

塞舌尔企业家周金华（右）、文化学者朱正明（左）向中国驻塞舌尔大使史忠俊赠送中国皇家关帝像（2014年）

仪式上深情地说:"关帝庙是凝聚塞舌尔华人社会的纽带,是塞舌尔的地标性建筑,也是中华文化的象征。一梁一柱、一砖一瓦都见证过华社的兴盛,镌刻着华人的世代记忆,承载着华人的家国情怀,守护着华人的文化之根。如今关帝庙已严重损坏。重建关帝庙,重筑华人社会的辉煌,传承中华文化,是每一个华人义不容辞的责任!"募捐仪式上,中国湖北籍企业家、塞舌尔海滨烟草有限公司董事长周金华率先捐款50多万元,相当于人民币20多万元。

还没有与史忠俊大使见面,我就已经十分敬佩史大使传承中华文化的见识和气魄了。在塞舌尔,我们应邀到中国驻塞舌尔大使馆做客。我和周金华先生一起,向史大使赠送了《世界关帝文化》画册和中国皇家关帝像,宾主就传播中华关帝文化进行了座谈。

朱正明对史大使说:"正在重建关帝庙的这条街道,建议多多动员中国企业家入驻经商,待时机成熟,在街头竖立中华唐人街大牌坊,将这条街更名为中华街。非洲又多一条唐人街,多好!这样有利于更好地传播中华文化!"史忠俊大使高兴地说:"嗨!朱先生的想法,与我不谋而合!"

在周金华董事长引导下,我们考察了关帝庙重建工地,与塞舌尔华侨联合会主席兼关帝庙主席吴平昌先生进行了交流。湖北省海外联谊会常务副会长盛国玉先生向吴平昌主席赠送了《世界关帝圣像集锦》画册。双方约定,湖北将大力推动塞舌尔关帝庙重建工程。中国湖北和塞舌尔将以中华关公文化为纽带,开展广泛的交流交往活动,以文化推动经济交往,以文化促进两国友谊不断发展。

现在,塞舌尔关帝庙已经建成,黄皮肤、黑皮肤、白皮肤的人们,在大殿仰望、参拜、祈祷,多元文化在这里汇聚、融合。

毛里求斯火山遗存

毛里求斯,被美国大文豪马克·吐温这样形容:"这儿是天堂的原乡,天堂是仿照毛里求斯岛而建的。"

2007年金秋我们首次飞往毛里求斯。中国驻毛里求斯大使馆高玉琛大使向我们

中华关帝走进地球三极

毛里求斯路易港关帝庙大殿

介绍，毛里求斯有 3 万多华人，大部分是客家人，建有好几座关帝庙。中国大使馆十分支持关帝庙的活动，春节前，大使馆还给关帝庙送了大红灯笼。当天下午，我们拜访了路易港关帝庙。这是一家独立的庙殿，白墙橙瓦，在热带棕榈林中格外醒目。关帝庙刘国宪主席带着我们，详细介绍了庙殿的历史和发展前景。原来，路易港有七座大小关帝庙，祖庙 1842 年落成，坐落在柯当区拉沙麟，是当时的华侨领袖陆新才慷慨捐地，华侨集资兴建而成，这里成了华侨聚集的地方，更成了华侨华人祭祀祖先、思念家乡、裁决纠纷、救弱助残的中心。

当天晚上，首都关帝庙理事会做东，请来毛里求斯中华总商会、华人社团联合会、仁和会馆等社团的百位侨领，还请来中国大使馆几位参赞，在海滨酒店设宴欢迎我们。宴会上，大家用不同的家乡话互相问候，众侨领和大使馆参赞争相表演节目，京剧粤剧汉剧秦腔此起彼伏，最后在刘国宪主席的带领下，大家齐声高唱《歌唱祖国》，场面十分热烈感人，许多老华侨激动得满眼泪水！

10 年后的 2017 年 8 月，我带着几位企业家，再次来到毛里求斯。这次，我们拜访了毛里求斯华商总会、仁和会馆，再次参拜了路易港关帝庙。关帝庙新任主席刘增红带着我们，详细介绍了关帝庙近年发展。不久前，毛里求斯国家遗产基金会、艺术和文化部在关帝庙举办仪式，庆祝关帝庙列入毛里求斯国家遗产名录。毛里求斯艺术和文化部巴布部长、驻毛里求斯使馆文化参赞兼中国文化中心主任松雁群、路易港市长高利根等共同为纪念牌匾揭牌。当天恰逢关帝诞辰，关帝庙内人声鼎沸，香火旺盛，当地民众近千人前来进香。

晋非集团在毛里求斯兴建伊甸园,竖起威武的关公像

湖北参访团向毛里求斯华商总会赠送关公古碑拓片,中为华商总会会长黎广来

湖北朝圣团在毛里求斯路易港关帝庙

    在毛里求斯关帝庙大殿前，我们向关帝庙赠送了"忠义二字团结了中华儿女，春秋一书代表着民族精神"书法条幅，并打出了"走遍天涯访关公"的条幅。

    毛里求斯华商总会会长黎广来向我们介绍，首都路易港关帝庙始建于十八世纪，受祖辈道教和佛教的影响，祭祀祖先，烧香拜佛，清明扫墓等民俗在这里十分普遍。岛民膜拜的诸位神灵，以关帝香火最为鼎盛。这里的神父，既在关帝庙为佛道教信众摆放祭品，又为天主教徒在路旁设置马利亚神龛，以方便天主教徒祈祷，东西方信仰在这儿碰撞融合。不同肤色的毛里求斯人，共享一望无际的白沙碧海，多元文化在这里

毛里求斯社会融合部部长王纯万(右七)、文化部长曾繁兴(右二)、中国驻毛里求斯大使孙功谊(右六)、首都关帝庙会长熊世中(右九)等出席 2019 春节关帝庙朝圣典礼

交融撞击，迸发出绚烂的火花和生机。毛里求斯侨团经营有方，很有凝聚力。仁和会馆在百年的岁月里购置了不少土地，占了路易港市中心地段大半条街。

　　近年，中国晋非集团在这片天堂圣地投资建设的伊甸园，已经成为世界各地年轻人追寻真爱、举办婚礼的首选之地。2018年6月，毛里求斯晋非合作区关公像落成揭幕，关公雕像由东方唐韵公司设计，青铜打造，关公稳坐马背，威风凛凛。晋非投资有限公司董事长行连军说："历经1800年漫漫历史长河的沉积，关公的忠义仁勇精神所构成的关帝文化，已成为备受各行各业尊崇的伦理道德典范。"据悉，伊甸园项目位于毛里求斯海岸，占地28713平方米，建筑面积14337平方米，建筑为地上三层，主要用于文化、商业及娱乐设施；三层为空间钢结构造型，高度38米，主要作为婚礼殿堂。伊甸园已成为毛里求斯新地标，是中非经济文化交流浓墨重彩的一笔。

晋非集团在毛里求斯兴建的伊甸园，成为海内外游人休闲娱乐的新去处

28

纵观世界
关帝文化千年传承

公元 2019 年元旦，长江南岸漫天飞雪。清晨，我早早起床，见楼下竹林被瑞雪覆盖，越发挺拔。我想到了家乡当阳，想到了麦城故地，想到了关老爷的凛然浩气！一首小诗，在心底流淌：

一千八百年前，也是一个冬天，
您大义凛然退走麦城，一声呐喊，穿透千年：
"玉可碎而不毁其白，竹可焚而不毁其节！"
麦城作证，您一言九鼎，九鼎一言！

千百年来，十六位帝王为您谕旨加冕。
泱泱中华，浩荡五洲，竖立起千万座您的宫殿。
在世界最高的珠穆朗玛，您的圣像，矗立在岗嘎山巅！

2019，遥望东方；
2019，仰望圣贤，
托举起绵延千年的袅袅香火，立下宏愿：
护送中华关帝到地球三极，到海角天边……

关公大义归天 1800 周年，注定是个不寻常的年份。这一年，中国文联旗下的中国文学艺术基金会关公文化专项基金，决定在关公大义归天之地，协助当阳关公文化小镇，竖起一尊关帝圣像，纪念这位华夏千古英雄。组委会向雕塑设计师们发出邀请，并请专家学者精心评选。2019 年初冬，当阳举办国际关公秋祭大典。这尊百里挑一的关帝像，摆放在主席台中央，来自五大洲的参访团，缓缓上台献花鞠躬……

在中国大陆及港澳台，在世界各地，纪念关公的殿堂越来越辉煌，祭祀关公的场面越来越隆重，研究关公的论坛越来越高雅，取名关公的社团越来越浩荡。我高兴地看到，绵延千年的关公文化热，在中华大地这片沃土，在海峡两岸，在世界五大洲华人居

韩国首尔举办国际游艇形象大使评选,中国选手簇拥着关帝金身,邀请海外华人回中国拜关帝

2021年7月,在湖南韶山关公桥头,展示《五洲中华关帝 汇聚世界屋脊》作品。左起:洛阳关林管理处处长李春敏、新疆中铁21局项目经理崔金秋、长沙关公会秘书长颜妮丹、关公义学馆馆长彭允好、山西关公故里关帝文化交流中心主任张枫、文化学者朱正明、长沙关公会会长徐柏林

2020 年 9 月，朱正明率六省区关公文化协会会长，赴丝路高原寻访参拜关公。藏族姑娘卓玛，与大家一起托起胡杨木雕刻的关帝像。中菲关帝慈善基金会会长、香港客商许谋景(左二)，湖南长沙关公会名誉会长王协辉(右一)，湖南红脸关公品牌总监周统(后右一)，湖北宜昌市关公文化研究会会长关洪波(中)，湖北省非洲商会副会长刘松旺(右二)，福建文龙织造董事长许文龙(后左二)，福建中海集团总经理陈兴阳(后左一)，青海省关公文化促进会会长关瑞林(后右二)，电视台记者熊涪江(左一)

在古丝路嘉峪关关帝殿前，丝路高原参访团与嘉峪关市委市政府有关领导一起，戴着口罩，展开"走遍天涯访关公"横幅深情合影，纪念难忘的 2020，祈福吉祥的 2021

五洲中华关帝，汇聚世界屋脊。画面上，山西解州、河南洛阳、湖北当阳、古城荆州、江城武汉、云南大理、西藏珠穆朗玛；台湾台南、高雄、日月潭，香港，澳门；美国纽约、夏威夷，法国留尼旺，新西兰，毛里求斯等五大洲关公，汇聚珠穆朗玛尼泊尔南坡。海内外著名关帝殿堂加盖印章，主委亲笔签名

世界各地博物馆珍藏之关帝像精品,件件堪称国宝—— 韩国首尔关帝殿明代关公;日本大三国展清粉彩关公坐像;印尼雅加达金德院珍藏关公;美国明尼苏达艺术学院明代镀金关帝;英国收藏家珍藏清代关公;中国京晋豫湘闽港澳等地博物馆院珍藏宋代以来关帝造像

2019 年湖北当阳朝圣大典，在关公文化园隆重举办

港澳台五大洲嘉宾 2019 年深秋冒雨在当阳关帝古陵参拜敬香

住的地方，显示着越来越旺盛的生命力。

2017 年初，中国北京，中央办公厅、国务院办公厅发出了《实施中华优秀传统文化传承发展工程的意见》；天安门前，恢复了前门关帝殿；故宫后门的中轴线上，恢复了景山关帝庙；长城之上，重建了居庸关关帝殿……

黄河东岸的山西运城，解州关帝庙一年一度的朝圣大典，吸引着越来越多的海内外朋友。金秋时节，海内外千余名关氏宗亲，聚集山西运城，万里寻根，祭拜圣祖。世界关氏宗亲总会执行主席关宗彦在开幕式上说：我关姓后裔应继承圣祖精神，为振兴中华尽一份力量，为世界和平呼"关公文化万岁"！我第一次听到"关公文化万岁"的激越口号，出自太平洋东岸的旧金山侨领之口。当时，他饱含热泪……

黄河南岸的古都洛阳，年复一年的关林国际朝圣大典上，数十面黄河大鼓，被黄土高原的小伙子姑嫂们擂得震天响，令人心胸激荡……

喜马拉雅北麓的西藏定日，世界最高的珠穆朗玛关帝金殿，在雪域高原的阳光下神秘辉煌；珠穆朗玛南麓的尼泊尔，加德满都侨领已经申领土地，拟兴建关帝殿堂……

东方之珠香港，大明集团捐资两亿多港币，将建设一座港岛最大的关帝殿堂，一

世界各国千余名关氏宗亲代表2014年金秋聚集关公故里寻根问祖

年一度的香港关帝节,吸引越来越多的海内外嘉宾……澳门大学,国际关公文化论坛已经成为品牌。台湾岛,2019年初冬举办两岸朝圣大典,数百家关帝殿堂轮番上演重头大戏,虔诚朝圣聚众巡游,年复一年地传承着悠久浓烈的中华传统文化……

大西洋畔的美国纽约,加勒比海岸的巴拿马中国街,印度洋西南的留尼旺岛,日本横滨中华街,韩国首尔东门,越南河内巴亭广场,马来西亚新山柔佛,新加坡城,印度孟买,澳大利亚,莫桑比克……处处以关帝殿堂为纽带,以华侨华人为核心,演绎着异国他乡的中华文化精彩。

2020年9月,欧洲大陆新冠疫情再度爆发。为鼓舞海外华人战胜疫情重振河山,

北京国家会议中心2015年颁发"全球华人关公奖",朱正明代表获奖者致辞

法国政府批复成立了全球关公文化联盟 GUGC。创会主席林鹏 FELIX LIN 是法籍亚裔协会创会会长、法国欧发国际股份有限公司董事长。他在法国创办了一年一度的法国蒙比利埃少林武术节、法籍亚裔小姐竞选、法籍亚裔春晚等跨族群的国际文化交流，2010 年获法国"军民奉献欧洲之星金质勋章"，2015 年获中国国务院侨办"第十届世界华裔杰出青年"。林鹏已联络五大洲 60 多个国家的侨领，在全球弘扬中华关公文化，用忠义仁勇精神凝聚世界华侨华人。

2021 年元旦，中国武汉长江之上，第二届中法时尚文化交流盛典在知音号游轮隆重开启。林鹏主席、法国世界小姐 Aurore Kichenin、山西卫视主持人张靓婧和法国时尚团队深情展示《五洲中华关帝　汇聚世界屋脊》摄影作品，祝福 2021 年中国和世界和平吉祥。林鹏致辞时激动地说："在新年的第一天，在武汉这座英雄的城市，在中华母亲河长江之上，我们开启了中国武汉与世界的新年对话。"

这本《中华关帝走进地球三极》，将珍藏于海内外诸多图书馆。再过 10 年，50 年，100 年，甚至更远的年代，人们在世界各地图书馆，翻开这本《中华关帝走进地球三极》，就能看到二十世纪前后的蓝色星球上，海内外华人对武圣关公的崇敬，对中华关帝文化的传播。还能看到，长江南岸一位中国摄影家、一位关老爷的义工，将中华武圣送往地球三极的艰辛和愉悦……

全球关公文化联盟主席林鹏（中）率法国时尚文化代表团赴中国武汉交流

走遍天涯海角，回望浩瀚云天，最最温馨时刻，陪伴母亲身边

中华关帝走进地球三极